JESUS DE NAZARÉ

FREDERICO G. KREMER

JESUS DE NAZARÉ

Uma narrativa da vida e das parábolas

Copyright © 2014 *by*
FEDERAÇÃO ESPÍRITA BRASILEIRA – FEB

1ª edição – Impressão pequenas tiragens – 4/2025

ISBN 978-85-69452-79-9

Todos os direitos reservados. Nenhuma parte desta publicação pode ser reproduzida, armazenada ou transmitida, total ou parcialmente, por quaisquer métodos ou processos, sem autorização do detentor do *copyright*.

FEDERAÇÃO ESPÍRITA BRASILEIRA – FEB
SGAN 603 – Conjunto F – Avenida L2 Norte
70830-106 – Brasília (DF) – Brasil
www.febeditora.com.br
editorial@febnet.org.br
+55 61 2101 6161

Pedidos de livros à FEB
Comercial
Tel.: (61) 2101 6161 – comercial@febnet.org.br

Adquirindo esta obra, você está colaborando com as ações de assistência e promoção social da FEB e com o Movimento Espírita na divulgação do Evangelho de Jesus à luz do Espiritismo.

Dados Internacionais de Catalogação na Publicação (CIP)
(Federação Espírita Brasileira – Biblioteca de Obras Raras)

K92j   Kremer, Frederico Guilherme da Costa, 1952-

           Jesus de Nazaré: uma narrativa da vida e das parábolas /Frederico G. Kremer – 1. ed. – Impressão pequenas tiragens – Brasília: FEB, 2025.

           384 p.; 23 cm

           Inclui referência, mapas de Jerusalem e da Palestina na época de Jesus e índice geral

           ISBN 978-85-69452-79-9

           1. Jesus Cristo – Parábolas. 2. Espiritismo. I. Federação Espírita Brasileira. II. Título.

CDD 133.9
CDU 133.7
CDE 20.01.00

À memória de Ruy Kremer,[1]
Carlos Torres Pastorino[2]
e Aleksandr Mien[3]

---
1   Militar, professor e presidente da Cruzada dos Militares Espíritas de 1985 a 2002 (1924–2002).
2   Professor, filósofo e fundador do Lar Fabiano de Cristo (1910–1980).
3   Escritor e sacerdote russo, assassinado no período da Perestroica (1935–1990).

Agradecimentos a minha esposa Sandra, a meus filhos Joanna e Pedro, a minha mãe Dóris (já desencarnada) e a meus irmãos.

Agradecimentos especiais aos amigos da CME e do Cema, ao escritor Jorge Pedreira de Cerqueira, atual presidente do Lar Fabiano de Cristo e vice-presidente da Cruzada dos Militares Espíritas, pelo incentivo para escrevermos este livro, e a Xennia Mota, pela revisão ortográfica.

SUMÁRIO

Um rei diferente 13

Prefácio 15

INTRODUÇÃO

1 Jesus e as parábolas 23
2 O desafio das parábolas 31
3 Por que parábolas? 37

DO NASCIMENTO AO MINISTÉRIO DO PRECURSOR

4 O nascimento e a infância 59
5 O ministério do precursor 73

O MINISTÉRIO PÚBLICO DE JESUS – 1º ANO

6 A parábola do remendo novo em pano velho (Marcos, 2:19 a 22) 79
7 A parábola dos dois fundamentos (Mateus, 7:24 a 29) 97
8 A parábola dos dois devedores (Lucas, 7:36 a 50) 107

9   As parábolas do reino dividido (Lucas,11:14 a 23) e do
    demônio expulso (Lucas, 11:24 a 26).. 113

10 A parábola do semeador (Mateus, 13:3 a 8) 119

11 As parábolas da lâmpada (Mateus, 13:10 a 23) e do
    camponês paciente (Marcos, 4:23 a 25).. 125

12 A parábola do joio e do trigo (Mateus, 13:24 a 30) 131

13 As parábolas do Reino de Deus I (Mateus, 13:31 a 33) 139

14 As parábolas do Reino de Deus II (Mateus, 13:44 a 50) 143

O MINISTÉRIO PÚBLICO DE JESUS – 2º ANO

15 As parábolas da verdadeira pureza (Marcos, 7:14 a 16) e
    dos cegos que guiam cegos (Mateus, 15:1 a 20) 149

16 A parábola do devedor cruel (Mateus, 18:23 a 35).............................. 159

17 A parábola do bom samaritano (Lucas, 10:25 a 37) 169

18 A parábola do amigo inoportuno (Lucas, 11:5 a 8) 177

19 A parábola do bom pastor (João, 10:1 a 21).. 183

20 A parábola do rico estulto (Lucas, 12:13 a 15) 189

O MINISTÉRIO PÚBLICO DE JESUS — O ANO DA SUA MORTE

21 A parábola do servo consciencioso (Lucas, 12:13 a 15)...................... 199

22 A parábola da figueira estéril (Lucas, 13:6 a 9) 203

23 A parábola dos convidados à ceia (Lucas, 14:15 a 24) 207

24 A parábola da torre e a do rei que pondera (Lucas, 14:25 a 35) 211

25 As parábolas da ovelha perdida e da dracma perdida (Lucas, 15:1 a 10) 215

26 A parábola do filho pródigo (Lucas, 15:11 a 32) 219

27 A parábola do feitor desonesto (Lucas, 16:1 a 13) 223

28 A parábola do pobre Lázaro e do rico avarento (Lucas, 16:19 a 31) .. 227

29 A parábola do servo inútil (Lucas, 17:7 a 10) 233

30 A parábola da viúva insistente (Lucas, 18:1 a 8) 237

31 A parábola do fariseu e do publicano (Lucas, 18:9 a 14) 243

32 A parábola dos operários (Mateus, 20:1 a 16) 247

33 A parábola das minas (Lucas, 19:11 a 27) 253

34 A parábola dos dois filhos enviados para o trabalho (Mateus, 21:28 a 32) .259

35 A parábola dos vinhateiros homicidas (Mateus, 21:33 a 46) 269

36 A parábola do banquete nupcial (Mateus, 22:1 a 14) 273

37 A parábola dos profetas (Mateus, 23:37 a 39) 277

38 A parábola da figueira brotando (Marcos, 13:28 a 31) 283

39 As parábolas do ladrão noturno e do dono da casa (Mateus, 24:43 a 44) 289

40 A parábola do servo fiel (Mateus, 24:45 a 51) 293

41 A parábola das dez virgens (Mateus, 25:1 a 13) 297

42 A parábola dos talentos (Mateus, 25:14 a 30) 301

43 A parábola do juízo (Mateus, 25:31 a 46) 305

44 A parábola das moradas (João, 14:1 a 4) 309

45 A parábola da vinha (João, 15:1 a 11) 319

46 A parábola da mulher que dá à luz (João, 16:16 a 24) 325

47 A parábola do lenho seco (Lucas, 23:27 a 32) 329

A VITÓRIA SOBRE A MORTE

48 Doloroso fim 347

49 Depois da crucificação 351

50 Da Páscoa ao Pentecostes 357

51 Encerramento 361

Informações geográficas e históricas adicionais 363

Referências 367

Jerusalém na época de Jesus 369

Palestina na época de Jesus 370

Índice geral 371

UM REI DIFERENTE

O Evangelho inicia com o prólogo de João:

*E o Verbo se fez carne, e habitou entre
nós, e vimos a sua glória, como a glória
do unigênito do Pai, cheio de graça e verdade.*

Entretanto, Jesus desceu para servir.
De governador solar a servo de todos...
Apagou-se, para iluminar...
Derrotado, venceu o mundo...
Menor, foi o maior de todos...
Traído, foi o mais fiel...
Pobre, foi o mais rico...
Humilde, foi o mais exaltado...
Agredido, perdoou a todos.

Na vida encontrou:
A fé, num centurião romano pagão...
A palavra, na mulher cananita...
O agradecimento, num odiado leproso samaritano...
O cuidado, numa mulher pecadora.

Na cruz do martírio, ensinou:
Que a morte transforma-se em vida,
A vitória surge na aparente derrota,
A glória é alcançada nas lutas mais penosas.

Jesus foi um rei diferente.
Ao invés de um palácio, a estrebaria...
Ao invés de um berço de ouro, uma manjedoura...
Ao invés de uma coroa de ouro, uma de espinhos...
Ao invés de um trono, uma cruz.
Mestre querido, dá-nos compreensão para sermos teus servos!

PREFÁCIO

Prezado leitor,

Um antigo conto judaico relata que a Verdade decidiu visitar os homens, sem roupas e adornos. Todos que a viam viravam-lhe as costas de vergonha e medo, e ninguém lhe dava as boas-vindas. Um dia, desconsolada e triste, encontrou a Parábola, que passeava alegremente trajando elegante vestimenta.

— Verdade, por que você está tão abatida? — perguntou a Parábola.

— Porque devo ser muito fria e antipática — respondeu a amargurada Verdade.

— Que disparate! — sorriu a Parábola. — Não é por isso que os homens evitam você. Vista alguma das minhas roupas e veja o que acontece.

Então, a Verdade colocou lindas vestes e passou a ser bem-vinda.

Expressando a milenar sabedoria popular, o conto ensina que o homem, na sua imaturidade espiritual, não gosta de encarar a verdade sem adornos. Jesus, como profundo conhecedor das nossas fraquezas, falou por parábolas para que as verdades que elas encerram fossem descobertas na medida da evolução humana.

Este livro não tem a pretensão de estudar as parábolas de Jesus em todas as suas dimensões. Não aprofundamos nossas observações nos costumes sociais e culturais da antiga Palestina, bem como nas tradições do Velho Testamento, embora sejam estas as raízes do Novo Testamento. No Velho, Jesus foi o esperado e, no Novo, o modelo, como afirmou Blaise

Pascal. Atualmente, alguns pesquisadores procuram estudar, primeiramente, o pensamento e a vida dos judeus do século I, bem como os textos rabínicos para melhor entenderem o Novo Testamento e a influência do seu substrato judaico.

Grandes teólogos, eruditos e exegetas, como bandeirantes da verdade, debruçaram-se sobre as parábolas de Jesus nos seus mais diversos aspectos. Embora os estudos sejam ricos em consistência e abrangência, a grande questão-desafio que todos enfrentaram (e enfrentam) foi descobrir as verdadeiras intenções e propostas do Mestre para cada uma, considerando a riqueza dos ensinamentos que podemos delas extrair.

Esse esforço é ajudado pela hermenêutica, que é um ramo da Filosofia que estuda a compreensão humana e a interpretação de textos escritos. Baruch de Espinosa, célebre filósofo holandês do século XVII, um dos precursores da hermenêutica bíblica, afirmou: "Podemos explicar as palavras de alguém tanto mais facilmente quanto melhor conhecermos o seu talento e o seu caráter". A nossa dificuldade é entender uma personalidade simétrica e única como a de Jesus.

Parece-nos que as parábolas do Mestre querido não revelam todos os seus mistérios para ninguém. A literatura sobre elas é muita extensa, deixando-nos maravilhados com a diversidade de visões e abordagens. Nada obstante, o objetivo do Mestre foi plenamente alcançado pela excelência das parábolas que, ao longo do tempo, vêm iluminando os caminhos da humanidade como fonte inesgotável de luz.

Na busca do verdadeiro sentido das palavras de Jesus, devemos considerar que os Evangelhos podem ser interpretados no sentido literal, alegórico ou simbólico e espiritual. Vários ensinamentos devem ser interpretados literalmente, principalmente os de cunho moral, enquanto outros, simbolicamente. Não foi por outra razão que o grande apóstolo Paulo de Tarso afirmou, na *Segunda carta aos coríntios*: "A letra mata, mas o espírito vivifica".

Prefácio

Acima de todas as abordagens intelectuais, que são importantes, o grande objetivo é interpretar o Evangelho espiritualmente, isto é, vivenciando suas lições, o que, bem sabemos, é mais difícil. Os grandes discípulos de Jesus, ao longo do tempo, interpretaram o Evangelho na sua vivência diária, o que lhes conferiu um entendimento que ainda não dominamos.

A diversidade das interpretações do Evangelho, aparentemente, foi uma fraqueza, considerando as divisões ocorridas na comunidade cristã desde o século II e aprofundadas no século IV. Entretanto, é natural surgir um novo sistema de pensamentos para a humanidade, devido às diferentes percepções de cada criatura. A aparente fraqueza acabou se transformando no grande tesouro da Boa-Nova que, como um sol abençoado, vem iluminando e consolando a todos que dela se aproximam, não importando a escola religiosa, com o mesmo aroma evangélico da época de Jesus. Essa fertilidade notável foi um dos fatores que levaram a mensagem cristã ao triunfo, apesar de todas as agressões sofridas ao longo do tempo, principalmente aquelas originadas por cristãos equivocados.

Assim, apresentamos ao leitor amigo uma abordagem espírita das parábolas de Jesus, considerando os principais pensamentos religiosos nelas presentes, tanto do Velho quanto do Novo Testamento, conectando as três grandes revelações: Judaísmo, Cristianismo e Espiritismo. Destacamos que o Judaísmo profetizou o advento do Cristo, e este prometeu enviar o Consolador, que é o Espiritismo.

Na tentativa modesta de contribuir com algo novo, procuramos inserir as parábolas dentro da narrativa unificada dos quatro Evangelhos. Empreenderemos uma viagem espiritual fascinante e enriquecedora, acompanhando o ministério público de Jesus por meio das parábolas. O Mestre foi um profeta itinerante, e reconstruir os caminhos de suas viagens é difícil, embora a maioria dos povoados que visitou seja conhecida.

Relatamos os principais acontecimentos vivenciados pelo Mestre, desde o seu nascimento até a crucificação, e registrados por Marcos, Lucas,

Mateus e João, utilizando uma cronologia que tentou unir os quatro textos num só, o que nos dará uma visão abrangente do Evangelho de Jesus. Destacamos que, embora os quatro evangelistas tenham considerado a ordem temporal dentro da qual se desenvolveu a vida de Jesus, juntá-los numa cronologia unificada não é fácil. Para tanto, nos valemos de quatro livros que fizeram tentativas de harmonização, referenciados ao final, para elaborar o nosso roteiro. Mencionamos, em especial, o livro *Evangelho de Jesus*, de Paulo Pazzaglini, que muito utilizamos em palestras e cursos.

Procuramos apresentar as parábolas de modo que tenhamos uma ordem aproximada de quando elas ocorreram durante a vida pública de Jesus. Utilizamos uma cronologia que considerou o início do seu ministério, em janeiro do ano 31, e a sua crucificação, em abril de 33. Essas datas foram adotadas considerando as informações trazidas pelo Espírito Emmanuel no excelente livro *Há dois mil anos*, psicografado por Francisco Cândido Xavier. Nada obstante, muitos estudiosos são de opinião de que a crucificação ocorreu no ano 30. Esses dois anos são considerados porque, justamente neles, o 14 de Nisan do calendário judaico, data da celebração da Páscoa, aconteceu numa sexta-feira, dia da crucificação. Com relação à extensão, um pouco mais de dois anos, utilizamos as referências do *Evangelho de João* sobre a presença de Jesus em Jerusalém durante as festas judaicas da Páscoa.

O método que utilizamos analisa as ocorrências, os cenários, onde e quando aconteceram as parábolas durante a vida pública de Jesus. Resumindo: o "teatro de operações". A seguir, destacamos a parábola e, na sequência, alguns comentários, a título de reflexão. O objetivo é subsidiar os leitores nas próprias interpretações, sem a intenção de elucidar todos os mistérios do Mestre Inesquecível. Só esperamos não tê-lo traído demais.

Por fim, desejamos que este estudo enriqueça e dê sentido à vida daqueles que, vencendo suas próprias limitações, tentam colocar em prática as lições luminosas de Jesus. Muito nos alegraremos caso alguém desperte para um envolvimento mais intenso e profundo com o Amigo Celeste, a partir de um estudo maior de sua vida. Temos notado um grande desconhecimento sobre Jesus, apesar do reconhecimento notável que lhe é devotado pela humanidade, e esperamos contribuir, embora minimamente, para preencher esta lacuna.

INTRODUÇÃO

1

JESUS E AS PARÁBOLAS

"Quem sou eu no dizer das multidões?".
(*Lucas*, 9:18)

Registrada por Lucas, Mateus e Marcos, a célebre pergunta de Jesus aos discípulos e demais seguidores foi formulada em meados do ano 32, quando estavam a caminho de Cesareia de Filipe, cidade não israelita situada à sombra do monte Hermon, onde nasce o rio Jordão, no extremo norte da Palestina. Desde então, tem incomodado a humanidade, que tenta respondê-la com a certeza interior de que resolverá os intrincados problemas que tem criado para si. Na época, as respostas foram diferentes e, ainda hoje, se fizermos a mesma indagação para crentes das diversas escolas religiosas cristãs, as respostas serão igualmente diferentes.

O interesse por Jesus tem crescido ao longo do tempo, notadamente a partir do século XVIII, por influência das correntes filosóficas do Racionalismo, em especial o Iluminismo francês, quando surgiu a crítica extracristã. Estudiosos, sem vinculações com organizações religiosas e com espírito crítico, interessaram-se, fascinados, pela investigação dessa personalidade única e impressionante que, sem estrutura política, pobre, vivendo numa região remota e sem importância, auxiliado por homens simples e de existência curta, acabou dividindo a cronologia da humanidade em antes e depois do seu nascimento, embora atualmente exista um movimento para alterar a terminologia para Era Comum (EC) e Antes da Era Comum (AEC). Até então, a referência era o ano da fundação de Roma, por volta de 753 a.C., pelos irmãos Rômulo e Remo, segundo reza o conto mitológico.

De fato, o interesse deixava de ser pelo Cristo da fé apresentado pelos religiosos, mas pelo Jesus real, que impactou a civilização ocidental como nenhum outro homem. Até o século XVIII, se podia falar, sem hesitação, sobre "a verdade do Evangelho", pois era inconcebível qualquer dúvida. As discussões eram internas sobre o que era ortodoxia ou heresia.

Um dos pioneiros desse movimento foi o filósofo alemão Hermann Samuel Reimarus (1694–1768) e, desde então, o interesse não parou de crescer. As estimativas indicam que, somente no século XIX, foram escritos mais de sessenta mil livros sobre o Novo Testamento, segundo referências de Vittorio Messori no livro *Hipóteses sobre Jesus*. Hoje, há mais de cem mil biografias impressas de Jesus apenas em inglês e mais de cem foram lançadas na primeira década do século XXI, segundo o historiador Paul Johnson. Na Biblioteca Nacional de Paris, espelho da cultura ocidental, o verbete com o segundo maior número de fichas é "Jesus". Evidentemente, o primeiro é "Deus". Jesus de Nazaré é, em termos de influência, o homem mais importante da história. Também é aquele sobre o qual mais se escreveu e o mais discutido.

O grande interesse foi motivado, essencialmente, pela busca da sua dimensão histórica, que é a reconstrução da figura de Jesus de Nazaré feita a partir de métodos próprios da pesquisa histórica acadêmica, ou seja, de uma pergunta fundamental: que relação existe entre os Evangelhos e a História? As únicas referências judaicas da sua existência vêm do aristocrata e escritor Flávio Josefo, nascido em Jerusalém por volta do ano 37 d.C. Ele escreveu em Roma, no final do século I d.C., duas obras — *A história das guerras judaicas* e *Antiguidades judaicas* —, utilizadas como porta de entrada para o conhecimento do mundo judeu na época de Jesus. Josefo também fez referências a João Batista. As fontes pagãs também foram poucas e escritas após o século II d.C.

Assim, cada palavra do Novo Testamento foi estudada, todas as hipóteses levantadas e todas as objeções rechaçadas. Jean-Jacques Rousseau, filósofo francês do século XVIII, afirmou sobre a história da vida de Jesus, que está acima dos conceitos e invenções humanas: "Seria impossível inventar a história que os Evangelhos contam".

Citamos, por exemplo, a questão emblemática relacionada à pequena cidade de Nazaré. Segundo os evangelistas, esta foi a cidade onde Jesus viveu até iniciar o seu ministério público. Não existem referências sobre ela no Antigo Testamento nem nos comentários judaicos das Escrituras. Seria uma cidade imaginária? Nesse caso, o termo "nazareno" também seria um mito. No final do século XIX, era moda afirmar que Jesus não existiu.

Entretanto, em 1962, uma equipe de arqueólogos israelenses dirigida pelo professor Avi Jonah, da Universidade de Jerusalém, realizou escavações entre as ruínas da Cesareia Marítima, sede estival dos procuradores romanos na Judeia, situada às margens do Mediterrâneo. Daquelas ruínas os arqueólogos extraíram uma pequena lápide de mármore cinza, medindo quinze centímetros por doze centímetros e com quatro linhas de inscrição em caracteres hebraicos, seguramente não posterior ao terceiro século antes de Cristo. Nesse antigo mármore, gravado pelo menos trezentos anos antes de Jesus, uma enorme surpresa: o nome de uma localidade denominada Nazaré. A pequena lápide encontra-se no museu arqueológico de Jerusalém. A arqueologia, incontestavelmente, tem ajudado os estudiosos a buscar o Jesus histórico, embora ainda seja subestimada.

As dificuldades para chegar ao Jesus histórico levaram alguns estudiosos a questionar o real valor da tarefa, destacando-se, entre eles, o grande teólogo, músico e humanista alemão Albert Schweitzer, que se dedicou aos doentes na África Equatorial, no início do século XX. Por seu trabalho humanitário, foi agraciado, em 1952, com o Prêmio Nobel da Paz. Schweitzer considerava que essa busca não contribuiria para a fé, isto é, não é preciso nos tornarmos historiadores para sermos cristãos. Entretanto, não é irrelevante a investigação histórica porque o Jesus da fé é o mesmo Jesus da História e porque, sem consistência histórica, surge a incredulidade. Identificamos, também, que a tendência mais moderna é situar o Cristo dentro do Judaísmo de seu tempo, utilizando os dados arqueológicos que as escavações fornecem, bem como todas as fontes disponíveis.

O estudo consistente das parábolas de Jesus é consequência do interesse impressionante na sua pessoa, pois elas são a expressão maior da sua narrativa, do seu modo de ser, pensar e agir. As mesmas parábolas, anunciadas por qualquer outro profeta, não teriam o magnetismo especial que nelas sentimos, pois representam a luz por meio da linguagem.

Nos últimos decênios, foram intensificados os estudos sobre as parábolas, considerando os inevitáveis desvios de interpretação ocorridos, pois os Evangelhos foram escritos anos após a morte de Jesus. O mais antigo documento existente referente a Jesus é a *Primeira carta de Paulo aos coríntios*, escrita na década de 50. Registramos, porém, que, no livro *Paulo e Estêvão*, de autoria do Espírito Emmanuel e psicografado por Francisco Cândido Xavier, encontramos a referência de que Mateus registrou suas anotações nos anos 40, seguindo as tradições agostinianas. Atualmente, entretanto, a maioria dos pesquisadores acredita que o *Evangelho de Marcos* seja o mais antigo, e todos escritos após o ano 50. Além disso, consideram também a natural diferença entre o sentido das palavras, já que o Mestre falava o dialeto aramaico da Galileia, e os Evangelhos foram escritos em grego, com a possível exceção de Mateus, que utilizou o hebraico.

Estamos afastados no tempo e vivenciamos a cultura ocidental, o que cria certas dificuldades para percebermos histórias no clima e concepção orientais. Os estudiosos das parábolas precisaram (e precisam) vencer inúmeros obstáculos e dificuldades naturais de quase dois mil anos de diferença.

Considerando o dito de *Marcos* (4:11 e 12), segundo o qual Jesus afirmou que teria utilizado as parábolas para ocultar aos de fora os mistérios do Reino de Deus, muitos estudiosos buscaram nelas um sentido oculto que só poderia ser descoberto com a ajuda da interpretação alegórica, que atribui a cada detalhe das parábolas um sentido especial e profundo. Seria como resolver uma equação definindo suas incógnitas. Nem sempre é o melhor caminho.

Um exemplo clássico é a interpretação do filósofo e teólogo do século XII, Hugo de São Vítor, para a parábola do bom samaritano, registrada por Lucas (10:25 a 37). Ele interpretou, influenciado por Santo Agostinho, a simples história do bom samaritano numa trajetória da humanidade e da igreja. Trata-se, sem dúvida, de um relato engenhoso de toda a história da salvação humana numa interpretação alegórica, mas que perde o ponto principal: a necessidade de nos transformarmos no próximo ativo dos caídos que encontrarmos no caminho.

A interpretação alegórica foi utilizada desde cedo e se estendeu por quase dezenove séculos, atendendo, muitas vezes, a interesses de cunho teológico. As tradições dão conta que Orígenes, o famoso filósofo cristão alexandrino do século III, foi um dos primeiros a adotá-la. Entretanto, no início do século XX, a interpretação alegórica começou a ser questionada pelo pastor luterano alemão Adolf Jülicher. O desenvolvimento ocorrido em todos os campos do conhecimento humano no século XIX contribuiu, também, para um melhor entendimento das questões e tradições da Palestina, o que auxiliou a leitura nova das parábolas de Jesus.

Por outro lado, alguns estudiosos definiram, modernamente, as diferenças entre a parábola e a alegoria. Numa parábola, cada detalhe do relato deve ser entendido em seu sentido próprio e habitual: um semeador é um semeador; a semente é semente. Na alegoria, pelo contrário, cada elemento encerra um sentido figurado, resultando numa linguagem enigmática.

Mais recentemente, os comentaristas optaram por outro método de interpretação, analisando a parábola como uma peça da vida real, buscando uma ideia central e mais geral possível. Isto é, as parábolas não visavam transmitir um sentido arcano em cada pormenor, mas simplesmente ilustrar um ensinamento particular.

Na parábola do bom samaritano, o ensinamento principal é que o verdadeiro cristão deve ter a iniciativa de ajudar o necessitado do caminho, ou seja, ser um próximo ativo. E não precisa ostentar qualquer título ou cargo religioso, pois, na parábola, quem ajudou não era um judeu religioso, mas um dos desprezados samaritanos. Todos os outros pormenores da história sobre o jumento, a estalagem, o azeite e o vinho eram apenas uma descrição imaginativa da cena para dar à história um toque de realismo e interesse. Evidentemente que uma interpretação como essa não pode ser generalizada, pois algumas parábolas apresentam outras lições secundárias nos seus detalhes.

Outra abordagem também utilizada tem situado as parábolas na vida de Jesus. Descobrir a exata situação, às vezes, é tarefa difícil, visto que algumas passagens dos Evangelhos foram registradas não como parte de uma biografia de Jesus dispostas cronologicamente, mas como mensagem explicativa da sua doutrina. De qualquer maneira, cada uma delas foi pronunciada numa situação única e, muitas vezes, imprevista. Como veremos, foram trazidas em momentos de conflito, de justificação, de defesa, de ataque e até mesmo de desafio. As parábolas foram em grande parte armas da luta de Jesus. Procuramos adotar essa metodologia no nosso estudo.

Destacamos, por fim, a grande contribuição da Doutrina Espírita codificada por Allan Kardec em meados do século XIX para compreendermos o sentido das parábolas. Empregando os conceitos da imortalidade da alma, da reencarnação, da pluralidade dos mundos habitados e da Lei de Causa e Efeito, o Espiritismo amplia o nosso entendimento sobre as verdades trazidas por Jesus.

As religiões sempre tiveram duas linguagens. Uma direta, em que são expostas as lições morais; outra simbólica, em que são abordados os ensinamentos mais elaborados e complexos. Para interpretá-los, foram criadas, na Antiguidade, as famosas escolas de mistérios, cujos participantes passavam por rituais de iniciação. Os mistérios mais famosos no século I d.C. foram os de Elêusis, cidade próxima de Atenas, onde os nobres eram iniciados pela deusa Deméter. Embora Jesus não tenha criado uma escola para iniciados, identificamos o seu cuidado na divulgação de certas lições. Em alguns momentos, o Mestre trouxe explicações reservadas apenas para os discípulos. O maior exemplo foi a ceia pascal realizada intimamente com eles, momento em que abordou temas transcendentes como a promessa do envio do Consolador, que é a Doutrina Espírita. No tempo apropriado, ela foi codificada, esclarecendo em linguagem direta e clara os chamados "mistérios do passado".

O Espírito de Verdade, em comunicação trazida a Paris, em 1860, e apresentada em *O evangelho segundo o espiritismo*, afirmou que encontramos toda a verdade no Evangelho do Mestre Galileu, e coube a Allan Kardec a tarefa luminosa de desvendá-la numa forma estruturada e única, quando comparamos com outras doutrinas espiritualistas. Muitas lições de Jesus somente são compreensíveis à luz desses conceitos e, em alguns casos, sem eles, poderiam até ser consideradas demagógicas. Allan Kardec, em *O evangelho segundo o espiritismo*, interpretou várias passagens utilizando os conceitos básicos da Doutrina dos Espíritos.

Diante de tantas opções, alguns exegetas começam, atualmente, a se dar conta de que existe uma dimensão oculta nas parábolas que lhes comunica um atrativo especial. Atrevemo-nos a considerar que tal dimensão é a espiritual, como apresentada pelo mestre lionês Allan Kardec.

2

O DESAFIO DAS PARÁBOLAS

"Abrirei os lábios em parábolas e publicarei enigmas dos tempos antigos". (*Mateus*, 13:34 e 35; *Salmos*, 78:2)

    Tito Flávio Clemente, conhecido como Clemente de Alexandria, foi um dos maiores filósofos e apologistas cristãos do século II. "Apologia", em grego, significa "defesa" e, no caso, dos ataques realizados pelos pensadores pagãos à mensagem cristã que já apresentava grande vitalidade. O famoso Orígenes, já mencionado, foi seu discípulo. Com rara sensibilidade, honrou Jesus com o título de "Pedagogo da Humanidade", que, atualmente, tem o reconhecimento de historiadores e educadores. A Pedagogia é o campo da ciência que estuda a educação e, normalmente, utiliza uma filosofia como base e referência. E para que a educação aconteça, emprega os recursos da didática. A filosofia de Jesus está contida nos Evangelhos, e sua didática, em sintonia com sua filosofia, tinha dois pilares básicos. O primeiro foi sua autoridade moral insuperável, e o segundo, a exemplificação das lições.

    Uma das técnicas educacionais de Jesus foi o paralelismo poético extremamente belo, utilizado em mais de duas centenas de vezes nos quatro Evangelhos. A forma estilística mais famosa associada ao seu ensino, certamente, é a parábola.

    O que é uma parábola? Diferentemente do conceito matemático, não existe unanimidade nas respostas sobre o gênero literário utilizado no Novo

Testamento. A palavra "parábola" vem do grego *parabolé*, significando "pôr ao lado de", com o sentido de "comparar", técnica ideal para ilustrar alguma verdade ou ensinamento. Considerando que a palavra grega corresponde, na língua materna de Jesus, à palavra aramaica *mathla*, que designava toda sorte de linguagem figurada, os estudiosos procuraram classificar as parábolas em categorias, distinguindo entre metáforas, comparação ou símile, alegoria e símbolos. A parábola é uma história curta com moral definida.

Destacamos que Jesus não falou por fábulas, embora tenha, algumas vezes, utilizado engenhosamente os animais para enfatizar alguns ensinamentos. As fábulas são extremamente populares por serem pequenas histórias finalizadas com lições morais, em que animais agem como seres humanos. Foram introduzidas no Ocidente por três grandes nomes, segundo antigas tradições. O primeiro foi Esopo, um escravo dotado de grande inteligência que viveu na Grécia, provavelmente no século VI a.C. Posteriormente, essas tradições seriam renovadas por Fedro, igualmente um escravo do século I d.C. que viveu em Roma. Finalmente, no século XVII, Jean de La Fontaine popularizaria as fábulas.

Nos Evangelhos conhecidos como Sinóticos[1] — de Mateus, Lucas e Marcos —, encontramos a maioria das parábolas que são apresentadas de várias formas: sozinhas, em grupo ou em parábolas fundidas. Alguns pesquisadores identificam de cinquenta e cinco a setenta e cinco parábolas e outros, trinta, dependendo da maneira como definimos certos discursos e ensinamentos. O *Evangelho de João* destacou as preleções teológicas, visto ser o último a ser escrito, e preferiu abordar aspectos ainda não mencionados.

Embora não fosse uma metodologia nova para os judeus do século I d.C., pois os eruditos conseguiram identificar algumas parábolas nos escritos canônicos do Velho Testamento, como também nos textos rabínicos,

---

1 N.E.: Os Evangelhos de Mateus, Marcos e Lucas são conhecidos como Evangelhos Sinóticos porque contêm histórias em comum, na mesma sequência e, algumas vezes, utilizando mesma estrutura e mesmas palavras.

o certo é que as de Jesus representam algo inteiramente novo e especial, aliás, como todos os seus ensinamentos. Elas continuam a provocar, nos leitores interessados, uma reflexão a respeito dos princípios e valores dos seus ensinamentos. Nada obstante, as parábolas não são exclusividade de Israel. Todos os povos costumavam expressar a sabedoria de suas culturas por meio de contos, lendas e parábolas, principalmente no Oriente e, em especial, os que se desenvolveram no Mediterrâneo.

Destacamos que as parábolas foram particularmente úteis como técnica de ensino. Elas criavam um ambiente favorável, especialmente anunciadas pelo Mestre, e ajudavam a desarmar os ouvintes, eliminando resistências, pois o significado de uma parábola era frequentemente percebido antes mesmo que as pessoas pudessem negar a questão apresentada. Era comum Jesus utilizar as parábolas numa tentativa de eliminar a hostilidade à sua volta. Outro aspecto a considerar é que elas eram uma maneira eficiente de apresentar ensinamentos potencialmente complexos ou mesmo que encerrassem em si um entendimento que a maioria ainda não tinha condições espirituais de perceber.

Clemente de Alexandria estava completamente certo: Jesus foi um Mestre extraordinário, dotado de uma oratória que arrebatava as pessoas com suas palavras, pelo seu magnetismo especial e sua capacidade de ver e se expressar de modo simples. O termo "mestre" foi usado por mais de quarenta vezes para descrevê-lo, embora, em muitos momentos, colocados hipocritamente pelos sacerdotes. O próprio Jesus aceitou e usou o termo para si. O título aramaico "rabi", presente nos Evangelhos, também foi usado para descrevê-lo em quatorze ocasiões, segundo Robert Stein, no livro *A pessoa de Cristo*. Embora não tivesse treinamento formal associado ao segundo título, fez tudo o que os outros rabis faziam. Em realidade, fez mais, pois seu ensinamento era novo e Ele ensinava em todos os lugares e para todos, incluindo os considerados indignos dos ensinamentos rabínicos. Jesus pregava com autoridade moral diferenciada, afirmando muitas vezes: "Em verdade, em verdade, vos digo."... Não dava margem a qualquer contestação.

Jesus não escreveu pessoalmente os Evangelhos e, naturalmente, antes do registro e interpretação por todos os evangelistas, eles foram comentados e estudados na igreja primitiva que anunciou, pregou e ensinou as suas palavras. Por essa razão, encontramos diferenças nas narrativas, principalmente no que os pesquisadores denominam de "ornamentações" das parábolas.

Citamos, como exemplo, a famosa parábola dos talentos. Em *Mateus*, dos três servos, um recebeu cinco talentos; outro, dois talentos; e o terceiro, um talento. Isso equivalia a cinquenta mil, vinte mil e mil denários, respectivamente. Já *Lucas*, na parábola das minas, falou de dez servos e cada um ganhou dez moedas de prata.

O gosto pelas ornamentações deve ter influenciado os evangelistas. Evidentemente que, nesta análise, devemos considerar um aspecto importante. Embora as parábolas fossem baseadas na vida comum, o Mestre, em grande número delas, utilizou traços incomuns ou exagerados com a função de suscitar a atenção dos ouvintes, colocando especial acentuação em determinadas ocorrências.

Por exemplo: não é um procedimento normal de todos os dias o fato de convidados recusarem um convite de um rei que mandou chamar, a sua mesa, os que fossem encontrados primeiro na rua. Ou um semeador lançar sementes em terreno pedregoso.

Uma forma muito interessante de se analisar uma parábola é vê-la como uma peça dentro de uma peça, como apresentou Kenneth Bailey, no excelente livro *As parábolas de Lucas*, cujo texto transcrevemos a seguir:

> Em *Hamlet*, um famoso drama de Shakespeare, o autor usa o fenômeno relativamente raro de uma peça dentro da peça. No ato 3, cena 2, Hamlet está desesperado para conseguir captar a "consciência do rei".

Ele (Hamlet) faz entrar em cena uma tropa de atores para reconstruir uma cena semelhante ao assassinato do seu pai que o atual rei havia cometido. O expectador desta cena isolada observa a ação em dois níveis. Há o pequeno drama que está sendo encenado pela trupe de artistas e também há o conflito entre Hamlet e seu tio, o rei. Hamlet usa os atores e o seu drama para se comunicar com seu tio. À medida que o grupo de atores prossegue com a sua peça dentro da peça, no auditório temos a nossa atenção voltada para Hamlet e seu tio. Nas parábolas de Jesus encontramos situação semelhante. A peça tem lugar entre Ele e seu auditório que, muitas vezes, era formado por adversários teológicos e, desta forma, um conflito intenso era o cenário da peça. Em alguns casos, como a cena na casa de Simão, "o fariseu", temos a peça toda (uma longa cena dramática) e, dentro dela, é narrada a parábola. Em outros casos a "peça" é bastante curta, restringindo-se a um versículo. "Sempre que possível devemos identificar o auditório e a sua atitude diante do tema discutido pela parábola" (BAILEY, 1989).

Por fim, gostaríamos de comentar alguns pontos importantes que podem nos ajudar a descobrir os tesouros das parábolas, como um mapa ou um guia.

Inicialmente, devemos buscar entender o seu contexto para determinar por que ela foi contada. Depois, identificar o ensinamento principal que a parábola pretende transmitir, embora também possamos descobrir lições secundárias importantes. Outro ponto é não nos perdemos nos detalhes. Os pormenores de uma parábola, às vezes, podem ter significado, mas na maioria não contêm sentido oculto e foram, simplesmente, destinados a preencher a narrativa.

Finalmente, e mais importante, devemos sempre procurar uma aplicação pessoal e individual em cada parábola, isto é, ir além da apreciação intelectual. Depois de entender a lição, precisamos pensar se encontramos a nós mesmos na parábola e refletir sobre o que devemos fazer ou modificar na nossa vida. Muitas vezes, pensamos que as lições são para os outros e não para nós. Enfim, o estudo das parábolas não é um exercício de diletantismo intelectual sem um único pensamento de fazermos qualquer aplicação a nós mesmos. É muito proveitoso que, ao final, perguntemos mentalmente ao Mestre: o que há para mim?

Recordamos um episódio do Velho Testamento ocorrido entre o profeta Natã e o rei Davi (II Sm, 12:1 a 4). Após contar uma história para o rei sobre a maldade de um homem, Davi, indignado, afirmou que este merecia a morte.

Então Natã disse a Davi: "Pois este homem é você mesmo!". (II Sm, 12:7). E lhe recordou como Deus o fizera rei de Israel, entregando em suas mãos todo tipo de riquezas. Entretanto, assassinara Urias para se casar com a mulher dele, Betsabá. Davi entendeu e exclamou arrependido: "Pequei contra Javé" (II Sm, 12:13).

Assim, só quando nos identificarmos com o "filho pródigo", com o "trabalhador da última hora" ou com o "bom samaritano" é que sentiremos plenamente sua mensagem. Tal é o grande desafio das parábolas de Jesus.

3

POR QUE PARÁBOLAS?

"Por que lhes falas por parábolas?"
(*Mateus*, 13:10)

O mais importante discurso de Jesus foi o Sermão da Montanha. Era o texto favorito, por exemplo, do grande Mahatma Gandhi, que chegou a afirmar: "Caso se perdessem todos os livros sacros da humanidade e só se salvasse o Sermão da Montanha, nada estaria perdido". Falando, em junho do ano 31, para uma multidão de pessoas com os mais diversos graus de entendimento, o Mestre percebeu claramente que era chegado o momento de aplicar com mais intensidade o seu principal instrumento educacional. Começou, então, a ensinar por parábolas. E por quê? Vamos formular uma hipótese.

Jesus, a partir daí, iniciaria a pregação sobre o Reino de Deus ou Reino dos Céus, o cerne da sua mensagem, andando de povoado em povoado e de aldeia em aldeia para proclamar e anunciar essa boa notícia. Alguns escritores se referem a Ele como o "Profeta do Reino de Deus". Assim, uma linguagem figurada com histórias seria a metodologia mais adequada, considerando a diversidade de entendimento das criaturas e que o Reino de Deus, como anunciado pelo Messias, é uma construção interior ou condição vibracional e somente por parábolas poderia anunciá-lo. Desse modo, colocava nas parábolas situações que camponeses e pescadores vivenciavam para ajudá-los a entender o Reino de Deus.

No dicionário, "reino" é um estado ou território governado por um rei. Era o único sistema de governo naquela época. Certamente, o Mestre não falou de um novo estado, senão seria um zelota, membro do partido judaico nacionalista. O Reino de Deus não tem fronteiras nem sistema de governo, pois representa uma nova sociedade.

Um indício revelador do que Jesus realmente quis dizer pode ser encontrado na língua que Ele falava — o aramaico — e que antes era de uso aristocrata, mas foi escoando para as classes populares e substituiu, paulatinamente, o tradicional hebraico, utilizado nas cerimônias religiosas, depois do exílio na Babilônia. A palavra aramaica que Jesus provavelmente empregou — *malkutha* —, segundo os eruditos, significa "a atividade de um rei" e não "o território que ele governa". Nos três Evangelhos escritos em grego (Mateus foi o único a utilizar o hebraico originalmente), a palavra reino é *basileia* e tem o mesmo significado de *malkutha*. Assim, Jesus falava da realeza e do domínio de Deus. Aqueles que dele participam cumprem a vontade do Pai e aceitam seu domínio. Para Jesus, o Reino de Deus é uma condição interior, ou melhor, um estado vibracional. Perguntamos ao leitor amigo: como falar de uma condição interior e vibracional se não fosse por parábolas?

Quando a criatura entra em sintonia vibracional com o Pai, ela toma posse do Reino de Deus, tornando-se um verdadeiro "Filho de Deus". Jesus, por cumprir integralmente a vontade do Pai, afirmou ser o "Filho de Deus". O significado era claro: mostrar sua intimidade com o Pai. Na Antiguidade, era comum os grandes homens serem reconhecidos como "filhos de Deus". Recordamos que, quando o corpo exânime de Jesus foi retirado da cruz, o centurião romano, impressionado, afirmou: "Este homem era verdadeiramente um filho de Deus". Nós ainda somos filhos de Deus, com "f" minúsculo, pois não temos a intimidade de um filho com seu pai e não cumprimos sua vontade.

A intimidade de Jesus com Deus pode ser aferida pela forma como Ele se referia ao Ser Supremo. Em oposição aos nomes tradicionalmente usados para descrever ou se referir a Deus (Yahweh, Elohim, Adonai) e originados por uma influência politeísta, o Mestre optou por uma expressão diferente e mais íntima: o termo aramaico Aba (Pai). O conceito de Deus como um Pai não era totalmente desconhecido dos contemporâneos de Jesus, mas era utilizado de forma ocasional.

Assim, as parábolas procuravam ensinar a importância fundamental da participação e construção desse reino interior, destacando, também, os valores nele vigentes. O Reino de Deus, como apresentado por Jesus, foi o grande diferencial de sua mensagem quando comparada com outras religiões da Era Axial. Nesse período especial da humanidade, que vai de 800 a.C. a 200 a.C., ocorreu um paralelismo no campo das ideias nas principais regiões do mundo. O filósofo existencialista alemão Karl Jaspers, no século XX, definiu-o como a linha divisória mais profunda da história da humanidade. Certamente, a Era Axial abriu o terreno e preparou a humanidade para a chegada da Boa-Nova.

No aspecto moral, todas as grandes religiões são semelhantes, baseadas na mesma regra áurea do Cristianismo: "Tratai os outros como quereis que vos tratem a vós". Entretanto, somente Jesus falou sobre o Reino de Deus, provavelmente por sua condição espiritual diferenciada de Governador Espiritual da humanidade.

Bem sabemos que o grande problema do homem é dar significado e valor para a vida, preenchendo o vazio interior que nos tem levado a uma vida fútil e consumista, quando não nos arrastam para a busca de prazeres e vícios fugazes extremamente perigosos. Vivenciar o Reino de Deus torna a criatura plena e feliz em qualquer situação e significa edificar um castelo interior, como ensinou a grande carmelita renovada espanhola do século XVI, Teresa de Jesus ou Teresa de Ávila.

Mais recentemente, o psiquiatra austríaco de origem judaica, Viktor Frankl, pôde constatar, após sobreviver aos horrores de quatro campos de concentração nazista em três anos durante a Segunda Guerra Mundial, a importância, para o homem, de ter um significado para a vida. Os prisioneiros que tinham desenvolvidos dentro de si esses valores tiveram maior resistência para enfrentar aqueles horrores.

Convém destacar que o novo com Jesus não era a questão do reino em si, mas sua forma. A expectativa e a esperança do povo judeu com relação ao reino já eram bastante antigas, principalmente com a aliança firmada por Moisés com Deus. A promessa do reino sempre esteve presente no Velho Testamento e tem, portanto, uma longa história. Resumindo: era um símbolo bem conhecido que representava as aspirações e expectativas mais profundas de Israel.

O primeiro a profetizá-lo foi Natã, já mencionado, afirmando ao rei Davi (cerca de XI a.C.) que um descendente seu instituiria, na Terra, um reino israelita sem fim. Davi é um dos mais amados entre todos os heróis judeus. Por essa razão, *Mateus* (1:2 a 16) e *Lucas* (3:23 a 28) apresentaram uma árvore genealógica de Jesus que reporta até Davi. As duas genealogias definiram José como descendente do grande rei judeu, e não Maria, o que nos leva a crer que a interpretação da fecundação pelo Espírito Santo e o nascimento virginal não têm coerência com o texto.

Outro aspecto a considerar é que um reino pressupõe um rei e, no Reino de Deus, é Deus. No período da monarquia judaica, os reis eram vistos como representantes de Deus, mas o Reino de Deus seria anunciado e edificado pelo Messias — o Ungido, no hebraico, ou Cristo, em grego —, e não pelo próprio Deus.

Seria natural que qualquer Messias almejado fosse legitimado, retrospectivamente, por seus seguidores como sendo filho de Davi. Em anos recentes, foi até mesmo encontrado um ossuário designado de "Os Ossos da Casa de Davi". Essa inscrição foi encontrada numa gruta de sepultamento em Jerusalém, descoberta durante escavações realizadas por Amos Kloner para o Departamento de Antiguidades e Museus de Israel, entre 1971 e 1972.

Por que parábolas?

Como Mateus e Lucas apresentaram a genealogia davídica, era natural identificarem em Belém, cidade onde Davi nasceu, o local da natividade de Jesus. Significativo, também, é o registro de Mateus de que, certa vez, Jesus saía de Jericó quando um mendigo cego, chamado Bartimeu, começou a bradar para Ele: "Filho de Davi".

Como vimos, o povo judeu esperava o Reino de Deus e, quando Israel cumprisse a vontade do Pai, ele seria implantado. As grandes questões estavam relacionadas a quando isso ocorreria e como o reino seria. Existe, atualmente, vasta literatura sobre o tema, formulando conceitos desenvolvidos ao longo do tempo, embora o elemento comum seja a soberania divina e não, propriamente, o reino governado por Deus.

Com os séculos de sofrimento e a demora para a implantação do reino almejado, surgiram, entre 200 a.C. e 100 d.C., alguns escritores que apresentaram uma solução drástica e foram conhecidos como os apocalípticos (que significa "revelação", em grego). Lembramos, ainda, que as vozes proféticas, naquele período, estavam emudecidas.

O gênero floresceu no Oriente Médio e apareceu na literatura de vários povos. Os judeus apocalípticos tinham uma visão pessimista e sombria do mundo e da sua história, ao contrário dos profetas do Velho Testamento, sem a esperança da intervenção de Deus no mundo dentro de um processo natural diante de tanto mal e sofrimento. Com uma visão dualista na luta entre o mal e o bem, os apocalípticos tinham desistido de mudar o mundo real. A criação estava contaminada, e a intervenção de Deus seria violenta e catastrófica, terminando o mundo anterior corrompido pelo mal e criando um novo celestial que ficaria fora da história. A mensagem desses visionários é apavorante, mas representava a única saída para dar alguma esperança para o povo.

As mais famosas profecias apocalípticas sobre o Reino de Deus foram atribuídas ao profeta Daniel (início do século VII a.C.), embora com o otimismo e a esperança de que Deus estaria no leme, a exemplo do *Apocalipse* de

João Evangelista, que trouxe uma visão diferente para a época, alertando que deveríamos agir de maneira justa para evitarmos sofrimentos futuros no juízo. Esse gênero literário sempre esteve no centro das atenções da humanidade, principalmente nos tempos que correm. O próprio Isaac Newton, grande físico do século XVII, fez um estudo das profecias de João e Daniel. Ambos queriam mudar o comportamento das pessoas e, assim, transformar o mundo. Muitos estudiosos são de opinião de que as profecias de Daniel e João são complementares. Registramos que, atualmente, alguns estudiosos datam o livro de Daniel no século II a.C.

Por outro lado, os zelotas, que formavam um partido político-religioso, entendiam que este reino viria por meio das armas e seria um reino político. Com a sua implantação, o povo judeu ficaria livre do jugo romano.

Jesus viveu num ambiente apocalíptico, anunciando que o reino já estava em implantação e que o inimigo a combater numa verdadeira "batalha mítica" é a ignorância que se frutifica no erro. Deus não vinha destruir os romanos ou aniquilar os pecadores. Realmente, com Jesus, a ignorância começou a ser derrotada. Evidentemente que, quando a humanidade, no futuro, estiver em sintonia com o Pai, o Reino de Deus estará, de fato, implantado na Terra. Recordemos a terceira bem-aventurança anunciada por Jesus no Sermão da Montanha e que já existia no Velho Testamento: "Os brandos herdarão a Terra".

Finalmente, destacamos que todas as questões relativas à implantação do Reino de Deus, anunciado por Jesus e que tanto debate tem levantado nos últimos 70 anos, são referenciadas pela palavra "escatologia", que é de origem grega e significa ideias sobre o fim.

Outros pensamentos religiosos importantes que sempre tiveram grande impacto na humanidade também foram abordados por Jesus nas parábolas, e, interessantemente, todos eles interconectados ao do Reino de Deus como se fossem pérolas de um colar. São eles: a salvação, o juízo, a sentença, a misericórdia e a confiança. A seguir, comentamos resumidamente cada um deles, segundo as perspectivas judaicas, de Jesus e da Doutrina Espírita. Outras visões elaboradas, ao longo do tempo, por escolas religiosas cristãs não fazem parte destes comentários.

A SALVAÇÃO

Encontramos esse pensamento religioso em todas as religiões. As informações trazidas pelo venerável Espírito Emmanuel, no excelente livro *A caminho da luz*, da lavra mediúnica de Francisco Cândido Xavier, esclarecem que Espíritos endurecidos criavam obstáculos à evolução dos habitantes de Capela, da Constelação de Cocheiro e foram exilados para o planeta Terra a fim de prosseguirem na senda evolutiva e auxiliarem o progresso dos Espíritos "nativos", ainda primitivos.

Tais Espíritos foram recebidos, pessoalmente, por Jesus e encarnaram em várias regiões. No marcante encontro, o Mestre prometeu descer à Terra para anunciar a Boa-Nova, criando uma expectativa inconsciente nos vários povos da Antiguidade. Podemos entender o porquê das expectativas gerais com relação à salvação. Destacamos, porém, que foi no espírito do povo judeu que ela ganhou importância, tornando-se, ao longo do tempo, o seu principal pensamento religioso. Para os judeus, "salvar" era o verbo principal.

A importância da salvação foi consequência natural do monoteísmo. Os judeus, em geral, tinham plena consciência da sua missão, mesmo aquele mais pobre, como testemunhas do monoteísmo e guardiães da "promessa", o que foi ratificado por várias alianças que encontramos no Velho Testamento. Assim, quando chegasse a hora, Deus, soberanamente bom e justo, interviria e alçaria o povo judeu a uma posição de destaque no concerto das nações, instaurando o Reino de Deus na Terra. Na verdade, a salvação seria uma retribuição de Deus à fidelidade judaica, e o caminho da salvação tinha um destino certo: o Reino de Deus.

A grande questão era como seria a salvação: material ou espiritual? Com a instituição da monarquia pelo virtuoso Samuel, o último dos juízes e o primeiro dos profetas do povo judeu, começou o período conhecido como Reis, por volta do ano 1050 a.C. E foi com o terceiro rei, o sábio Salomão, que Israel vivenciou um grande progresso material, levando à percepção generalizada de uma salvação material. Entretanto, sabemos que poder e riqueza dividem. O Império Romano e a igreja sofreram as mesmas consequências. Em Israel, acabou acontecendo, no ano 926 a.C., com a separação dos reinos de Israel, no Norte, formado por dez tribos e com capital na Samaria, e de Judá, no Sul, composto por duas tribos e com capital em Jerusalém. Com a divisão, teve início um longo período de grandes sofrimentos, com destaque para a invasão dos assírios, a deportação para a Babilônia, a dominação persa, grega e, depois, romana na época de Jesus.

Nesse período de dolorosos testemunhos, surgiram os grandes profetas do povo judeu, que procuraram alertar que o sofrimento vivenciado era consequência da infidelidade a Deus. Para manter a esperança do povo, anunciaram uma salvação com características espirituais, o que ajudou o povo a suportar as provações. Podemos, também, refletir que, considerando a situação difícil do povo judeu na época de Jesus, era natural que a salvação material fosse esperada no seu inconsciente coletivo.

A salvação para Jesus, entretanto, era um processo ofertado a todos indistintamente, não excluindo ninguém. Na verdade, um caminho que leva ao Reino de Deus. Na época, ela estava circunscrita aos da raça judaica e considerados, sem erro, num entendimento ligado à própria visão de um Deus de justiça. O Mestre chegou a ser questionado sobre quantos seriam salvos, ao que Ele respondeu que o número dependeria do esforço individual, simbolizado pela figura da porta estreita.

No processo da salvação cristã, o critério é a misericórdia, como estabeleceu Jesus na parábola do juízo. Neste ponto, destacamos a figura inigualável de Allan Kardec, que, com muita propriedade e simplicidade, cunhou o lema inesquecível: "Fora da caridade não há salvação".

Evidentemente que, com a salvação, surge a figura do Messias, já que Deus não ia conduzi-la pessoalmente, necessitando de um emissário para tanto. Ao longo do tempo, os profetas anunciaram o Messias, mas ninguém sabia quando viria e como seria. Existem cerca de trezentas referências messiânicas nas Escrituras. Só sabiam que ele seria um "Filho de Deus". Entendemos, assim, a ansiosa espera dos judeus pelo Salvador e por que Jesus foi questionado muitas vezes se era, verdadeiramente, o Messias.

O povo, na sua maioria, elaborou sua própria opinião a respeito do Prometido e aguardava uma salvação material. Na verdade, para eles, o Messias passou a ser sinônimo de rei. Considerando a expectativa geral, Jesus jamais afirmou ser o Messias, pois o povo não entenderia o seu posicionamento e a sua postura. Alguns estudiosos consideram que esse foi um dos motivos que levaram o Mestre a falar por parábolas. Somente aqueles que tivessem ouvidos de "ouvir" ou olhos de "ver" identificariam nele o Messias.

Até Jesus foi tentado a ser um Salvador diferente para o qual estava destinado. Logo após ser batizado por João Batista, o Mestre retirou-se para o deserto com o objetivo de refletir sobre sua missão. Naquele momento, Jesus definiu suas prioridades.

Suas preocupações sobre esse ponto não eram sem razão. Basta recordarmos que, após a primeira multiplicação dos pães e peixes, o povo, encantado com a possibilidade de não mais trabalhar para saciar a fome, resolveu fazê-lo rei. Diante dessa situação imprevista e perigosa, Jesus retirou-se rapidamente do local, segundo os evangelistas.

O certo é que a maioria não esperava um Messias servo, embora tal condição já fosse conhecida cerca de setecentos e quarenta anos antes. Essa visão fora trazida pelo grande profeta Isaías, um homem bom que pertencera à família real do reino de Judá. Naquele tempo, assumira o trono um novo rei que, diante da ameaça dos assírios, considerou a possibilidade de uma aproximação maior com eles para evitar uma iminente invasão. Preocupado e lembrando-se do que acontecera no século anterior, no reino do Norte, quando houvera a necessidade da intervenção do profeta Elias, Isaías foi diariamente orar no Templo de Jerusalém.

Durante os seus êxtases, Isaías, em Espírito, era levado às altas esferas espirituais, onde era informado sobre o futuro difícil que desabaria sobre o povo judeu. Nada obstante, trouxe a notícia alegre e esperançosa da chegada do Messias. Alegria incompleta para muitos, pois Isaías apresentou o Salvador como o servo de Deus e não um sacerdote ou rei. A figura do Messias descrita pelo grande profeta é verdadeiramente impressionante. Muitos estudiosos consideram os seus textos como um quinto Evangelho. Recordamos, ainda, que Jesus se utilizou várias vezes das palavras de Isaías durante o seu ministério público.

O Messias servo era difícil de ser aceito há dois mil anos, tanto quanto atualmente o é. Isso porque tal noção só é percebida com a ajuda da humildade. Como consequência, o critério da hierarquia espiritual apresentado por Jesus está baseado no serviço. Quem quiser ser o maior, torne-se o servo de todos, afirmou o Mestre. Na famosa lição do lava-pés, exemplificada durante a ceia pascal na noite de quinta-feira anterior a sua crucificação, encontramos a mais cabal lição sobre o serviço e cuja compreensão é fundamental para a felicidade do homem.

O JUÍZO

Como consequência da salvação, surge o juízo. Os judeus consideravam que, em determinado momento, Deus entraria em ação e faria justiça repondo tudo no lugar, realizando um julgamento e punindo os injustos, os infiéis, os impiedosos e os pecadores. A ideia do juízo dava consistência e seriedade para a salvação como um processo a ser iniciado urgentemente. Ensinamento que, nos tempos atuais, é mais importante e premente.

O grande profeta Daniel foi deportado junto com o reino de Judá para a Babilônia de Nabucodonosor em 605 a.C., e, por sua capacidade de interpretar sonhos, acabou tornando-se importante para o rei persa, a exemplo do que acontecera, no passado, com José, filho de Jacó, no Egito. Vítima da inveja dos homens ligados ao rei, acabou na gruta dos leões. Daniel, com suas visões apocalípticas, afirmou que o "Filho do Homem", como ele se referia ao Messias, conduziria esse julgamento.

Interessante notar que Jesus se autodenominou "Filho do Homem" em vários momentos durante seu ministério público. Foram cerca de sessenta e nove vezes nos Evangelhos Sinópticos e treze vezes no de João. Realmente, como o próprio Mestre afirmaria certa vez, "Eu vim trazer um juízo", isto é, aqueles que viam deixariam de ver, e os cegos enxergariam. De fato, com a vinda de Jesus, foi estabelecido um juízo, em que as ações são avaliadas segundo os valores e referências espirituais.

O Mestre também falou sobre o juízo. Nas parábolas em que encontramos as personagens do rei e do servo ou do senhor e do administrador, normalmente, Jesus estava falando do juízo. A situação de um administrador a quem o seu senhor encarregou de administrar alguma coisa — uma terra, uma vinha ou sua fortuna — é bem apropriada para descrever a situação do homem perante Deus. Da mesma maneira que o servo ou o administrador deve prestar contas do que fez dos bens dos seus reis ou senhores, o homem deverá prestar contas para Deus das possibilidades e concessões recebidas e que foram denominadas por Jesus como "talentos".

O juízo, para Jesus, tem ainda nuances complementares para o mesmo sentido. Assim, juízo é separação, como também coerência em face dos seus ensinamentos. É separação, quando Lucas afirmou que, naquela noite, dois estariam numa mesma cama: um seria levado e o outro deixado;

ou que duas pessoas estariam juntas moendo trigo: uma seria levada e a outra deixada. É coerência diante da palavra, quando, ao final do Sermão da Montanha, ensinou a parábola dos dois fundamentos, em que advertiu aqueles que ouvem a palavra e não as praticam, comparando-os ao homem imprevidente que constrói sua casa sem fundações em terreno arenoso. Quando chegam as tempestades e vendavais de dor, ela desaba.

Por outro lado, na expansão desse conceito, podemos concluir que, a cada desencarnação, vivenciamos um juízo das nossas ações na experiência terrena.

A SENTENÇA

Vimos que a história da redenção humana tem dois momentos: a salvação e o juízo. A salvação é o elemento primário oferecido e realizado, e o juízo, a perda da salvação por rejeição à mensagem espiritual. Nos diferentes campos do entendimento humano, podemos experimentar a salvação e o juízo: plenitude e vazio, promessa realizada e oportunidade perdida, luz e trevas...

Como consequência do juízo, surge a sentença. O Mestre também falou sobre ela sem, entretanto, enfatizá-la. O importante é a salvação, e não o juízo ou a sentença. Infelizmente, o Cristianismo, após tornar-se religião oficial no final do século IV, destacou justamente a sentença por meio das penas eternas. Nesse sentido, aparece o local onde as pessoas seriam eternamente castigadas: o inferno. Essa criação pode ter se originado de interpretações do simbolismo das lições de Jesus e do inferno pagão.

Muitas vezes, o Mestre citou, simbolicamente, o vale dos Filhos de Hinom, também denominado Geena, onde, no passado, foram realizados terríveis sacrifícios a Moloc. No início do século I a.C., esse local, a sudoeste de Jerusalém, estava desativado e era utilizado pela população para queima de lixo e animais mortos. Embora esse tema seja abordado mais à frente, destacamos que, na visão espírita, não existem penas eternas, isto é, todos estão destinados à perfeição. Assim, as chamas do fogo de Geena simbolizam as dores das reencarnações expiatórias a que o Espírito será submetido para se ajustar às Leis de Deus.

A MISERICÓRDIA

Evidentemente que, quando analisamos a salvação, o juízo e a sentença, é fundamental entendermos, dentro da nossa capacidade, quais são a visão e o entendimento do homem sobre Deus. Um dos objetivos da missão de Jesus foi apresentá-lo de forma completa. Um Deus de justiça, como entendido até então, mas também e, principalmente, de misericórdia.

A história de Deus para o mundo ocidental teve início por volta de 1900 a.C., quando Abraão, o grande patriarca do povo hebreu, demonstrando confiança, atendeu ao convite de Deus e saiu com sua tribo de Ur, na Caldeia, em direção à Terra Prometida. De fato, ele iniciava uma perigosa viagem rumo ao desconhecido. Era preciso ter fé para aceitar a empreitada.

Podemos considerar, resumidamente, para facilitar o nosso entendimento, uma primeira fase, que vai de Abraão até Moisés, isto é, até o ano 1250 a.C., quando Deus se manifestou de forma tranquila, com uma abrangência tribal, ciumento e, de certa forma, cruel. Abraão, para demonstrar fidelidade, foi colocado à prova: Deus ordenou-lhe que matasse o próprio filho primogênito, Isaque. No momento em que ia realizar o assassinato, Deus apareceu e cancelou a ordem, afirmando ser apenas um teste.

Com Moisés, iniciou-se uma segunda fase, em que o valor do Deus único foi consolidado por uma aliança estabelecida por ocasião da libertação do povo hebreu do cativeiro no Egito. Deus, nesse período, manifestou-se de forma mais ruidosa, por meio de terremotos e fumaça. Era um Deus das lutas e dos exércitos, que estaria de acordo com a situação do período seguinte, quando a Palestina teria que ser conquistada. No passado, a força de um deus era comprovada com a vitória nas guerras do povo que o adorava.

Por quarenta anos, Moisés liderou um grupo heterogêneo durante o êxodo rumo à Palestina, onde o grande profeta tentou incutir o valor do Deus único com vigor e justiça. Tão longo período foi o tempo necessário para surgir uma nova geração, sem as culpas das infidelidades e dúvidas demonstradas pelo povo na fase inicial da fuga do Egito. Os judeus, embora monoteístas, tinham visões diferentes de Deus. Em 1220 a.C., em frente a Jericó, Moisés desencarnou e deixou como sucessor Josué, que, imediatamente, reuniu todas as tribos e instou-as a decidir se queriam renovar a aliança. Em caso positivo, alertou-os de que Deus era ciumento e não toleraria a adoração a outros deuses. Resumindo, exigiria fidelidade.

O período que vai de 1250 até 950 a.C. é conhecido como a "era dos juízes", homens de referência na comunidade que conseguiam juntar duas ou três tribos para enfrentar um problema comum. Foram doze os juízes e viveram um período difícil e perigoso para os judeus e, como consequência, para o monoteísmo. Isso porque, após os sofrimentos do êxodo, durante o qual as tribos se uniram para enfrentar as dificuldades, chegaram à Palestina e começaram a viver em dispersão. Outros povos já viviam na região, como os cananeus e os filisteus, iniciando-se uma luta de conquista cujos reflexos permanecem até hoje. Além dos conflitos, havia também o problema da absorção da cultura e da religião desses povos.

Foi quando, então, surgiu Samuel, já mencionado anteriormente, que estabeleceu a monarquia para os judeus e um período de desenvolvimento e riqueza, o que levou o povo a se esquecer da aliança com Deus, que somente era lembrado nas guerras e pelos sacrifícios, quando o homem ficava de bem com o Criador. Nessa fase, como já comentamos, surgiram os profetas, que foram, acima de tudo, os fiscais da aliança com Deus. Estes não tinham posição no governo para exercerem, com independência, a missão destinada a eles. Muitos foram perseguidos e mortos. Além dessa missão, os profetas eram os arautos das vozes dos Céus, emissários de Jesus, trazendo luz e orientação para o povo judeu.

Os profetas advertiram o povo sobre as dores que desabariam graças à infidelidade a Deus. Lição antiga e fundamental! Nada obstante, o mais importante foi que eles começaram a exaltar a importância fundamental da misericórdia. Além do já mencionado Isaías, destacamos o fazendeiro Amós, que viveu por volta de 760 a.C. e teve cinco visões. Na última, Deus destruía o altar onde eram praticados os sacrifícios. Por fim, Oseias, seu contemporâneo, afirmaria: "Deus não quer sacrifícios, e sim misericórdia".

Esse ensinamento, por sua importância, seria repetido por Jesus quando foi cobrado pelos sacerdotes na casa de Levi, em Cafarnaum, sobre as razões pelas quais os seus discípulos não jejuavam. Assim, a qualquer momento e diante de qualquer situação, nós sempre temos dois caminhos a seguir: o sacrifício ou a misericórdia. Deus quer a misericórdia, e não o sacrifício.

O século VIII a.C. foi fundamental, pois Isaías, Amós, Oseias e Miqueias exaltaram a misericórdia acima do sacrifício. O Deus ciumento, que cobrava sacrifícios, começava a perder espaço para o Pai amoroso.

Com a deportação para a Babilônia, já mencionada, os judeus perderam o Templo de Jerusalém como local onde reverenciavam a Deus, o que criou a necessidade de vivenciá-lo no dia a dia. Evidentemente que, nessas condições, a misericórdia começou a fazer parte da visão de Deus.

Com Jesus, a misericórdia de Deus foi anunciada e exemplificada. Entretanto, não era uma visão nova, pois o caminho fora desbravado pelos profetas. Uma ideia ou um pensamento importante não acontece de repente: necessita de uma semeadura prévia. Citamos como exemplo o que aconteceu com Moisés, que, ao apresentar os dez mandamentos, não trouxe conceitos novos para a época.

No *Livro dos mortos* dos egípcios, as almas, após a desencarnação, eram julgadas por quarenta e dois juízes que utilizavam um questionário com perguntas baseadas na forma negativa dos dez mandamentos. O próprio monoteísmo de Moisés não foi um pensamento novo, pois o faraó egípcio Akenaton, cerca de um século antes, instituiu o sol como o deus único. Outro exemplo importante foi o advento da Doutrina Espírita ocorrida na França, mas teve uma manifestação prévia dos Espíritos em vários países.

Uma história famosa relacionada com o grande rabino Hillel, contemporâneo de Jesus, confirma esse entendimento. Certa vez, o rabino foi questionado por um discípulo sobre se era capaz de recitar a Torá apoiado numa só perna. Hillel aceitou o desafio e, posicionando-se, afirmou: "Amor".

A grande diferença de Jesus foi a ênfase na misericórdia de Deus, a ponto de chamá-lo de Pai. É o amor compassivo que está na origem e no pano de fundo de todas as suas ações e de seus ensinamentos. A humanidade, no seu primarismo, sempre foi mais acostumada ao Deus de justiça do que ao de misericórdia. Por essa razão, nós entendemos muito bem as parábolas que falam da justiça e temos dificuldades nas que ensinam a misericórdia. Ainda não alcançamos a misericórdia de Deus. É muito mais fácil ser justo do que misericordioso. Além disso, em geral, queremos a misericórdia para nós e deixamos a justiça para o próximo.

Poderíamos perguntar: para quem era importante essa visão da misericórdia do Pai? Certamente, para os pecadores que estavam excluídos da salvação. Além deles, os que sofriam preconceitos dos religiosos e por parte da sociedade judaica da época, como os leprosos, os portadores de doenças crônicas, os pagãos, os publicanos e os de má vida, entre outros. Muitas vezes, o preconceito estava baseado no entendimento de que, nessas situações, ali se encontrava um Espírito impuro em processo de expiação. Lembramos ainda que o Mestre pregava para todos, sem distinção, levando a Boa-Nova para os territórios gentios de Tiro, Cesareia de Filipe e Decápolis.

O acolhimento e o perdão de Deus aos pecadores provocaram escândalo e indignação, principalmente entre os sacerdotes. O povo judeu acreditava no perdão de Deus para quem se arrependia. Entretanto, era necessário seguir um caminho que passava pela manifestação do arrependimento, mediante os sacrifícios apropriados no templo, pelo cumprimento dos ditames da lei e, por fim, reparações quando houvesse danos ao próximo. Jesus ofereceu o perdão sem exigências prévias ou ritos penitenciais, colocando os pecadores diante do amor e da ternura de Deus, e não das tábuas da lei.

O perdão que Jesus oferece segue a linha terapêutica do amor e não da culpa, confiante na misericórdia de Deus. Por fim, destacamos que, se existe um ponto comum entre as diversas escolas religiosas cristãs, é de reconhecimento que a suma da ética de Jesus foram o amor e a misericórdia.

A CONFIANÇA

Outra mensagem fundamental trazida por Jesus foi a confiança ou a fé que devemos ter em Deus. Uma confiança sem limites. Essa mensagem está inserida nas parábolas que tratam da certeza da chegada do Reino de Deus, bem como da prece e, principalmente, da sua eficácia.

Jesus surpreendeu a todos com esta declaração: "O Reino de Deus já chegou". Sua confiança e segurança devem ter causado grande impacto. Sua atitude era audaz: não continuava Israel dominado pelos romanos? Não continuavam os camponeses oprimidos pelas classes dominantes? Não estava o mundo cheio de corrupção e injustiça? Jesus, no entanto, falou e atuou movido por uma convicção surpreendente.

O homem, ao longo do tempo, sempre tentou se comunicar com a divindade em busca de favores e proteção, por meio de cerimônias ou rituais, em que se inseriam sacrifícios e oração.

Os sacrifícios praticados desde a mais remota Antiguidade ainda eram mais importantes que a oração na época de Jesus. Além dos sacrifícios aos deuses pagãos praticados pelos romanos, os próprios judeus utilizavam-se desse tipo de ritual. Embora, atualmente, tenha um significado bárbaro, na Antiguidade, era uma cerimônia em que a criatura procurava se harmonizar com uma divindade ou com Deus.

Os grandes profetas judeus procuraram chamar a atenção do povo para a necessidade de uma adoração verdadeira e interior. Posteriormente, Jesus ressaltou a importância da oração como ligação com o Criador. Em vários momentos, os evangelistas registraram que "o Mestre se retirou para orar", exemplificando, no seu proceder, a importância da prece.

Evidentemente que, para a oração ter uma resposta, é necessário acreditar e ter confiança em Deus. A Doutrina Espírita nos ensina como funciona o processo mental da prece e que, embora regidos pela Lei de Deus que não é derrogada, existem ocorrências em nossas vidas em que temos uma mudança relativa, cujo transcurso pode ser alterado por uma oração. De qualquer maneira, toda prece sincera tem uma resposta do Alto, embora, em muitos casos, não seja a resposta solicitada por nós.

A confiança reduz nossos temores e medos, que são muito prejudiciais. Encontramos, tanto no Velho como no Novo Testamento, várias exortações para evitarmos o temor. Recordemos sempre a afirmativa de Jesus para Jairo, o chefe da sinagoga de Cafarnaum: "Não temas". Ou para os apavorados discípulos durante tempestade ocorrida ao navegarem no lago de Genesaré: "Onde está a vossa fé?".

A fé é sublime virtude conquistada no labor interno que nos propicia a fidelidade, mola fundamental para as conquistas espirituais. Não foi por outra razão que Jesus afirmou várias vezes: "A tua fé te salvou".

A VISÃO PANORÂMICA ESPÍRITA DA REDENÇÃO HUMANA

As fases da redenção humana, isto é, o ajustamento ao domínio de Deus, o cumprimento das Leis Divinas e a aceitação resignada dos seus desígnios fazem da criatura uma integrante do Reino de Deus. Esse processo de redenção, que o Mestre denominou de salvação, é individual e baseado na misericórdia. No caso de a criatura rejeitar o chamado da salvação, ela incorrerá no juízo. Evidentemente que, nesse processo, a visão de um Deus de justiça e misericórdia é bastante importante. Imaginem o juízo com um Deus somente de justiça.

Analisando o processo da redenção humana apresentado no Evangelho, à luz da Doutrina Espírita, definiríamos a salvação como a aceitação das verdades espirituais e a consequente luta de renovação interior. Chegará o momento do juízo quando o planeta Terra sairá da condição de provas e expiações para se tornar um planeta de regeneração. Essa transformação já está em curso. Aqui permanecerão os Espíritos já sensibilizados pelo bem. O juízo será uma separação sim, como encontramos nos Evangelhos, mas vibracional. O profeta Isaías, quando falou do juízo, afirmou que seria como na colheita das azeitonas: o Messias chacoalharia a oliveira e as azeitonas que permanecessem no galho estariam salvas. Ele utilizou essa figura de imagem há cerca de dois mil setecentos e quarenta anos para simbolizar a separação vibracional.

A Doutrina Espírita ainda esclarece que a sentença para aqueles que não se enquadrarem vibracionalmente não é o castigo eterno, mas sim a transmigração para outro planeta primitivo, onde prosseguirão na senda evolutiva, como aconteceu com a própria Terra quando recebeu os Espíritos exilados de um planeta do Sistema Capela.

Num planeta de regeneração, os Espíritos que aqui permanecerem terão como valor a aceitação da vontade do Pai, que se refletirá nas forças políticas e econômicas que regulam a sociedade e criará as bases para a implantação futura do Reino de Deus na Terra, tornando-a um planeta feliz.

Destacamos que, ao longo do tempo, inúmeros filósofos idealizaram sociedades ou Estados teóricos onde o bem comum prevalecia sobre o interesse individual. O primeiro deles foi Platão, que idealizou a sua *República*.

No início do século V, Santo Agostinho escreveu a sua *Cidade de Deus*. Em 1516, Thomas Morus, o chanceler de Henrique VIII, colocou no papel, durante uma viagem à França, a sua *Utopia*, que acabou emprestando o nome para simbolizar as sociedades ideais. Tomásio Campanela, em 1601, formulou sua *Cidade do Sol*, e Francis Bacon, em 1627, a *Nova Atlântida*, entre outros. A diferença do Reino de Deus para essas sociedades é a sua construção, que é de dentro para fora. Nas utopias, o Estado teria papel fundamental, isto é, seria de fora para dentro. De qualquer maneira, somente a Doutrina Espírita, como vimos, apresenta o Reino de Deus como uma realidade, e não uma utopia. A reencarnação e a existência de vida em outros planetas resolvem o enigma que aflige a humanidade.

Finalizamos, repetindo que o Reino de Deus é a condição interior do Espírito que consegue manifestar o cristo interno, que jaz dentro de todos nós. Essa parte divina não precisa evoluir e se manifesta com o aperfeiçoamento do Espírito. Enfatizamos mais uma vez que esse aperfeiçoamento é um processo denominado de salvação. Nessa condição, tornamo-nos deuses, como declarou Jesus. Por essa razão, o Mestre, que já tinha manifestado a divindade por ser um Espírito perfeito, afirmou, tal qual fez para o apóstolo Felipe durante a ceia pascal: "Quem me vê, vê meu Pai".

DO NASCIMENTO AO MINISTÉRIO DO PRECURSOR

4

O NASCIMENTO E A INFÂNCIA

Herodes, que reinou de 39 a 4 a.C., foi um dos governantes mais importantes de Israel. Embora apelidado de "O Grande", especialmente pelos bajuladores, pois foi um empreendedor e realizou muitas obras, não era querido por seus súditos e deixou uma imagem negativa para a posteridade.

Quando surgiu no horizonte o fim de seu reinado, moravam na vila de Ain-Karim, situada seis quilômetros a sudoeste de Jerusalém, um sacerdote judeu chamado Zacarias e sua mulher Izabel. Ambos eram justos perante Deus, tinham idade avançada e não tinham filhos, pois Izabel era estéril. Para um casal judeu, em especial, era uma grande provação, pois traduzia o desagrado de Deus. Zacarias era da classe de Abias, uma das quarenta e duas que se revezavam nas atividades do templo.

Certo dia, por volta do ano 6 a.C., Zacarias acordou com uma sensação de que aconteceria algo diferente. Vestiu sua túnica de linho branco, despediu-se de Izabel, dirigindo-se ansioso para Jerusalém, distante cerca de uma hora de caminhada. No templo, no turno de sua classe, exerceria as atividades regulamentares. Sua intuição começou a se confirmar quando foi sorteado, entre os da sua turma, para renovar o braseiro e oferecer o incenso na sala dos santos. Dentre todas as atividades exercidas pelos sacerdotes no templo, essa era a mais especial, e Zacarias havia tirado a sorte grande.

O Templo de Jerusalém era constituído de vários pátios ou átrios. O primeiro, ou o mais exterior, era o pátio dos gentios, ao qual os não judeus, considerados impuros, tinham acesso. Nele se instalavam os comerciantes e cambistas com suas barracas. No segundo pátio, com acesso por alta escadaria, ficavam as mulheres judias. Desse pátio elas não podiam passar. O terceiro pátio, o dos israelitas, somente os homens podiam subir as escadas para alcançá-lo. De lá tinham a visão do prédio central, chamado de Lugar Santo ou Santuário, ao qual somente os sacerdotes podiam ter acesso. Ao fundo do Lugar Santo, havia o Santo dos Santos, o qual apenas o sumo sacerdote acessava uma vez por ano, no Dia da Expiação, para fazer a intercessão pela nação.

Durante sua honrada tarefa, Zacarias foi surpreendido pela presença de um Espírito, em pé, junto ao altar do incenso, que lhe anunciou: "Não temas, Zacarias, pois suas preces foram ouvidas. Tua mulher dará à luz um filho e tu porás o nome de João. Ele andará com o poder e com o Espírito de Elias, a fim de reconduzir os corações dos pais para os filhos, os rebeldes para a sabedoria dos justos e, assim, preparar para o Senhor um povo bem disposto".

Zacarias, surpreso, duvidou do anúncio espiritual, talvez pela longa espera frustrada por um filho. Respondeu-lhe então o Espírito: "Eu sou Gabriel, que estou diante de Deus, e fui enviado para falar-te e trazer-te essa boa notícia". Como não acreditou, Gabriel informou-lhe que ficaria mudo até que os fatos se realizassem. O povo, que esperava o fim do ritual, surpreendeu-se com a demora de Zacarias e, depois, ficou perplexo com sua mudez e sua fisionomia espantada.

Logo, o religioso Zacarias duvidara de Deus. Embora muito piedoso, sua reação foi de descrença. Sua fé necessitava de provas. Por essa razão, como acontece muitas vezes conosco, quando os bons Espíritos e nossos anjos da guarda nos ajudam com "doenças proteção" que nos servem como um momento para reflexão, Gabriel fez Zacarias ficar mudo, para que ele pudesse também refletir. As promessas de Gabriel foram cumpridas. Após alguns dias, Izabel concebeu, e nove meses depois nascia João Batista. O Espírito de Elias, conforme a promessa de Malaquias, reencarnava para ser o anunciador do Messias.

Enquanto isso acontecia na Judeia, em Nazaré, um dos pequenos povoados nas montanhas da Galileia (escavações atuais encontraram dezenove povoados), seis meses depois, o mesmo acontecimento ocorreria com uma prima de Izabel, uma jovem com cerca de 13 anos, chamada Maria, prometida a José. Segundo as tradições da igreja primitiva, Maria nascera em Jerusalém, filha de Joaquim e Ana. Os noivados em Israel aconteciam antes da puberdade. Gabriel, o mensageiro celeste, anunciaria para Maria: "Salve, ó cheia de graça! O Senhor é contigo! Não temas, Maria, porque achaste graça perante Deus. Eis que conceberás e darás à luz um filho, a quem darás o nome de Jesus. Ele será grande e será chamado de Filho do Altíssimo. O Senhor Deus lhe dará o trono de seu pai Davi. Ele reinará e o seu reino não terá fim".

Que dia feliz e importante para a humanidade! Gabriel anunciava o nascimento do Messias tão esperado e prometido, confirmando as promessas dos grandes profetas do povo judeu. Por sua condição espiritual, Maria teve uma postura diferente da adotada por Zacarias. Embora surpresa e emocionada, mas confiante em Deus, exclamaria: "Eis aqui a escrava do Senhor! Faça-se em mim conforme a tua palavra". Jesus — ou Yeshua — era um nome comum na época, sendo necessário acrescentar-lhe algo mais para identificar a pessoa, como Yeshua bar Yosef, "Jesus, filho de José", ou Yeshua ha-nostri, "Jesus de Nazaré".

Complementando, Gabriel afirmou para Maria que sua prima concebera um filho na velhice e repetiu uma frase muito utilizada pelos cristãos: "Porque nada é impossível a Deus".

Alguns meses depois, Maria foi para a Judeia visitar sua prima Izabel. Durante o sublime encontro das futuras mamães, Izabel trouxe uma linda mensagem de inspiração mediúnica para Maria, que serviria de base à famosa prece à Mãe Celeste: "Bendita és tu entre as mulheres! E bendito é o fruto do vosso ventre! Bem-aventurada aquela que teve fé que havia de cumprirem-se as coisas que lhe foram reveladas pelo Senhor!".

A elevação espiritual de Maria foi revelada, em toda a sua grandeza, na exaltação que os Espíritos fizeram. As palavras, certamente, calaram fundo no seu espírito, renovando-lhe a confiança. Ela teria que ser uma mãe diferenciada, dando a Jesus uma educação que não viesse a atrapalhar sua missão.

Emocionada, Maria cantaria o *Magnificat*, em resposta à saudação, um poema alegre de adoração, numa das passagens mais comoventes do Novo Testamento:

> Minha alma glorifica o Senhor! E o meu espírito exulta em Deus, o meu Salvador! Porque olhou a humildade de sua escrava. Eis que, por isso, de ora em diante, todas as gerações hão de chamar-me bem-aventurada, porque fez em mim grandes coisas o Onipotente. Santo é o seu nome, e a sua misericórdia estende-se de geração em geração sobre aqueles que o temem. Fez um portento com a força de seu braço: dispersou os que se orgulhavam no íntimo do próprio coração. Derrubou do trono os poderosos e exaltou os humildes. Aos que tinham fome, encheu de bens, e aos ricos, despediu de mãos vazias. Acolheu seu servo Israel, lembrando de sua própria misericórdia, como havia falado aos nossos pais, em favor de Abraão e de sua descendência, para sempre.

Nessa declaração de amor e submissão a Deus, podemos pressupor que a humildade de Maria foi o dom especial que favoreceu sua escolha para a especial missão. Além da humildade, sua resignação foi fundamental para que ela pudesse viver e conciliar o humano, nas suas preocupações de mãe, e o divino.

Maria permaneceu com Izabel cerca de três meses e, depois, retornou para casa e revelou a José sua gravidez. Após completarem-se os dias para Izabel dar à luz, nasceu João Batista, para a alegria de amigos e parentes que sempre tinham respeitado essa mulher admirável. Zacarias voltou a falar, para surpresa dos seus vizinhos, ainda guardando na memória sua incredulidade no templo, emocionou-se e, feliz, também fez uma exortação de inspiração mediúnica: "Bendito seja o Senhor, Deus de Israel, porque visitou e remiu o seu povo, e para nós fez surgir uma salvação poderosa na casa de Davi, seu servo. E tu, menino, serás chamado de Profeta do Altíssimo. Porque vais, ante a face do Senhor, preparar os seus caminhos e anunciar a salvação".

Esse acontecimento seria muito comentado nas montanhas da Judeia, levando o povo a indagar: "O que virá a ser esse menino?". Por volta do ano 29 a.C., eles saberiam.

Eis, resumidamente, os acontecimentos que antecederam o nascimento do Salvador e do Precursor. João nasceu em Ain-karim, e Jesus, em Belém, cidade de Davi, após seus pais terem realizado uma viagem difícil, dadas as condições da época, em especial para Maria, de Nazaré, na Galileia, para Belém, na Judeia. Uma viagem de seis dias no lombo de um jumentinho, percorrendo cerca de cento e quarenta e cinco quilômetros, debaixo de um sol escaldante.

A viagem do casal foi devido a um decreto da parte de César Augusto, imperador romano desde 31 a.C., para que todo o mundo romano fosse recenseado. De tempos em tempos, Roma ordenava o recenseamento dos povos que estavam sob seu domínio, de modo a atualizar os impostos. Atualmente, discute-se quando ocorreu o mencionado por Lucas. De qualquer maneira, José pensava que cumpria um decreto imperial, alistando-se em Belém, por sua linhagem davídica. Na verdade, cumpria um decreto do Altíssimo, que determinava que o Messias deveria nascer na inexpressiva Belém, "a cidade do pão", que ficava dez quilômetros ao sul de Jerusalém.

Foi nessa pequena e antiga vila, encravada nas montanhas arredondadas da Judeia, rodeada por campos verdes e férteis olivais, com ligações profundas a episódios importantes do Velho Testamento, que começou a história de Jesus, por volta do ano 5 ou 6 a.C. Dentre vários acontecimentos, destacamos que Samuel, um dos maiores profetas de Israel, como já comentamos, foi a Belém visitar a família de um homem chamado Jessé e ungiu o seu filho mais novo, chamado Davi, como sucessor de Saul no trono de Israel.

As narrativas dos evangelistas Lucas e Mateus sobre o nascimento de Jesus, o acontecimento mais importante para a humanidade, são bastante simples, porque os Evangelhos não são biografias de Jesus, mas relatos dos seus ensinamentos. No caso, foram redigidos para proclamar a boa notícia de que Jesus é o Messias esperado e o Filho de Deus nascido para salvar a humanidade.

Por essa razão, muitas questões sobre o nascimento do Salvador permanecem incertas. Nada obstante, a narrativa está em sintonia com a extrema humildade do acontecimento, isto é, o nascimento ocorrido numa espécie de puxada de casa (ou mesmo numa gruta), onde ficavam os animais. Jesus foi colocado na manjedoura, peça onde se colocava a comida dos animais. O simbolismo é definitivo. Para sairmos da animalidade, precisamos comer o Pão da Vida.

Pastores que se encontravam nos campos foram surpreendidos pelas falanges espirituais que anunciaram o nascimento do Messias, louvando a Deus e exclamando alegremente: "Glória a Deus no mais alto dos Céus! Paz na Terra aos homens de boa vontade!". O nascimento de Jesus inverteu por completo os valores do mundo. Os anjos convidaram os pastores nômades, e não os sacerdotes e dirigentes da época. Eles não faziam parte da estrutura social, como se fossem criaturas à parte, impuras e, muitas vezes, consideradas desonestas.

Devemos, também, comentar a questão da concepção virginal de Maria, trazendo o nosso entendimento pessoal. Existem vários paralelos na história antiga de concepção virginal ou sobrenatural tanto na literatura pagã quanto na religiosa. Buda e Zoroastro, por exemplo, foram concebidos de maneira sobrenatural. Talvez essa interpretação seja decorrente do texto de *Isaías* (7:14) que relatou o nascimento virginal do Messias. Entretanto, o termo no hebraico de Isaías referia-se a uma moça jovem e não a uma virgem, como entendemos atualmente. Devemos considerar também que muitos ainda veem a concepção virginal como um sinal de pureza para Maria, como se o processo sexual fosse impuro. A concepção virginal também é importante para sustentar, teologicamente, a divindade de Jesus. Na nossa visão, a concepção foi normal, e Maria se engrandece ainda mais por tal fato.

A humanidade comemora o nascimento de Jesus no dia 25 de dezembro, embora existam dúvidas sobre a data, principalmente porque dezembro é inverno na Palestina. Nesse caso, os pastores não estariam nos campos à noite. Atualmente, admite-se, como data mais provável, o mês de maio do ano 5 a.C.

Herodes ficou doente, apodrecendo em vida aos 70 anos, em março do ano 4 a.C. Num dos seus últimos atos, mandou matar os meninos menores de dois anos. Assim, constatamos que Jesus não nasceu no ano zero. A confusão deveu-se ao monge Dionísio, o "pequeno", que no século VI d.C., com a oficialização do Cristianismo, recebeu a incumbência de determinar o nascimento de Jesus, mas o fez de maneira equivocada, atrasando a nossa cronologia em pelo menos cinco anos. O erro persiste até hoje no nosso calendário. Este é um dos maiores mistérios de Jesus. Talvez Deus tenha ocultado a data do seu nascimento, porque, simbolicamente, cada criatura tem uma data diferente para o despertamento do Cristo no seu mundo interior.

Cerca de um ano após o nascimento de Jesus, uma caravana de forasteiros chegou a Jerusalém. Como acontece em países desérticos do Oriente, acharam o caminho pelas areias ao seguirem as estrelas.

Acostumados com vários peregrinos, talvez os habitantes não tenham notado a sua presença. Eles começaram a fazer perguntas sobre o rei que acabara de nascer, porém tal fato não deve ter estranhado a ninguém, pois todos esperavam a vinda do Messias. Entretanto, todos se afastavam e se esquivavam do grupo, porque tinham medo de Herodes e seus informantes.

Esses forasteiros, que cometiam uma grande imprudência, foram popularizados como os Magos (na acepção de sábios) e sempre atraíram o interesse dos historiadores, principalmente a partir do século VIII, que tentam elucidar quem eram e de onde vieram. Essas tradições chegam até a catedral de Colônia, na Alemanha, onde se encontram os seus supostos restos mortais. De qualquer maneira, o simbolismo dos Magos é fundamental. Precisamos adorar, diariamente, o nosso Mestre Jesus, levando-lhe presentes na forma da nossa melhoria interior e na caridade que possamos fazer. Os presentes simbolizavam algo importante:

- Ouro: autoridade de Jesus como rei;
- Incenso: reconhecimento do sacerdócio de Jesus;
- Mirra, especiaria para embalsamar: importância da morte e ressurreição de Jesus.

Voltando a Herodes, sua vida daria material para diversas tragédias. Após chegar ao poder, com o apoio dos romanos e contra a vontade do povo, pois não tinha legitimidade judaica, procurou angariar simpatia de todos a qualquer custo. Herodes descendia de idumeus, e sua mãe era de origem árabe. Apesar disso, durante os trinta e quatro anos de poder, o descontentamento do povo foi grande. Teve influência no seu comportamento o fato de que sua mulher, Mariana, a única pessoa a quem ele amava com sinceridade, o desprezava por ser princesa da estirpe dos asmoneus, que foram usurpados do trono pelo idumeu Herodes. Após mandar matá-la, Herodes perdeu o equilíbrio mental.

Homem cruel e presunçoso, mandou matar vários familiares e foi vítima contínua das paixões inferiores. Ordenou construir fortalezas, embelezar cidades e se dedicou à reconstrução do templo, embora estivesse distante das questões religiosas. Tinha mania de grandeza e queria suplantar o lendário Salomão. Era ótimo para controlar a Palestina e agradava os romanos. Os últimos anos de Herodes foram particularmente tenebrosos, ensandecido e apodrecendo em vida.

Assim, podemos imaginar a perturbação daquele homem aos 70 anos, recebendo a notícia de que forasteiros queriam conhecer o rei que acabara de nascer. Ele sempre guardou ciosamente sua coroa, utilizando-se de todos os meios possíveis, inclusive os mais escusos. O fato de que a profecia prevista nas Escrituras poderia estar se cumprindo não interessava a Herodes, que logo arquitetou mais uma chacina, pois viu na pessoa da criança nascida o futuro rei, herdeiro do trono por direito.

Além disso, soube o que acontecera no templo recentemente e acabou ligando os fatos. Na apresentação de um primogênito aos sacerdotes, como determinava a lei, Simeão, um velho vidente, colocara a criança nos braços e afirmara que agora poderia morrer em paz, pois vira com seus olhos o Messias. Os escritores judeus mencionam um homem chamado Simeão, detentor de grande espiritualidade, que vivia em Jerusalém nessa época. Ele era filho do rabino Hillel e pai do famoso Gamaliel. Por seus dons proféticos, talvez sejam a mesma pessoa.

Igualmente, uma viúva de 84 anos chamada Ana, que não se afastava do templo em orações, louvara a Deus, pois chegara à libertação de Jerusalém.

Nesse episódio, destacamos o sofrimento de Maria, que, ao entrar no templo com a criança para atender às prescrições legais, ficou surpreendida com as palavras de Simeão, que agradeceu a Deus por aquele momento e, depois, voltando-se para ela, exaltaria o seu filho como o Messias, mas finalizaria com uma profecia sombria de que uma lança transpassaria o seu coração. A jovem mãe deve ter ficado preocupada.

Herodes esperou em vão notícias sobre o menino, pois os forasteiros preferiram voltar para casa. Na sua cabeça, só havia um caminho: a ordem para matar todos os meninos menores de dois anos.

Como essa ordem foi cumprida ou quantos foram mortos, não sabemos (talvez de vinte a quarenta crianças). O certo é que a família divina fugiu para o Egito, numa longa viagem de duzentos e quarenta quilômetros, após a visita dos Magos. José fora alertado, em sonho, para fugir e salvar o pequeno Jesus. O mundo odiou e ameaçou o Mestre desde o seu nascimento. Sofrimentos adicionais para Maria, pois a viagem para o Egito, uma terra estranha, era bastante difícil naquela época.

Na primavera daquele mesmo ano, Herodes piorou de saúde e acabou falecendo em Jericó, numa agonia terrível. Quando a notícia chegou ao Egito, José retornou à Palestina. Ouvindo dizer que Arquelau, o filho cruel de Herodes, reinava na Judeia em lugar do pai, foi para a Galileia viver em Nazaré. Assim, cumpria-se a profecia de Isaías: "Ele será chamado Nazareno".

Se voltássemos para a Nazaré daquela época, veríamos dezenas de casinhas baixas e primitivas, provavelmente com apenas um cômodo, teto chato confeccionado com ramos secos e argila, emolduradas por vinhas e olivais. Em geral, as casas davam para um pátio que era compartilhado por três ou quatro famílias. Talvez tivesse em torno de algumas centenas de habitantes, pois o seu desenvolvimento foi impedido por dificuldades no abastecimento de água. Uma cidade anã incrustada numa encosta com 349 metros de altitude, longe das grandes rotas, que não se encontrava no mapa, se comparada às vizinhas. Isso fazia de Nazaré o local perfeito para os anos de preparação, em segredo, de que Jesus necessitava, antes de iniciar o seu ministério. A insignificância de Nazaré foi estratégica.

Como vivia a família de José? Podemos supor que frequentassem a sinagoga aos sábados. Ele era um carpinteiro pobre, um tipo de faz-tudo da cidade. Por sua condição de artesão, talvez tenha trabalhado fora, como na ex-capital da Galileia, Séforis, que distava por volta de quarenta minutos a pé e estava sendo reconstruída, pois fora destruída pelos romanos em 4 d.C. Além disso, Herodes Antipas, filho de Herodes, o Grande, construíra uma nova capital nas primeiras décadas do século I, a cidade de Tiberíades, em honra ao imperador romano Tibério, que acabou tornando-se um grande centro de cultura hebraica. É provável, também, que a família tivesse pequena plantação para suprimento próprio. Tenhamos, porém, a certeza de que a vida era difícil e dura. O povo estava sujeito a um duplo jugo: o dos coletores de impostos ou publicanos, e o dos latifundiários. Além disso, aspiravam à liberdade.

Com a morte de Herodes, a Palestina foi dividida entre os seus quatro filhos, nas chamadas tetrarquias. No ano 6 d.C., Arquelau, que governava a Judeia, foi deposto por determinação do imperador romano Augusto, pois herdara os vícios do pai, entretanto, sem a sua habilidade política. Assim, a Judeia passou a ser governada por procuradores romanos.

No testemunho dos evangelistas, depreendemos que o Mestre teve uma infância discreta. Apenas uma vez, Jesus deixou transparecer a sua condição. Foi quando, aos 12 anos, acompanhou os pais a Jerusalém para a festa da Páscoa. Embora as mulheres não fossem obrigadas a participar, Maria acompanhou Jesus, que completava a maioridade. Jerusalém fervilhava de peregrinos, judeus que viviam espalhados por todo o mundo romano. Os judeus da diáspora representavam ¾ do total. Na Palestina, viviam cerca de um milhão.

Terminados os festejos, José e Maria retornaram para a Galileia, mas notaram que Jesus não se encontrava na delegação. O início e o fim da festa eram muito confusos com a movimentação de inúmeras caravanas. Voltaram preocupados, pois era difícil encontrar o garoto naquela agitação.

Encontraram-no conversando com os doutores da lei no templo, sentado e fazendo perguntas. Os sábios das Escrituras surpreenderam-se com a inteligência do menino. Maria, aliviada, perguntou a Jesus:

— Meu filho! Por que fizeste isso? Eu e teu pai te procuramos desesperados.

Ao que Jesus respondeu:

— Por que me procuráveis? Não sabíeis que devo ocupar-me das coisas de meu Pai?

Pelo diálogo com Maria, deduzimos que Jesus estivesse no átrio das mulheres, onde eram realizados debates teológicos.

A surpresa de seus pais revela que, apesar dos eventos especiais relacionados ao seu nascimento, os anos subsequentes foram, aparentemente, bastante normais. Outro fator que indica uma normalidade da sua infância foi a reação enfrentada por Jesus quando estava na sinagoga de Nazaré a pregar. Ora, se Ele tivesse realizado ações incomuns na juventude, não teria enfrentado as fortes reações de espanto e revolta dos conterrâneos ao visitar Nazaré.

Depois desses fatos, Lucas afirmou que Jesus viveu submisso aos pais, crescendo em idade e sabedoria, imerso no amor por Deus e pelos homens. Alguns evangelhos apócrifos relatam ocorrências fabulosas durante a infância de Jesus, pois sempre houve uma fascinação por ela e pela vida da Sagrada Família. Entretanto, acreditamos que Jesus realmente teve uma infância discreta. No maravilhoso livro *Boa Nova*, do Espírito Humberto de Campos, trazido pela mediunidade de Francisco Cândido Xavier, temos a informação de que Jesus ajudou José nas suas atividades. Como todos os meninos de Nazaré, Jesus viveu sob os cuidados de Maria até os 7 anos, depois passou a conviver mais com José. Portanto, o trabalho foi sua escola de vida terrena.

A formação de uma personalidade fora do comum, como a de Jesus, é um mistério para nós que estamos distantes dele vibracionalmente. O

Mestre tinha uma personalidade completa e simétrica, isso quer dizer, por exemplo, que, quando Ele tinha que usar a energia, a brandura reverberava, como num diapasão. Nós temos personalidades incompletas, daí a nossa incapacidade de entendê-lo. O que temos como certo foi a importância de Maria na sua formação e de José na sua consolidação.

Destacamos que José é uma figura silenciosa nos Evangelhos. Dele não encontramos uma única palavra. Entretanto, se Jesus chamava Deus de Abba, ou paizinho, é porque teve essa experiência com José. Com ele o Mestre teve o exemplo do trabalho, das mãos calosas e do suor para enfrentar as lutas cotidianas. Além disso, foi chamado de justo por Mateus, o que, na época, significava um homem reconhecido pela comunidade por sua honradez e bondade. Por fim, o silêncio de José revela sua vida interior e, antes de omissão, era de decisão, pois todas as vezes que foi convocado, em sonho, a seguir determinada ação, mesmo contrariando um senso comum, ele cumpria o determinado.

Jesus viveu em Nazaré até o final do ano 30. O Mestre aguardava um sinal, e ele veio com João Batista. Outro aspecto que devemos mencionar são os chamados irmãos de Jesus. Certamente, seria muito normal Maria ter outros filhos. Entretanto, devemos considerar que, no Oriente, é comum o tratamento dos primos como irmãos. Destacamos, também, que, durante sua crucificação, o Mestre solicitou ao apóstolo João que cuidasse de Maria. Isso nos leva a supor que Jesus não tinha irmãos e que, por essa época, José já tinha falecido.

Com relação à situação política, o imperador romano era Tibério, que recebera de Augusto o comando do império no ano 13 d.C. e se firmara no poder cerca de cinco anos depois. Foi Tibério quem nomeou Pôncio Pilatos como o quinto procurador romano da Judeia.

Jesus viveu num mundo em paz, embora violento e cruel. Era a paz romana, controlada pelas vigilantes legiões de Roma em todas as suas possessões. Cerca de 55 milhões de pessoas viviam sob suas duras leis.

O mesmo se aplicava à pequena Palestina, sob a tirania plutocrática de Herodes, que tinha ficado sob dominação romana desde 63 a.C., quando o general Pompeu entrou em Jerusalém e transformou os judeus em meros pagadores de impostos.

Jesus não teve ocasião de conhecer os imperadores de perto. César Augusto e, depois, Tibério não pisaram no seu minúsculo país. Mas ouviu falar deles e pôde ver suas imagens gravadas em algumas moedas.

Para facilitar a administração e o controle de um território imenso, Roma dividiu o império em províncias regidas por um governador. Tanto a Judeia quanto a Galileia pertenciam à província romana da Síria. A Galileia era um entroncamento importante das rotas comerciais entre a Ásia Menor e o Egito, ou entre os povos do mar e os do deserto.

> Referências: Lc 1:5 a 80, Mt 1:1 a 25, Lc 2:1 a 40, Mt 2:1 a 23 e Lc 2:41 a 52

5

O MINISTÉRIO DO PRECURSOR

Havia quase cinco séculos que as vozes proféticas se calaram, após setecentos anos de opressão. No último livro do Velho Testamento, o profeta Malaquias, que vivera em Jerusalém por volta do século V a.C., prometera o retorno de Elias como Precursor do Messias, tão ansiosamente aguardado. Eram tempos difíceis, pois o povo judeu, libertado da Babilônia numa primeira leva, por Ciro, em 538 a.C. e, no século seguinte, por Artaxerxes, retornou desanimado para Jerusalém. Malaquias tentou reavivar novamente a esperança com a promessa da chegada do Messias e do seu Precursor.

Por volta do ano 29 d.C., surgiu no horizonte religioso da Palestina um homem de vestimentas estranhas que começou a pregar na região sul do rio Jordão, nos arredores de Betânia ou Betabara. O vilarejo localizava-se junto ao vau de Hajlah, à margem do rio Jordão, perto da foz do rio no Mar Morto (esta Betânia não deve ser confundida com a do monte das Oliveiras).

O pequeno rio já tinha ressonâncias bíblicas importantes para Israel no tempo de Jesus, pois estava associado a alguns episódios cruciais para o povo judeu. Era o local dos novos começos e lembrava o profeta Elias. Melhor local para João realizar sua missão não havia. Ele retornava aos sítios mais caros para o seu espírito.

Profeta independente, original, ascético no que concerne à comida e ao estilo de vida, causou grande turbulência e forte impacto entre o povo judeu. Utilizando a mesma vestimenta do profeta Elias, ele anunciava a eminente chegada do Messias e exortava a renovação mental das criaturas para aceitarem a nova mensagem que estava por ser anunciada. Quem se comprometesse com essa renovação, modificando o seu modelo mental para aceitar um Messias servo, participava de um ritual de batismo no rio Jordão. O batismo já era realizado pelos judeus como símbolo de purificação corporal e estava na moda no século I d.C.

O ritual que marcava a ligação com Deus era a circuncisão, desde os tempos remotos de Abraão. Normalmente, os judeus consideravam o batismo um ritual para conversão dos pagãos e não gostaram da exigência de João, que era para todos e, em especial, para eles, que esperavam um Messias rei ou sacerdote. Podemos entender que o batismo de João marcava o compromisso com uma mudança de padrão mental, necessária para a aceitação do Messias e sua mensagem.

Como preparador dos caminhos do Salvador, a sua mensagem foi bem contundente. Era necessário o arrependimento, porque o juízo estava por chegar: "Raça de víboras! Quem lhes deu a ideia de fugir da ira que se aproxima? Deem fruto que mostre arrependimento!". E completaria: "O machado já está posto à raiz das árvores, e toda árvore que não der bom fruto será cortada e lançada ao fogo. Ninguém corta árvore na raiz e sim no tronco. Entretanto, do tronco nascem novos brotos". Para João, era essencial extirpar a raiz do homem velho, e a figura do machado lembra a necessidade do trabalho para a renovação inevitável.

Considerando o cenário da época, o discurso de João foi voltado para as autoridades religiosas e, pela veemência da sua palavra, como vimos acima, altamente perigoso e abriu caminho para a sua prisão por Herodes Antipas. O "batizador" conhecia bem a crise espiritual em que se encontrava o povo e concentrou a força de seu olhar profético na raiz de tudo: o erro e a rebeldia de Israel.

João foi um arauto, a voz que clamou forte no deserto, pois tinha a força e as virtudes do Espírito de Elias. A humildade era marcante no seu comportamento. João afirmou: "Depois de mim, vem alguém mais poderoso do que eu, tanto que não sou digno nem de curvar-me e desamarrar as correias das suas sandálias". Dele falou o profeta Isaías, cerca de setecentos e cinquenta anos antes: "Voz do que clama no deserto: preparai os caminhos do Senhor, tornai direito as suas veredas".

A impressão causada por João Batista foi muito intensa, atraindo muitos da Judeia e da circunvizinhança do Jordão. Pregava as primícias do Reino de Deus com grande emoção. Sua força de espírito, veracidade e humildade envolviam as pessoas, tornando-o famoso em toda a região. Até o Sinédrio, o grande Conselho Sacerdotal, enviou uma delegação para interrogá-lo se ele era mesmo Elias. A pergunta foi mal formulada, expressando o desconhecimento da época. Evidentemente, sua resposta foi negativa, pois ele era João. Se tivessem perguntado se era o mesmo Espírito, a resposta seria afirmativa.

João não fez milagres, todavia era tido em honra pelo povo. Sua maneira de se vestir e o modo de vida e de pregação correspondiam ao que se esperava de um verdadeiro profeta. Adicionalmente, procurou trazer lições morais para seus discípulos. Na verdade, preparava o caminho para o Mestre que ensinaria lições muito mais complexas e difíceis de realizar. Podemos citar como exemplo: "Quem tiver duas túnicas dê uma a quem não tem". Certamente, lição muito mais simples do que amar o inimigo, ou perdoar setenta vezes sete vezes.

De acordo com João, o mal corrompe tudo, inclusive a aliança com Deus. Entretanto, não pretendeu jamais mergulhar o povo no desespero; pelo contrário, convidou-o à conversão mental para receber o Messias, esperado havia muitos séculos.

Para avaliarmos a condição espiritual diferenciada de João, podemos citar uma passagem que bem caracteriza o seu espírito. Quando o Mestre iniciou seu ministério público, as pessoas começaram a segui-lo e não mais a João. Alguns discípulos de João ficaram melindrados e foram reclamar com ele. O grande Precursor afirmou: "É necessário que Ele cresça e eu diminua". Era, sem dúvida, o homem que marcaria como ninguém a trajetória de Jesus.

João e Elias foram manifestações da mesma individualidade ou Espírito. Elias foi o profeta judeu na sua essência mais pura, ou seja, a criatura que velava pela aliança entre seu povo e Deus. Quem for à cidade israelense de Haifa poderá visitar a gruta de Elias, no monte Carmelo, local venerado por judeus, cristãos e mulçumanos.

Referências: Lc 3:1 a 18, Mc 1:1 a 8 e Jo 1:19 a 28

O MINISTÉRIO PÚBLICO DE JESUS – 1º ANO

6

A PARÁBOLA DO REMENDO NOVO EM PANO VELHO (Marcos, 2:19 a 22)

Por volta de janeiro do ano 31, Jesus deu início a sua vida pública. Começava a maior epopeia de amor da humanidade que jamais seria suplantada. Deixou Nazaré e rumou para o Sul, na direção da Judeia, para a região da Betânia da Transjordânia ou Betabara, onde João Batista vinha realizando seu ministério. O que falou para José e Maria não sabemos, pois deixou o trabalho e a segurança do lar para tornar-se um profeta itinerante. Embora, atualmente, a instabilidade política da região crie dificuldades para estudos e visitas, recentes descobertas arqueológicas nas margens do lado jordaniano, na fronteira com Israel, indicam o provável local dessa atividade do Precursor.

O encontro, previsto séculos antes pelos profetas e aguardado com grande ansiedade, finalmente aconteceu. João Batista, relutante, batizou Jesus, o que ainda hoje suscita as seguintes indagações dos estudiosos: por que Ele precisava de batismo? Se havia aceitado ser batizado por João, não era Jesus inferior ao Batista? E mais: será que era um pecador? As discussões teológicas permanecem, mas o que resplandece é a humildade de Jesus que ofusca e cega nossa intelectualidade.

Durante o ritual, a Espiritualidade manifestou-se ostensivamente num momento marcado pela presença das Vozes do Céu, que afirmaram: "Este é o meu filho amado, em quem me comprazo".

João, impressionado com o quadro espiritual descortinado por sua sensibilidade mediúnica, exclamou: "Este é o Filho de Deus! Ele é o Cordeiro de Deus que tira o erro do mundo". Por volta de 1300 a.C., os israelitas foram libertados da escravidão no Egito. A datação é apenas uma referência, devido às dificuldades para sua definição. Cada família sacrificou um cordeiro e espargiu sangue sobre o madeiro da porta para que a morte não entrasse na casa (*Êxodo*, 12), evitando a décima praga (morte dos primogênitos). Desde então, anualmente, na celebração da Páscoa, era sacrificado um cordeiro.

Foram cerca de 1.300 cerimônias, tornando a figura do sangue do cordeiro, que evita a morte e liberta, bastante popular entre os judeus. João Batista, profeticamente, comparava Jesus ao cordeiro, pois seu sacrifício traria a vida e a liberdade para a humanidade. No caso dos judeus, era a liberdade física e, no de Jesus, a libertação dos erros. O Divino Amigo é o cordeiro de Deus e pastor da humanidade.

Jesus seguiu depois para o monte Djebel Quruntul (nome latino de Quarentena, a noroeste de Jericó), no deserto da Judeia, onde permaneceu durante quarenta dias em jejum e seria "tentado" pelo diabo. Local ermo, inóspito e hostil nos leva a perguntar: por que Ele não começou imediatamente seu ministério público? Jesus tinha um objetivo: passar um tempo sozinho para refletir sobre que tipo de Messias queria ser.

Essa passagem, já mencionada anteriormente, é uma das mais importantes para a mensagem cristã, igualando-se, na nossa visão, à crucificação e à ressurreição. O deserto tem ricas ressonâncias bíblicas, significando refúgio, recuperação, profecia e ensinando que a espiritualização do homem passa pelo desapego das coisas do mundo. Destacamos que, após o Cristianismo tornar-se religião oficial do Império Romano, no final do século IV, muitos homens e mulheres foram buscar espiritualização no deserto, numa vida ascética e sacrificial, evitando os muitos adeptos por conveniência. Seus líderes são, atualmente, conhecidos como os "padres do deserto".

Considerando que o diabo, como definido teologicamente hoje, não existe, segundo a Doutrina Espírita, as tentações aconteceram em nível mental, isto é, o consciente da *persona* pensou numa direção, e o inconsciente espiritual determinou outra. O Mestre, um jovem artesão da pequena Nazaré, foi tentado a ser reconhecido como um Messias por saciar a fome de um povo pobre, transformando pedras em pães. Posteriormente, após a primeira multiplicação dos pães e peixes, o povo quis fazê-lo rei, o que muito o preocupou.

A seguir, foi tentado a ser um Messias reverenciado pelos sinais, isto é, saltando do pináculo do templo na certeza de que os anjos agiriam para não se ferir. Sabemos que os judeus davam importância aos sinais que indicariam o Messias, e o Mestre os realizou durante todo o seu ministério público. Entretanto, os sinais, embora importantes para chamar a atenção do povo para Jesus, não eram a sua mensagem. Por fim, foi tentado a ser um Messias político, o que rechaçou com o maior vigor.

Muitos Espíritos Superiores procederam da mesma forma que Jesus após terem plena consciência das suas missões na Terra. Parece-nos que esse período de reflexão e estruturação mental é importante para o êxito das missões de alta envergadura.

Definidas as prioridades dentro de um novo horizonte, o Mestre retornou para o local onde se encontrava João Batista. O Batista conversava com dois jovens discípulos, João "Evangelista" e André. Avistando Jesus, apontou-lhes a presença, afirmando que Ele era o Cordeiro de Deus. Os dois jovens, imediatamente, seguiram Jesus e, em determinado momento, o Mestre parou e perguntou-lhes: "O que buscais?". Surpreendidos, responderam, sem refletir: "Onde Tu moras?". Uma das ferramentas didáticas utilizadas na pedagogia de Jesus foram as perguntas. O Mestre fez mais de setenta, para incentivar nossa reflexão. Esta primeira pergunta deveria ser respondida por todos os cristãos. O que buscamos no Senhor? Na sua brevidade sintática, resume todo o destino da criatura, pois, ao definirmos o que buscamos, estabelecemos nossa trajetória. Cada um faça a sua reflexão com calma, analisando a resposta e lembrando que, nessa busca, determinamos também o caminho a seguir.

Além das perguntas, igualmente importantes foram os silêncios estoicos de Jesus, utilizados eficientemente para transmitir várias mensagens. Eram discursos mudos.

João, Simão, seu irmão André e Felipe resolveram seguir Jesus por orientação do próprio João Batista. Convidaram, também, Natanael, que resistiu inicialmente, citando um famoso provérbio: "De Nazaré pode sair alguma coisa boa?!". Felipe respondeu-lhe: "Vem e vê!". Jesus se admirou com a sinceridade de Natanael, um verdadeiro israelita, que atendeu ao convite e jamais se afastou do Mestre.

Num momento alegre, característico de começo de jornada, Jesus identificou em Simão uma grande vocação e, para marcar o encontro, resolveu mudar-lhe o nome para Kephas, que significa "pedra", em aramaico. Realmente, Pedro seria a pedra de equilíbrio da comunidade cristã nascente após a crucificação de Jesus. Nada obstante, Jesus é a pedra angular do Cristianismo. Para os judeus da Palestina, esse sinal particular de dar a alguém um novo nome indicava que a pessoa fora escolhida para uma missão divina.

Assim, na segunda quinzena de fevereiro, Jesus e seu pequeno grupo de cinco animados seguidores retornaram para a Galileia, lá permanecendo até o final de março. Primeiramente, visitaram a pequena vila de Caná, cuja localização é controversa, mas devia estar situada a nordeste de Nazaré. Destacamos que, em 2004, foi descoberto um sítio arqueológico identificado como sendo as ruínas de Caná. Lá, foram convidados para uma cerimônia de casamento. Maria também participou do evento, e Jesus, provavelmente, transmitiu-lhe sua decisão de dar início a sua missão. Essa passagem é muito conhecida pela transformação de seis jarras de pedra com água (cerca de quinhentos e setenta litros) em vinho.

É forçoso registrar que, embora não fosse o momento, Jesus deu início aos seus sinais, numa celebração familiar, por intercessão de sua mãe. A lição é bem clara: é no nosso núcleo familiar que tem início o nosso caminho evolutivo na Terra, e precisamos convidar Jesus para nossas casas para que Ele nos ajude na empreitada e para termos a verdadeira alegria. Para tanto, temos o recurso do culto do Evangelho no lar. Destacamos, também, que a grande intercessora da humanidade sofredora junto a Jesus é Maria.

Pontuamos, porém, que o mais importante foi a afirmativa de Maria para os servos, o qual devemos adotar por lema em nossas vidas: "Fazei tudo aquilo que Ele vos disser". Esse é o nosso grande objetivo. Anotamos que essas foram as últimas palavras de Maria registradas nos Evangelhos.

Com esse acontecimento, começou a sequência das ações do Cristo que surpreenderiam a muitos, como registrou o evangelista João, capítulo 2: "Assim Jesus deu início aos seus sinais em Caná da Galileia e manifestou a sua glória. E os seus discípulos creram nele".

De Caná, Jesus seguiu em companhia de Maria até Cafarnaum. Os últimos momentos mais íntimos entre mãe e filho duraram pouco, pois, ao final de março, com a proximidade da Páscoa, o Mestre retornou para Jerusalém, na Judeia. Moisés ordenava que três vezes por ano os varões israelitas se apresentassem no templo, durante as festas da Páscoa, em abril, das Semanas ou Pentecostes cinquenta dias depois e, por fim, entre setembro e outubro, a festa das Cabanas ou Tabernáculos. Lá iniciaria sua vida pública.

A Jerusalém do século I d.C. não era uma cidade qualquer. Centro da geografia sagrada do povo judeu havia um milênio, tornara-se magnífica durante o reinado de Herodes. Com a morte do soberano e a saída de seu filho Arquelau no ano 6 d.C., o templo substituiu esse comando como centro do sistema de dominação local bastante tradicional: o governo dirigido por alguns poucos sacerdotes saduceus que exploravam economicamente e tinham legitimidade religiosa.

Em Jerusalém, Jesus se dirigiu para o templo e ficou indignado com o comércio que florescia e maculava o santuário de Deus, repleto de vendedores na sua esplanada. Expulsou, com firmeza, os mercadores do templo, afirmando: "Não façais da casa de meu Pai um mercado!". Essa passagem tem um simbolismo marcante para todos nós. Considerando que o templo de Deus encontra-se no nosso mundo íntimo, devemos empregar a mesma energia para expulsar os vendilhões das nossas almas, que são o orgulho, a vaidade e o egoísmo.

Podemos imaginar a perplexidade das autoridades com a ação de Jesus. Esse comércio lucrativo era controlado pelos aristocráticos sacerdotes saduceus, cujos integrantes pertenciam ao topo da pirâmide social da época. Começavam os conflitos que culminariam com a crucificação de Jesus. Registramos que essa passagem foi anotada por João, enquanto que, nos Evangelhos Sinóticos, ela teria ocorrido na Páscoa do ano 33. Podemos considerar também que Jesus repetiu tão marcante ação. As autoridades foram até Jesus para cobrar explicações: "Que sinal nos mostras para agires assim?". Os famosos sinais que tanto eram valorizados por eles. O Mestre respondeu: "Destruí este templo e em três dias eu o reedificarei". Os judeus pensaram no templo de pedra, mas Jesus falava da sua vida, na sua ressurreição, que ocorreria cerca de dois anos depois.

Ao anoitecer, Jesus recebeu a visita de Nicodemos, famoso doutor da lei que, impressionado, foi ao seu encontro. Eram setenta e um os doutores da alta corte do Sinédrio, e Nicodemos era dos mais jovens e brilhantes, não se contentando com as velhas fórmulas religiosas, pois tinha um caráter nobre. Na ocasião, ocorreu um dos diálogos mais impressionantes conhecidos pela humanidade. Jesus abordou a reencarnação para um surpreso Nicodemos, como resumimos a seguir.

Afirmou Jesus: "Em verdade, vos digo: sem nascer de novo, ninguém pode ver o Reino de Deus". Perguntou-lhe Nicodemos: "Como pode isso acontecer?". Respondeu Jesus: "Em verdade, vos digo: quem não nascer da água e do espírito não pode entrar no Reino de Deus. Aquilo que nasce da carne é carne, e o que nasce do espírito é espírito. O vento sopra, tu ouves o som, mas não sabes de onde vem e para onde vai. Tu és mestre em Israel e ignorais tais coisas".

Realmente, as informações são transcendentes. Não somos somente matéria, possuímos um princípio material e outro espiritual. O princípio material foi simbolizado pelo Mestre com o "nascer da água". Esse entendimento foi confirmado em 1952 pelo cientista americano Stanley Muller, que simulou em um laboratório da Universidade de Chicago o ambiente da Terra há milhões de anos, colocando gases, vapor d'água e terminais elétricos para gerar as descargas semelhantes aos raios num recipiente especialmente preparado para o experimento. O vapor condensou no fundo e, ao final de três dias, Muller observou que a água estava com uma cor alaranjada. Analisando a água no microscópio, encontrou estruturas celulares orgânicas simples, confirmando que o princípio material é oriundo das águas tépidas dos oceanos.

Outros cientistas, posteriormente, realizaram experiências mais complexas, entretanto não conseguiram desenvolver vida. Hoje, muitos cientistas afirmam que a vida veio do céu.

Considerando que temos um princípio material e outro espiritual, podemos entender a sequência da lição. A cada reencarnação, temos uma herança genética dos nossos pais, como Jesus afirmou: "O que nasce da carne é carne". Entretanto, também temos uma bagagem espiritual de outras vidas, que estão arquivadas no nosso perispírito, que atuam, vibracionalmente, na nossa estrutura genética. Com esse fato, o Mestre referiu-se ao que "nasce do espírito".

Por fim, no símbolo do vento, Jesus faz referência ao esquecimento relativo que temos a cada reencarnação. Não sabemos qual foi nossa última reencarnação, como também não sabemos como será a próxima. O que temos como certo é que vivenciamos hoje o que plantamos no passado e que vivenciaremos no futuro o que semeamos hoje. Não podemos alterar o que fizemos, mas podemos construir um novo futuro. Como afirmou Carlos Torres Pastorino: somos escravos do passado, mas donos do futuro.

Jesus ensinava a lei das vidas sucessivas que elucida todos os enigmas e mistérios da vida.

Voltando a nossa narrativa, após a festividade da Páscoa, o Mestre ainda permaneceu na Judeia, aproveitando a oportunidade para encontrar-se com João Batista que, na ocasião, encontrava-se em Salim, junto a Enom, no vale do rio Jordão, a meia distância entre o Mar Morto e o lago de Genesaré. Lá continuava a realizar o seu ministério e os batismos. Os discípulos de João Batista notaram que as atenções gerais agora se voltavam para Jesus e foram reclamar, melindrados, com o Precursor. O grande discípulo e profeta afirmaria então: "Eu não sou o Cristo, mas fui adiante dele. Pois bem, minha alegria está completa. É necessário que Ele cresça e eu diminua". Essa frase, já comentada no capítulo anterior, é seguramente uma das mais profundas do Evangelho. Além de testemunhar a humildade de João Batista, estabelece um programa de trabalho para as nossas vidas. É necessária a redução do nosso personalismo para que o Cristo cresça no nosso mundo interior e possamos afirmar como o grande apóstolo Paulo: "Não sou mais eu quem vive, mas o Cristo quem vive em mim". Assim, segundo João, nossa alegria tornar-se-á completa.

Nessa época, Jesus retornou para o Norte, em direção à Galileia. João Batista permaneceu no seu labor e acabou sendo preso em maio de 31, na fortaleza sombria de Maqueronte, erguida nas cumeadas do planalto de Moab, na Pereia, margem oriental do Mar Morto. Herodes Antipas não aceitara as críticas que João lhe fizera por estar vivendo com Herodíades, esposa de seu irmão. A prisão de João, que durou quase dez meses até sua morte, reforçou a necessidade do Mestre de retornar para a Galileia.

Existiam três caminhos tradicionais para a Galileia. Um deles passava pela Samaria e durava cerca de três dias. Os dois outros seguiam pelo vale do

Jordão, pelas margens oeste e leste. Eram mais longos cerca de quarenta quilômetros, embora os preferidos pelos judeus para não se contaminarem ou mesmo serem agredidos pelos samaritanos. Apesar de fazer parte da região central da Palestina, a Samaria era rejeitada pelos judeus, que a consideravam herege e uma área "restrita". Esse antagonismo teve sua origem com a invasão dos assírios, que deportaram as dez tribos do reino do Norte, as quais viviam na Samaria, por volta de 722 a.C. Após o retorno, trouxeram algumas características da cultura assíria e ocorreu uma natural miscigenação jamais aceita pelos judeus, o que criou um interminável antagonismo.

Jesus escolheu o que passava pela Samaria, saindo da zona de conforto, e foi em direção a Sicar, famosa por ser próxima à propriedade que o patriarca Jacó dera para seu filho José. Foi nesse cenário "irreconciliável" que se deu o encontro com a mulher samaritana enquanto os discípulos foram buscar alguma comida. Após a cansativa jornada, chegaram exaustos e com sede ao poço de Jacó, que ficava perto do monte Garizim, onde os samaritanos haviam edificado o seu templo.

Nessa lição, Jesus procurou derrubar os preconceitos religiosos e contra a mulher, dirigindo-se diretamente a ela e ofertando-lhe a água da vida que dessedenta o espírito. Com ela, a criatura jamais terá sede. Devemos mencionar uma afirmativa especial de Jesus que nos mostra o que Ele buscava: "O meu alimento é fazer a vontade do Pai". Pelo testemunho da mulher, muitos samaritanos foram ter com Jesus, rogando-lhe para que ficasse com eles. O Mestre permaneceu na Samaria por dois dias.

Grande parte dos pobres que cercavam Jesus eram mulheres privadas do apoio de um varão. Elas eram, sem dúvida, as mais vulneráveis. Por outro lado, ser mulher naquela sociedade patriarcal significava viver num estado de inferioridade. Jesus surpreendeu, pois esteve cercado de mulheres, dignificando-as e ofertando uma vida nova, principalmente para as pecadoras. Em alguns aspectos, elas são modelo de verdadeiro discipulato, porque estão acostumadas a ocupar os últimos lugares e a "servir".

De lá, seguiu para a Galileia, a região mais desprezada da Palestina, conhecida como a terra dos gentios pelos religiosos da Judeia. Não sabemos praticamente nada desses "galileus" que viviam num território invadido por assírios, babilônios, persas, ptolomeus e selêucidas ao longo de seis séculos. As últimas escavações, entretanto, têm fornecido dados inquestionáveis sobre o caráter judaico da Galileia que Jesus conheceu, segundo os estudiosos. Os escritores do século I d.C. falam de três regiões bem definidas. Ao norte, a Alta Galileia, região fronteiriça, pouco povoada, com alturas de até mil e duzentos metros. Ao sul, a Baixa Galileia, um território de colinas não muito elevadas, a cujos pés se estende uma das regiões mais ricas; no meio dela, o monte Tabor e as cidades de Nazaré e Séforis. A região do lago era uma comarca muito rica, com cidades importantes às suas margens.

Jesus foi novamente a Caná, onde recebeu o pedido de um oficial de palácio para curar o filho enfermo em Cafarnaum. O nobre estava aflito. Montou seu cavalo, percorreu trinta quilômetros e foi em direção ao homem jovem com fama de curador, pedindo-lhe que o Mestre fosse imediatamente para lá, antes que seu filho morresse. Jesus o tranquilizou e disse: "O seu filho continuará vivo". O homem acreditou na palavra de Jesus e partiu. O segundo sinal também foi em Caná.

A costa do lago ou Mar da Galileia, também conhecido como lago de Genesaré ou Tiberíades, tinha uma natureza extraordinária e uma beleza encantadora. Pomares, palmeiras e vinhas se espelhavam nas águas de um azul imenso, entre praias, bosques e colinas verdejantes, lembrando que a beleza da Terra é um reflexo da beleza do céu. A colheita era feita o ano todo, e o lago, rico de peixes, era atravessado dia e noite pelos barcos dos pescadores. Em sua volta, estendiam-se várias pequenas cidades como: Betsaida, Corazin, Magdala, Tiberíades e a famosa Cafarnaum.

De Caná, seguiu para Cafarnaum (cidade do profeta Naum, que viveu no século VII a.C.), onde resolveu fixar residência na casa de Pedro. Na época, a cidade tinha cerca de mil e quinhentos habitantes. A escolha por

A parábola do remendo novo em pano velho (Marcos, 2:19-22)

Cafarnaum foi estratégica, por ela ser uma cidade fronteiriça do território judeu, o que facilitava a divulgação da sua mensagem, e pela passagem de viajantes e mercadores, pois se situava em uma rota comercial que ligava os mercados de Damasco e do Egito. Jesus nunca se aventurou pelas rotas do império. Confirmava-se, também, a profecia do grande Isaías de que Deus honraria a Galileia dos gentios.

Cafarnaum tinha um entreposto alfandegário, uma pequena guarnição militar e um casario baixo, esparramado entre árvores frondosas, cobertas por trepadeiras de miúdas flores coloridas. A pequena cidade era, sobretudo, uma aldeia de pescadores. Um quadro de beleza natural, sem mármores ou mosaicos.

O ministério na Galileia foi laborioso, mas feliz. Era uma região verde e fértil, diferente das montanhas austeras e ásperas da Samaria e da Judeia. Na época, viviam lá milhares de habitantes nos seus sessenta e cinco povoados, segundo o Talmude. Jesus se levantava aos primeiros alvores da manhã e, frequentemente, esperava o nascer do sol em alguma elevação solitária. Os discípulos logo o procuravam para dar início ao ministério. O dia de Jesus era intenso: até o anoitecer, os doentes e necessitados o cercavam, enquanto os céticos dirigiam-lhe perguntas capciosas, e os doutores da lei exigiam explicações. Era comum, também, Jesus e seus discípulos não terem sequer tempo para comer. Mesmo assim, somente em dois momentos, os Evangelhos mencionam que Jesus estava muito cansado. Habitualmente, Ele era infatigável e pleno de energias. Na Galileia, estava o povo mais pobre e deserdado, como em nenhum outro lugar de Israel.

Dando andamento ao seu ministério na região, listamos alguns dos fatos mais importantes anotados pelos evangelistas em maio e junho.

Como as curas atraíam a multidão que se comprimia para estar junto com Ele, o Mestre decidiu convocar oficialmente seus primeiros discípulos, dentre aqueles homens que já o acompanhavam desde as primeiras horas. Inicialmente, formalizou convite a Pedro, que, espantado, manifestou francamente a sua fraqueza, levando Jesus a responder: "Não temas: doravante serás pescador de homens". Igualmente, convocou os filhos de Zebedeu, Tiago e João, sendo este último um adolescente, com cerca de quatorze anos. Jesus os chamou de "filhos do trovão". Formavam-se, neste momento, os pilares do Cristianismo nascente, segundo testemunho de Paulo de Tarso. Lição importante aos que se comprometem com o Evangelho de Jesus: não temer e seguir em frente.

Um sábado, o Mestre foi à sinagoga de Cafarnaum e começou a ensinar de uma forma diferente, com autoridade e sem fórmulas ou orações decoradas. Para surpresa e admiração de todos, Jesus afastou um Espírito obsessor, o que fez aumentar sua fama. A seguir, o Ungido curou a sogra de Pedro, que estava com febre alta. Ao final do dia, com o pôr do sol, a multidão sofredora reuniu-se em torno do Mestre, e muitos foram curados. À noite, levantou-se e foi para um lugar deserto para orar. Jesus necessitava renovar suas energias. Nesse momento, percebeu a necessidade de levar a mensagem para outras cidades. Pela manhã, convidou seus recém-nomeados discípulos, Pedro, seu irmão André, o jovem João e seu irmão Tiago, para viajarem com Ele. Mateus assim se referiu à viagem: "Jesus contornava toda a Galileia, ensinando nas sinagogas e praças, curando toda espécie de enfermidades entre o povo. E o seguiam numerosas turbas de povo da Galileia, da Decápolis, de Jerusalém, da Judeia e do além-Jordão".

O Salvador chegou até as cercanias da cidade portuária de Tiro, de origem fenícia, na costa do Mar Mediterrâneo, e curou um leproso. Ninguém jamais agira de tal forma e, em junho, sua fama já era tal que criava obstáculos, o que o obrigou a evitar certas cidades e buscar lugares solitários para o necessário refazimento das energias.

Evidentemente que as curas eram uma forma de chamar a atenção do povo para a Boa-Nova, entretanto eram momentos embaraçosos para Jesus, visto que o povo e até os Espíritos sofredores reverenciavam-no com manifestações de júbilo e ovações. Para Jesus, toda a glória era para Deus.

A parábola do remendo novo em pano velho (Marcos, 2:19-22)

Retornando à aconchegante Cafarnaum, o povo permaneceu junto com Ele. Certa tarde, a pequena casa de Pedro estava repleta de pessoas reunidas em torno do Mestre. Levaram-lhe, então, um paralítico e, como não conseguissem entrar por causa da multidão, quatro amigos içaram-no pelo teto, baixando a maca em frente a Jesus. Exemplo de determinação para todos nós, pois superaram todos os obstáculos que a limitação lhes impunha com o objetivo supremo de se aproximarem de Jesus.

O Mestre apiedou-se e, sensibilizado com a fé do paralítico, afirmou: "Filho, teus pecados te foram perdoados". Alguns escribas que se encontravam entre a multidão pensaram: "Ele blasfema! Quem pode perdoar pecados a não ser Deus?". Jesus, porém, conhecendo o que vai no íntimo das criaturas, disse-lhes: "O que é mais fácil, dizer ao paralítico: Teus pecados te são perdoados! ou dizer: Levanta-te, toma o teu leito e caminha?". Certamente, a primeira opção, pois é muito mais fácil falar do que fazer. Partindo para a ação, o Mestre curou o paralítico para surpresa de todos e afirmou: "Eu te digo: levanta-te, toma o teu leito e vai para casa".

Pela dimensão simbólica dessa passagem, gostaríamos de resumi-la da seguinte forma: nós somos Espíritos doentes e paralisados que, cansados de sofrer, despertamos para a necessidade de nos aproximarmos do Cristo. Entretanto, encontramos inúmeras dificuldades, principalmente as internas. Tenhamos sempre a certeza de que, a exemplo do paralítico que foi ajudado por quatro amigos, nós obteremos o socorro do Alto, nunca estamos sozinhos e, como ele, seremos perdoados, isto é, teremos as oportunidades renovadas de ascensão espiritual. Destacamos, todavia, que esse perdão não apaga aquilo que fizemos, pois já foi feito. Carregaremos nossa maca, isto é, nossas experiências, e seguiremos para casa.

Dias depois, o Mestre passava pelas ruelas de Cafarnaum quando se encontrou com Levi na casa da coleta de impostos, o publicano chefe ou cobrador de impostos da cidade. Um momento raro, pois Jesus dirigiu-lhe um convite: "Segue-me!". Para surpresa de todos, Levi seguiu Jesus imediatamente. Parecia que uma mola espiritual o arremetia para o Mestre. Essa é a adesão mais rápida a Jesus de que temos notícia. Logo o preconceituado publicano. No nosso caso, por exemplo, estamos há dois mil anos tentando seguir o convite do Mestre. Levi ou Mateus tornou-se um dos apóstolos de Jesus e escreveu um dos Evangelhos.

Devemos fazer um esclarecimento. A carga de impostos na época era sufocante e abrangia os devidos a Roma, a parcela da administração local e, para alguns, o dízimo. Os impostos destinados a ela eram de atribuição das grandes famílias, que na atividade auferiam os lucros. Evidente que, em cada região ou cidade, havia um chefe dos publicanos que fazia um contrato com a classe dirigente para executar a arrecadação e também tinha uma boa condição financeira. Os publicanos, que realizavam o trabalho sujo da coleta nos campos, estradas e cidades, eram odiados e oriundos das classes mais baixas ou mesmo escravos. Foram estes que se aproximaram de Jesus.

Nesse cenário, o fantasma da dívida era temido por todos. A maior ameaça era perder as terras que garantiam o sustento. A família desagregava, chegando ao extremo da mendicância e prostituição. Havia até quem se vendesse como escravo.

Levi, feliz, convidou o Mestre para jantar em sua casa, o que foi aceito de imediato. Partilhar uma refeição na Antiguidade era um sinal de amizade e respeito. Os escribas e fariseus ficaram escandalizados. Como Jesus podia comer com publicanos e pecadores? Ouvindo isso, Jesus disse-lhes: "Não necessitam de médico os saudáveis, mas sim os doentes. Porque eu não vim chamar os justos, mas os pecadores. Ide, pois, e aprendei o que significa: misericórdia quero e não sacrifícios". Essa é a essência da mensagem do Mestre. Ele veio para nós, não importando nossa condição atual ou nossos enganos!

Jesus citou uma frase do profeta Oseias, do Velho Testamento, que repetiremos por sua importância: "Meu Pai não quer sacrifícios. Meu Pai quer misericórdia". Pensamento antigo que ensina o caminho da caridade como o grande reparador dos nossos erros, não importando quais sejam. Quando isso não acontece por misericórdia, a lei nos concede os sacrifícios.

Com o episódio de Levi, começava a ficar clara a separação entre a religiosidade praticada pelos sacerdotes e a proposta pelo Mestre. Não são apenas os atos exteriores que demonstram religiosidade, mas, principalmente, a vivência interior. Duas práticas eram muito adotadas: o descanso no sábado, vindo das tradições do livro do *Gênesis*, e o jejum nas segundas e quintas-feiras. Bem sabemos que, se bastassem ações exteriores para demonstrar religiosidade, seria muito mais fácil.

Assim, alguns dias depois, Jesus atravessava umas searas num dia de sábado e os discípulos começaram a colher espigas. O sábado era reservado ao descanso e muitas atividades eram ilícitas, inclusive a que eles estavam fazendo. O preceito sabático era muito importante para os judeus, mas Jesus e seus discípulos o transgrediram. Os homens não saíam para o campo, o trabalho era interrompido e as mulheres não assavam o pão. Na manhã, os vizinhos reuniam-se na sinagoga para um encontro de oração.

Os fariseus acabaram questionando seu posicionamento sobre o sábado. Ora, Jesus não era contra o jejum ou contra o sábado, mas por utilizá-los como demonstração de religiosidade ou reverência a Deus. Assim, o Mestre responderia aos fariseus: "O sábado foi feito para o homem e não o homem para o sábado". Aliás, Ele fazia sempre o que tinha de fazer, não importando o dia ou lugar. Muitas curas foram feitas no sábado, pois, como Jesus afirmou, "O Filho do Homem é senhor também do sábado".

Noutro sábado, Jesus foi à sinagoga de Cafarnaum e os sacerdotes começaram a vigiá-lo para que, caso fizesse alguma cura, estivessem preparados para acusá-lo. De nada adiantou tal intimidação, porque o Mestre curou um homem com a mão ressequida, sem antes afirmar: "Eu vos pergunto: É lícito, nos sábados, fazer o bem ou o mal? Salvar a vida ou tirá-la?".

Os próprios discípulos de João Batista, melindrados com o interesse do povo por Jesus e não mais pelo Precursor, uniram-se, certa vez, aos fariseus e foram questioná-lo sobre o porquê de seus discípulos não jejuarem. O Mestre respondeu: "Podeis, porventura, fazer jejuar os convidados às núpcias enquanto o noivo está com eles? Dias virão, porém, em que lhes será tirado o noivo. Naqueles dias sim, hão de jejuar". Os dias eram de alegria pela presença do Messias, depois viriam os sacrifícios. Em verdade, Jesus não estava abolindo o jejum alimentar, visto até os seus benefícios terapêuticos. Aliás, em todos os tempos, dentro e fora do Cristianismo, o jejum foi praticado por razões terapêuticas e espirituais. Na igreja primitiva, era associado à oração. Voltando à lição, enquanto esperamos o noivo, a manifestação do cristo interno, vamos jejuar dos nossos interesses pessoais em favor do próximo, sempre com alegria e não com o pesar e a tristeza que os fariseus demonstravam. Complementando, propôs-lhes, também, a parábola do remendo novo em pano velho.

A PARÁBOLA

Ninguém costura um remendo de pano novo em roupa velha, senão o pedaço novo repuxa a roupa velha, e fica maior a rasgadura. E ninguém guarda vinho novo em odres velhos, senão o vinho novo romperá os odres e se derramará o vinho, e os odres se perderão. Vinho novo deve ser guardado em odres novos.

REFLEXÃO

Somente a genialidade de Jesus conseguiu utilizar comparações triviais e corriqueiras para abordar assunto tão profundo.

A parábola do remendo novo em pano velho (Marcos, 2:19-22)

Estamos sempre imantados aos nossos padrões mentais e, normalmente, fechados aos novos pensamentos e ideias. Por isso, criamos nossos paradigmas ou verdades e temos grande dificuldade de vencê-los, desperdiçando oportunidades que podem ter um alto custo. Atualmente, no mundo corporativo das empresas, dá-se valor a quem rompe paradigmas, criando oportunidades de inovação. Isso também é mais verdadeiro no campo das ideias e dos pensamentos religiosos, em que as ligações são mais fortes, considerando o aspecto emocional. Allan Kardec, por exemplo, teve seus livros queimados na esplanada de Barcelona, na Espanha, em 9 de outubro de 1861.

Jesus trazia uma mensagem nova e, por meio da parábola, procurou destacar a dificuldade da sua aceitação. As ideias e tradições religiosas vigentes à época já eram bastante antigas, com mais de mil anos. A reação era natural. Para tanto, era necessária uma renovação mental para receber o novo. O Evangelho é o vinho novo que não deve ser guardado em recipientes de couro (odres) velhos. Por isso, Jesus mais perturbou que atraiu. Essa é a condição básica de um verdadeiro profeta.

Destacamos que a lei judaica tinha muitas prescrições, e gerações inteiras de teólogos judeus procuravam definir, com precisão, esse número. Dos seiscentos e treze preceitos, pequena parte era de revelação divina, como os dez mandamentos de Moisés. Evidentemente, Jesus não veio destruir a parte divina da lei, e sim complementá-la.

Tentar adequar o novo às velhas ideias religiosas não condiz, e colocamos ambas a perder. No século I d.C., por exemplo, o grande risco que a mensagem cristã sofreu foi se tornar uma seita judaica. Na época, já havia um número grande delas, cerca de vinte e nove. O primeiro concílio realizado em Jerusalém, no ano de 49 d.C., foi relatado no livro dos *Atos dos apóstolos*, na *Epístola aos gálatas* do apóstolo Paulo, e no livro *Paulo e Estêvão*, de autoria do Espírito Emmanuel, pela psicografia de Francisco Cândido Xavier. Nas três descrições, vemos a luta de Paulo de Tarso para manter o

Cristianismo na sua pureza, imune às tentativas naturais de adequação ao Judaísmo que já estavam em curso. Paulo, por sua vivência como doutor da lei, identificou os riscos que o Cristianismo nascente corria. Somente após a destruição de Jerusalém pelos romanos, no ano 70 d.C., o risco diminuiu, pois o foco do Cristianismo transferiu-se para Roma e Antioquia.

Voltando à figura de Jesus, destacamos sua luta contra o grande paradigma a ser vencido: o "mundo", ou o sistema dos valores materiais. No Evangelho, o "mundo" não é o planeta Terra. Evidentemente que esse sistema de valores materiais será substituído, paulatinamente, pelos espirituais na transição planetária, como já comentamos. Por enquanto, é preciso estar no mundo, mas não ser do mundo. Jesus pagou com sua vida essa vitória, mas afirmou: "Eu venci o mundo!".

> Referências: Mt 3:13 a 17, Mt 4:1 a 11, Jo 1:19 a 51, Jo 2:1 a 25, Jo 3:1 a 36, Mc 6:17, Jo 4:1 a 54, Mt 4:13 a 17, Lc 5:1 a 11, Mc 1:19 e 20, Mc 1:21 a 35, Mt 4:23 a 25, Mc 1:40 a 45, Mc 2:1 a 22

7

A PARÁBOLA DOS DOIS FUNDAMENTOS
(*Mateus*, 7:24 a 29)

Iniciado o ministério público e difundidas as primeiras claridades da Boa-Nova, as multidões das diversas regiões da Palestina acorreram em sua direção. Um mistério cativante e um encanto inexplicável criavam ao seu redor uma atmosfera de amor, de alegria e de fé. Anotou Marcos no capítulo 3: "Retirou-se com seus discípulos para a beira do lago. E o seguiu muita gente vinda da Galileia. Ouvindo o que Jesus fazia, foi ter com Ele uma grande multidão proveniente da Judeia e de Jerusalém, da Idumeia e do além-Jordão e das redondezas de Tiro e Sidônia". Até os Espíritos sofredores dobravam-se na sua presença, gritando: "Tu és o Filho de Deus!". A sua popularidade cresceu dia a dia. O interesse da multidão tinha diversas motivações.

Antes de prosseguirmos, devemos fazer uma reflexão. Jesus teve pouquíssimo tempo para semear a palavra, não dispondo dos mínimos recursos técnicos para tamanho desiderato. A estratégia foi utilizar os sinais, tão importantes para a humanidade e, em especial, para os judeus.

Embora tenha até dominado os fenômenos da natureza, foram as curas e o afastamento dos Espíritos obsessores que atraíam as multidões curiosas e necessitadas. Entretanto, o Cristo ficava constrangido com as homenagens que recebia do povo. O exaltado deve ser sempre Deus. Não há dúvidas de que as curas chamaram a atenção de todos. Sabemos bem do nosso interesse pela mediunidade de efeitos físicos de cura e, naquela época, não era diferente.

Em cada cultura, vive-se a enfermidade de maneira diferente. Não é a mesma coisa ficar doente na sociedade ocidental de nossos dias ou estar doente na Palestina do século I d.C. Aqueles camponeses não consideravam seu mal de um ponto de vista médico, mas religioso. A tragédia dos enfermos não consistia tanto no mal que dilacerava seus corpos quanto na vergonha de sentirem-se seres sujos e repulsivos. De acordo com a mentalidade semita, Deus estava na origem da saúde e da enfermidade. Os doentes sofriam de dois problemas e ansiavam libertarem-se um dia de suas enfermidades.

O interesse foi tão grande que, em determinado momento, Jesus, preocupado, resolveu exortar as criaturas a buscarem, acima de tudo, a renovação mental. O Mestre não veio para curar corpos, e sim Espíritos, embora, como ensina a Doutrina Espírita, a cura do corpo material tem sua origem no Espírito. Saúde e doença são reflexos da condição perispiritual. O perispírito ou psicossoma, por sua vez, é reflexo da saúde mental do Espírito. Assim, quem lesiona o perispírito é a consciência culpada do Espírito.

Outra ação que surpreendeu bastante foi o afastamento dos Espíritos obsessores dos infelizes endemoninhados. A interferência espiritual, em diversas gradações, sempre existiu, desde o momento em que o homem se fez homem. Na época de Jesus, os sacerdotes realizavam rituais de exorcismo de duvidosa eficiência.

É certo que outros devem ter sido atraídos e convencidos pela Boa-Nova, principalmente os deserdados do mundo, os simples e ignorantes. Era o que eles precisavam ouvir: Deus se preocupava com eles. Sua mensagem fez nascer uma grande alegria entre os camponeses pobres e humildes, sem segurança material. Lembramos o pessimismo dos autores apocalípticos que descreviam de maneira sombria a situação que vivia Israel.

A parábola dos dois fundamentos (Mateus, 7:24-29)

Considerando que a mensagem começava a se desenvolver com grande vigor, surgiu a necessidade da formação de um grupo que lhe desse sustento e, depois, continuidade. Jesus começou a pensar na seleção de auxiliares diretos dentre os seus seguidores que manifestaram a intenção de ajudar na missão fundamental da divulgação do Cristianismo nascente. Após tentar sensibilizar, sem sucesso, os sacerdotes que detinham o conhecimento religioso, mas que estavam interessados numa religiosidade marcada por rituais e ações exteriores, Jesus convocou homens simples e humildes para formar seu grupo de doze apóstolos.

Assim, num dia ardente de junho, o Mestre se retirou para orar e avaliar quais, dentre aqueles que o seguiam, tinham condições de assumir tais responsabilidades. Numa vida de doação, são raros os momentos de tranquilidade. Jesus passou a noite, sozinho, orando na beira do lago, os olhos perscrutando o espelho silencioso da água a refletir o brilho das estrelas.

Ao amanhecer, retornou e começou a convocar o grupo especial de doze que constituiria o círculo mais íntimo em torno dele: Pedro e André, seu irmão. Ambos provinham de Betsaida; Tiago (maior) e seu irmão João (o discípulo amado), filhos de Zebedeu e Salomé. Tiago foi o primeiro apóstolo a dar a vida pela sua fé, ao ser decapitado no ano 44; Felipe, também oriundo de Betsaida; Bartolomeu ou Natanael, Mateus ou Levi, Tomé, Tiago (menor), filho de Alfeu, que participaria, posteriormente, das discussões com Paulo de Tarso sobre os rumos da comunidade cristã nascente; Simão, o zelota, um incógnito na Escritura; Judas Tadeu e Judas Iscariotes, que teria papel fundamental no episódio da sua crucificação. "Iscariote" pode significar "homem de Queriote", uma cidade da Judeia. Nessa seleção, encontramos um simbolismo: o único oriundo da desértica Judeia era Judas, que ia atraiçoá-lo. Os demais vinham da Galileia, região de bela natureza. Eram jovens, sendo Pedro o mais velho e João o mais novo. Uns eram casados, outros solteiros. Eram trabalhadores comuns, na sua maioria, pobres. Embora falíveis, jamais um grupo de homens apostou tudo numa mensagem nova.

Durante a maior parte do ministério, os discípulos seguiram Jesus num relacionamento bastante próximo. Eles comeram, trabalharam e dormiram juntos. Embora ocorressem eventuais problemas de rivalidade e ciúme entre eles, sua capacidade de trabalhar juntos, dia a dia, testificou o maravilhoso poder transformador do amor de Jesus. É certo, também, que esses homens não tiveram a percepção clara sobre quem era o Mestre e a que Ele se propunha. Também desconheciam que o Cristianismo se tornaria uma árvore frondosa.

Em julho, Jesus permaneceu em Cafarnaum. A multidão que o seguia aumentava, obrigando-o a improvisar auditórios. Certamente, utilizou as praias do lago, enquanto ficava em pé num barco, distante cerca de nove metros da margem. Também utilizou os montes, como no Sermão da Montanha, o seu mais importante discurso, cujo texto é o mais completo e rico de espiritualidade de que a humanidade dispõe.

O monte distava cerca de dois quilômetros e meio de Cafarnaum e tinha uma forma côncava, que funcionava como um anfiteatro natural, ampliando a voz do orador. Atualmente, é um local ajardinado e apresenta uma visão maravilhosa do lago de Genesaré. Lembramos, ainda, que os montes de Israel fazem parte da sua história religiosa, tanto do Velho quanto do Novo Testamento. Alguns estudiosos falam de uma "Teologia dos Montes".

O Mestre iniciou com as bem-aventuranças, procurando saciar a fome espiritual daqueles que o ouviam, para, depois, trazer as lições verdadeiramente ditas. Essas declarações eram bem conhecidas dos judeus e eram baseadas em uma virtude, boa sorte ou favor de Deus. Com Jesus, entretanto, são paradoxais, segundo o mundo, pois são baseadas numa "má sorte". Precisamos entendê-las segundo o Espírito.

São sete bem-aventuranças ligadas ao próprio Espírito e duas ligadas às situações expiatórias e testemunhais do cristão:

A parábola dos dois fundamentos (Mateus, 7:24-29)

>Bem-aventurados os pobres de espírito,
>
>porque deles é o Reino dos Céus.
>
>Bem-aventurados os que choram,
>
>porque serão consolados.
>
>Bem-aventurados os mansos,
>
>porque possuirão a Terra.
>
>Bem-aventurados os que têm fome e sede de justiça,
>
>porque serão saciados.
>
>Bem-aventurados os misericordiosos,
>
>porque alcançarão misericórdia.
>
>Bem-aventurados os limpos de coração,
>
>porque verão a Deus.
>
>Bem-aventurados os pacificadores,
>
>porque serão chamados filhos de Deus.
>
>Bem-aventurados os que sofrem perseguição por amor da justiça,
>
>porque deles é o Reino dos Céus.
>
>Bem-aventurados sois vós quando vos injuriarem,
>
>e, mentindo, disserem todo mal contra vós por minha causa: alegrai,
>
>porque grande será vosso prêmio no Céu.

As primeiras sete bem-aventuranças estão relacionadas à individualidade das criaturas e podemos interpretá-las, simbolicamente, como uma escada ascensional, onde cada bem-aventurança corresponde a um degrau. Como se fosse a famosa escada vista por Jacó, filho de Abraão, ligando a Terra ao Céu. Santo Agostinho, no século V d.C., identificou nelas o itinerário cristão para alcançar a beatitude ou a fruição de Deus.

O primeiro degrau simboliza a necessária conscientização da nossa pobreza espiritual, isto é, sem as virtudes e os dons espirituais. Nós somos mendigos espirituais. Essa conscientização é importante para iniciarmos o desenvolvimento espiritual, por isso são bem-aventurados os pobres de espírito. É o sair da inércia, o primeiro passo ou o levantar-se da queda. Podemos entender também como o "cair em si". Evidentemente, para que isso aconteça, precisamos da ajuda da humildade.

O segundo degrau estabelece o esforço que a criatura tem de realizar na busca da espiritualização. Bem-aventurados os que choram e sofrem nesse processo. É o esforço da renovação, pois não basta identificarmos a nossa pobreza espiritual.

O terceiro degrau corresponde ao domínio das nossas emoções. Os mansos são os equilibrados emocionalmente. O Mestre afirmou que, ao alcançarmos o terceiro degrau, herdaremos a Terra. Podemos entender que, por ocasião da transição planetária, ora em curso, de um planeta de provas e expiações para um mundo de regeneração, precisaremos ter alcançado o terceiro degrau. Destacamos que essa bem-aventurança não era nova, visto que a encontramos no Velho Testamento. Lembramos que equilíbrio emocional está relacionado com paciência, obediência e resignação. Outro aspecto importante é dominarmos o medo. "Não temas!", afirmou Jesus dezenove vezes. É fundamental desenvolvermos o hábito da prece, da meditação, da leitura edificante, do agradecimento e da alegria, como ensinou Paulo de Tarso aos seus irmãos da igreja de Tessalônica.

O quarto degrau é alcançado por quem consegue se ajustar às Leis de Deus. Em vez de a criatura ser saciada por sua fome de justiça, que leva ao risco de um sentimento de vingança, percebemos a bem-aventurança, com a ajuda de Carlos Pastorino, como consequência do ajustamento à governança de Deus.

O quinto degrau é conseguido no momento em que somos misericordiosos. A misericórdia é indulgência, caridade e amor. Como já estudamos, é o critério do juízo.

O sexto degrau é conseguido quando a criatura tem puro o coração. No Evangelho, sempre que lemos "coração", podemos entender como "mente". Nesse caso, bem sabemos quão difícil é alcançar esse degrau, pois não cuidamos dos nossos pensamentos, o que tem consequências graves para nossas vidas, porque, em síntese, somos o que pensamos.

Por fim, o sétimo degrau é alcançado quando a criatura se torna uma fonte irradiadora de paz. Nessa condição, torna-se filho de Deus.

Na escada ascensional, após o sétimo degrau, alcançamos uma plataforma para subir, no mesmo processo, quando evidenciamos mais uma vez nossa pobreza de espírito, do primeiro ao sétimo degraus, repetindo até a perfeição. À medida que evoluímos, a altura dos degraus aumenta.

As duas últimas bem-aventuranças estão relacionadas às perseguições do mundo aos que testemunharem a mensagem cristã. No passado, as perseguições foram muito intensas e brutais, e o sangue derramado pelos mártires foi o catalisador da própria mensagem. Atualmente, os mártires continuam a existir, entretanto, no campo moral.

Após anunciar as bem-aventuranças, Jesus definiu quais são as características do verdadeiro cristão, utilizando as figuras do sal e da luz. Afirmou o Mestre: "Vós sois o sal da terra" e "Vós sois a luz do mundo". O sal só tem valor quando está condimentando a comida; por si só, vale pouca coisa. O mesmo acontece com o cristão, que só tem valor quando convivendo nos seus grupos de relacionamento. A exemplo do sal, a luz também só serve para iluminar os outros.

Depois de definir as características do verdadeiro cristão, o Mestre afirmou que não veio destruir a Lei Mosaica, e sim complementá-la. E começa a anunciar os complementos sempre de forma afirmativa, isto é, o que devemos fazer. Na Lei Mosaica, as prescrições são negativas: é o que não devemos fazer. Moisés ensinou o que não fazer; Jesus, o que fazer; e o Espiritismo, por que fazer.

Resumimos, a seguir, o sermão, colocando na primeira frase as tradições da Lei Mosaica e/ou alguns valores do mundo. Na segunda frase, em *itálico*, o complemento ensinado por Jesus:

- Não matarás. *Não matarás moralmente;*
- Não cometerás adultério. *Não adulterarás por pensamento;*
- Não dirás falso testemunho. *Seja o vosso falar: Sim, sim! Não, não!*
- Olho por olho, dente por dente. *Ofereça a outra face;*
- Amarás o teu próximo. *Amarás o inimigo;*
- Praticar a justiça perante os homens. *Não saiba a tua mão esquerda o que faz a direita;*
- Rezar de pé nas praças e sinagogas. *Ore a Deus em segredo;*
- No jejum, não fique com ar de tristeza. *Alegria nas atividades do bem;*
- Ajuntar tesouros na Terra. *Ajuntar tesouros no Céu;*
- Servir à riqueza. *Servir a Deus;*
- Preocupação excessiva com o sustento diário. *Confiar no Pai;*
- Prioridade para ganhos materiais. *Priorizar a edificação do Reino de Deus;*
- Julgar o próximo. *Com a medida com que medirdes, sereis medidos;*
- Proselitismo geral. *Não deis aos cães o que é santo;*
- Buscar a porta larga. *Entrar pela porta estreita;*
- Cuidado com as obras. *Os frutos identificarão os verdadeiros profetas;*
- Anunciar: Senhor, Senhor! *É preciso cumprir a vontade do Pai;*

Finalizando o Sermão da Montanha, um grandioso manifesto espiritual, o Mestre anunciou a parábola dos dois fundamentos.

A PARÁBOLA

Portanto, todo aquele que ouve essas minhas palavras e as pratica é semelhante ao homem prudente que ergue a sua casa sobre a rocha. E caiu a chuva torrencial, e transbordaram rios, e sopraram ventos, e precipitaram-se contra essa casa. E ela não caiu, porque tinha os fundamentos da rocha. Mas todo aquele que ouve essas minhas palavras e não as pratica será semelhante ao homem estulto, que edificou sua casa sobre a areia. E caiu chuva torrencial, e transbordaram rios, e precipitaram-se contra essa casa. E ela caiu. E foi grande o seu estrago. Quando Jesus concluiu essas palavras, aconteceu que as multidões se admiravam de sua doutrina, pois Ele os ensinava como alguém que tinha autoridade, e não como os escribas deles.

REFLEXÃO

Esta é outra grande questão colocada pelo Mestre para a humanidade. Onde queremos edificar nossas casas, ou melhor, nossas vidas? Na areia ou na pedra? Nos valores materiais ou espirituais? Na personalidade que passa ou na individualidade que permanece?

Ao edificarmos nossas vidas na areia, que é sempre mais fácil como a porta larga, quando chegarem os tempos de prova ou dor que todos nós passamos, nossa casa desabará. Quantos não se encaminham para os vícios, se afundam na loucura ou mesmo no suicídio? Ao edificarmos nossas casas sobre a rocha, teremos forças para enfrentar e vencer nossos problemas. Os temporais e os ventos passarão e nos manteremos de pé.

A parábola nos alerta, ainda, que apenas ouvir a verdade, mas não realizar em si mesmo, é uma insensatez: quem ouve e realiza é um "homem sábio". Concluímos que a diferença fundamental entre insensatez e sabedoria está em ouvir sem realizar e, por outro lado, em realizar o que ouviu. A escolha é nossa: insensatez ou sabedoria? Ouvir é conhecimento intelectual, realizar é transformá-lo em comportamento e atitude.

Sabemos que realizar é uma meta a ser perseguida, pois ainda estamos longe da realização completa. Devemos manter a meta, apesar das quedas e experiências falidas, pois é natural no nosso estágio evolutivo. O importante, portanto, é levantar sempre e seguir adiante, destemido e confiante.

> Referências: Mc 2:23 a 28, Lc 6:6 a 11, Mc 3:7 a 12, Mt 12:17 a 21, Lc 6:12 a 16, Mt 5:3 a 48, Mt 6:1 a 34, Mt 7:1 a 29

8

A PARÁBOLA DOS DOIS DEVEDORES
(*Lucas*, 7:36 a 50)

Encerrado o Sermão da Montanha, o povo, renovado de esperança, dispersou, e o Mestre, feliz, começou a descer do monte quando um leproso prostrou-se aos seus pés suplicando: "Senhor, se quiseres, bem podes tornar-me limpo". O Mestre, compadecido, disse-lhe: "Quero. Sê limpo".

A fé do leproso era do tamanho de um grão de mostarda. Jesus recomendou ao homem que atendesse as prescrições da lei e se apresentasse ao sacerdote, mas não desse divulgação do ocorrido. Ele, porém, saindo dali, divulgou o caso por toda parte, aumentando a fama de Jesus.

Quando estava chegando a Cafarnaum, logo recebeu o pedido do centurião da guarnição para cuidar do seu servo doente. Lembramos que Cafarnaum era uma cidade fronteiriça, com pequena guarnição. O centurião, por conhecer o ritual judeu de não entrar na casa de um pagão, afirmou que o Mestre não precisaria ir a sua casa para curar seu servo, pois não queria constrangê-lo. Ele era militar e conhecia bem a hierarquia. Jesus meditou, emocionado, e então afirmou que jamais vira tamanha fé em Israel. O Mestre encontrara a fé verdadeira num pagão e militar e não num religioso.

No final de julho do ano 31, o Mestre seguiu com seus discípulos e a multidão para Naim, distante trinta e dois quilômetros de Cafarnaum.

Na entrada da cidade, acontecia um cortejo fúnebre de um rapaz, acompanhado da sua dolorida mãe, que era viúva. Os enterros aconteciam à tarde, e os cemitérios ficavam fora dos povoados. O Mestre se apiedou e trouxe o rapaz à vida.

Enquanto isso, na Judeia, João Batista permanecia na prisão da fortaleza de Maqueronte, sofrendo e definhando fisicamente. Herodes considerava João um prisioneiro especial, concedendo-lhe algumas regalias. Assim, recebia visitas de amigos e discípulos que traziam notícias de Jesus. As últimas, porém, deixaram-no confuso. Talvez João esperasse, no fundo do seu íntimo, um Messias mais atuante nas classes dominantes e não uma criatura que vivesse entre os pecadores e o povo humilde.

Aprisionado, num momento de provação, surgiu a dúvida no seu espírito: Jesus era realmente o Messias esperado? Enviou, então, alguns discípulos à Galileia para interrogá-lo. Outra suposição para a descrença de João seria a influência da seita dos essênios, que viviam no deserto como ele, esperando a chegada do Messias. Eram rigoristas como João e tinham um entendimento apocalíptico imediato da implantação do Reino de Deus. Como acreditar em Jesus como Messias com tal visão?

O Mestre recebeu os mensageiros de João Batista, que tiveram a oportunidade de acompanhá-lo nas atividades diárias. Somente o Filho de Deus poderia realizar aquilo que seus olhos presenciavam. No dia do retorno com a resposta para João Batista, o Mestre endereçou para o Precursor o seguinte recado: "Também são bem-aventurados os que não duvidam de mim". Lição primorosa de Jesus. Jamais podemos duvidar do seu amor e da sua presença, principalmente nos momentos mais difíceis, quando somos provados.

Temendo que seus discípulos e a multidão tivessem um entendimento errôneo sobre João, pois a lição fora trazida para a humanidade, Jesus esclareceu sobre a condição espiritual do Batizador, afirmando que: "Dos nascidos de mulher, não há ninguém maior do que ele". Interpretamos a referência religiosa, considerando que, dentre os Espíritos que ainda necessitam de reencarnação, não há maior do que João.

A seguir, no início de agosto, o Mestre foi a Magdala, aldeia que ficava próxima e ao sul de Cafarnaum. Era um centro de comércio de muita prosperidade, famoso por sua indústria de moxama² e conservas de peixe. Tinha o principal porto do lago e uma estação de repouso para receber os muitos viajantes que buscavam prazeres fáceis. Nesse lugar, o lago tem sua maior largura. Lá, um dos fariseus o convidou para comer na sua casa. Os comensais tomam parte na refeição, recostados confortavelmente numa mesa baixa. Eis que, de repente, adentrou na casa, para surpresa dos anfitriões, uma mulher conhecida por seus enganos: Maria. As casas no Oriente são mais abertas que as do Ocidente, o que permite essas visitas.

Da vida de Maria pouco sabemos, apenas as referências sobre a influência dos Espíritos sofredores e que, antes de conhecer Jesus, vivia transtornada, vítima das paixões inferiores. Não sabia o que era viver de maneira sadia. A maioria dos estudiosos afirma que esta Maria não deve ser confundida com Maria Madalena. Reconheço, entretanto, minha simpatia pela opinião de que ela é a ex-obsediada de Magdala.

Trazia uma ânfora de alabastro cheia de bálsamo. Ajoelhou-se em frente de Jesus e começou a chorar. As lágrimas molharam-lhe os pés e ela resolveu secá-los com seus cabelos. Era uma desonra para uma mulher soltar o cabelo diante de varões, mas ela não se importou. Além disso, emocionada, beijou-lhe os pés e os ungiu com perfume. O fariseu, melindrado intimamente pela expressão de carinho, duvidou de Jesus: "Este, se fosse profeta, certamente saberia que é uma pecadora". O velho preconceito surgiu com força no espírito do fariseu. Foi quando o Mestre trouxe a parábola dos dois devedores.

---

2   N.E.: Peixe curado, salgado e seco, para melhor conservação (Dicionário Houaiss).

A PARÁBOLA

Certo credor tinha dois devedores: um que lhe devia quinhentos denários, e o outro, cinquenta. Não tendo nenhum dos dois o que restituir, perdoou-lhes a ambos. Quem, pois, terá maior amor? Respondeu-lhe Simão, o fariseu: Julgo que aquele a quem mais foi perdoado. Tornou-lhe: Julgaste bem. Voltando-se então para a mulher, assim falou a Simão: Estás vendo esta mulher? Eu entrei em tua casa, e tu não deste água para lavar os meus pés; esta, porém, lavou-me os pés com suas lágrimas e enxugou-os com os seus cabelos. Não me deste o ósculo; esta, porém, desde que entrou, não cessou de beijar-me os pés. Não ungiste com óleo minha cabeça: esta, porém, ungiu com perfume meus pés. Por isso te digo que lhe são perdoados os muitos pecados, porque ela muito amou. Tem menos amor aquele a quem menos se perdoa. A seguir, disse a ela: Teus pecados te são perdoados.

REFLEXÃO

O exemplo de Jesus é claro. Um homem generoso que compreende os apuros dos que não podem pagar o que devem. A dívida de um é grande: quinhentos denários, o salário de quase dois anos de trabalho no campo. A do segundo só chega a cinquenta denários, uma soma mais fácil de conseguir em sete semanas de trabalho. Qual dos dois será mais agradecido? A resposta de Simão é lógica.

A misericórdia de Deus não é uma bela teoria sugerida por suas parábolas; é uma realidade fascinante. Com Jesus estava chegando o "Deus dos que sofrem", e não o "Deus dos justos".

A visão do Deus de justiça não dava margem para um entendimento maior das fragilidades humanas. Os pecadores eram estigmatizados. A reação que os fariseus tiveram quando o Mestre comera na casa de Levi já tinha mostrado, claramente, como os que estavam em erro sofriam a sobrecarga do preconceito, a tal ponto que Jesus afirmara: "Eu vim para os que estão doentes". O que Ele quer é a transformação da criatura, não importando sua condição atual. Foi por isso que Ele desceu dos reinos solares para as sombras da Terra.

No Sermão da Montanha, o Mestre já recomendara que não devíamos olhar o cisco nos olhos dos nossos irmãos, no que somos muito eficientes, mas sim as traves que carregamos.

Na casa de Simão, Jesus recebeu a pecadora arrependida com carinho. Diante da luz, ficaram ressaltados, para ela, seus erros e enganos. Por isso chorou arrependida. É claro que o Mestre jamais anuiu com o erro. Maria, certamente, já estava cansada da sua vida e, nessa condição, ouvira falar de Jesus, que vinha anunciando um caminho de redenção para todos e ofertando a salvação, indistintamente, inclusive para os pecadores. Para quem estava em erro e queria renovar-se, Jesus era um refúgio seguro e amoroso.

Os nossos caminhos, como os antigos profetas anunciaram, podem ser retificados de duas maneiras: com amor ou com sacrifício. O amor retifica nossos erros e, com ele, conseguimos vencer outro grande obstáculo: o autoperdão diante de uma consciência acusadora.

A parábola está baseada na lógica dos sentimentos. Nosso amor a Deus cresce sempre que entendemos o quanto nós somos beneficiados por sua misericórdia. A dívida de um é grande, quase o salário de dois anos de trabalho. A do segundo é pequena, conseguida com o salário de uma semana. Além da bênção da vida, que se renova continuamente, a matemática divina é potencializada pela misericórdia do Pai.

Entretanto, a misericórdia do Pai para os que estão em erro só pode ser entendida, em toda sua plenitude, mediante a reencarnação. Na nova vida, poderemos retificar nossos caminhos, reconciliarmo-nos com nossos desafetos e nos ajustarmos à Lei de Deus. De fato, o perdão de Deus desperta alegria e gratidão. Os "perfeitos", entretanto, não se sentem pecadores, tampouco perdoados. Não precisam da misericórdia de Deus.

Por fim, destacamos, para reflexão, que na ceia pascal, comentada adiante, Jesus lavou os pés dos virtuosos apóstolos, enquanto teve seus pés lavados pelas lágrimas da pecadora. Maria nada pediu, entretanto tudo levou!

Referência: Lc 7:1 a 50

9

AS PARÁBOLAS DO REINO DIVIDIDO (*Lucas*, 11:14 a 23) E DO DEMÔNIO EXPULSO (*Lucas*, 11:24 a 26)

O Mestre ainda permaneceu na região de Magdala durante o mês de agosto, retornando para Cafarnaum em setembro. Certo dia, trouxeram-lhe um obsidiado mudo. O homem começou a falar após o afastamento da entidade sofredora que o subjugava. Quebravam-se os laços mentais, criados pelo ódio e mantidos pela consciência culpada, pelo amor inesgotável e pela moral ilibada e cristalina de Jesus. O povo, mais uma vez, ficou admirado.

A presença de Espíritos sofredores, como já comentamos, sempre foi uma constante durante o ministério público de Jesus, atraídos por seu magnetismo amoroso. Sua capacidade de afastá-los impressionava a todos. O povo, admirado, indagava de onde vinha tal poder. Intuitivamente, via a presença de Deus operando através do Mestre. Lembramos, ainda, que Ele sempre foi afrontado por Espíritos ignorantes e infelizes, que pretendiam criar dificuldades à sua missão luminosa.

Despeitados com as manifestações de louvor, alguns escribas, secundados por seus asseclas, começaram a afirmar que, se Jesus afastava esses Espíritos, é porque tinha parte com Belzebu, o chefe dos demônios. Provavelmente, um ídolo ou Espírito guia ligado aos rituais pagãos do Baal ("senhor", em hebraico), muito comum na época entre os povos semitas orientais, principalmente os cananitas. Conhecido também como Baal–zebube, o senhor do fumeiro ou do estrume, os judeus o tratavam com desprezo como o deus das moscas e o identificavam com o demônio. Posteriormente, essa figura seria considerada como o diabo, o líder do inferno. Na época, a palavra "diabo" significava "adversário" e não tinha a conotação teológica atual. Em sua defesa, Jesus apresentaria a parábola do reino dividido:

A PARÁBOLA DO REINO DIVIDIDO

Todo reino dividido contra si mesmo será desmoronado, e tombará casa sobre casa. Ora, se também satanás está dividido contra si mesmo, como poderá permanecer firme o seu reino? Porque vós dizeis que eu expulso demônios por virtude de Belzebu. Pois bem, se é por virtude de Belzebu que eu expulso demônios, os vossos filhos, por virtude de quem os expulsam? Por isso, eles próprios serão vossos juízes. Mas, se é pelo dedo de Deus que expulso demônios, então é chegado entre vós o Reino de Deus. Quando um homem forte bem armado guarda o seu palácio, tudo o que possui está em segurança. Se, porém, o atacar alguém mais forte do que ele e o vencer, lhe tirará todas as armas em que confiava e distribuirá os seus despojos. Quem não está comigo está contra mim. E quem não colhe comigo desperdiça.

REFLEXÃO

Quantos médiuns já não receberam as mesmas acusações ao longo do tempo? Os próprios espíritas também foram, e ainda o são, referenciados pelo preconceito religioso como servidores do diabo.

As parábolas do reino dividido (Lucas, 11:14-23) e do demônio expulso (Lucas, 11:24-26)

Argumento frágil, pois, se Jesus não fosse de Deus, não afastaria o Espírito sofredor como afirmou: "Todo o reino dividido contra si mesmo será desolado, e toda casa dividida contra si mesma não subsistirá". Ensinamento fundamental e um alerta vigoroso contra as lutas internas que ocorrem nas casas religiosas, nas famílias ou em qualquer grupo social. Não foi por outra razão que os romanos tinham um ditado: "Dividir para dominar".

Os judeus conheciam bem a questão, pois, após a morte do rei Salomão, o reino foi dividido em dois, por volta de 926 a.C., e acabou sucumbindo à dominação de outros povos. Lembramos também os cismas da Igreja nos séculos XI e XIV. Quantas divisões não ocorrem no seio dos grupos religiosos oriundas das lutas internas pelo poder?

A única luta interna que devemos incentivar é a que se desenvolve no nosso mundo interior, entre a personalidade transitória e a nossa individualidade imortal. Na essência, é uma luta de conquista, e não de destruição. O nosso lado "sombra" deve ser conquistado, e não destruído, pois representa experiências que nos ajudaram a evoluir.

Por fim, na continuação do diálogo, o Mestre revelou mais uma importante lição: "Quem não está comigo está contra mim. E quem não colhe comigo desperdiça". Estamos desperdiçando tempo, energias e oportunidades há dois mil anos. É muito tempo de descaso!

Na sequência, Jesus complementou: "Todo erro e má palavra será relevada ao homem; mas a má palavra do Espírito não será relevada". Nem tudo o que falamos, pensamos ou fazemos gera um carma. Muitas ações, inerentes a nossa personalidade no mundo, nos são relevadas. Nada obstante, tudo o que atinge o Espírito será contabilizado.

Finalmente, o Mestre ensinou a parábola do demônio expulso, que fala da ação dos obsessores.

A PARÁBOLA DO DEMÔNIO EXPULSO

Quando o Espírito imundo sai de um homem, anda por lugares desertos à procura de repouso e, não o encontrando, diz: Voltarei para minha casa, donde fui expulso. Quando vem, a encontra varrida e adornada. Então vai e tornam consigo outros sete Espíritos piores do que ele e, entrando, habitam aí. E a situação última desse homem torna-se pior do que a primeira.

REFLEXÃO

Era necessário trazer um esclarecimento, mesmo que superficial, sobre a ação dos obsessores. O Mestre já havia afastado vários e percebeu que devia trazer alguma orientação básica. O desconhecimento era total sobre o tema e, atualmente, ainda o é. Talvez nas escolas de mistérios houvesse algum entendimento da questão, que somente seria trazido, dezenove séculos depois, por Allan Kardec. A obsessão, ainda hoje, representa um dos grandes males da humanidade.

O obsessor, um Espírito não purificado e pouco esclarecido, liga-se mentalmente a uma criatura por quem sente ódio e sede de vingança, numa relação sintônica entre Espírito e homem. Essa conexão é referenciada por Jesus como "entrar nele", sentindo todas as sensações e emoções do desencarnado, e vice-versa. A Doutrina Espírita veio esclarecer os mecanismos, tipos e terapias das obsessões, contribuindo para a libertação das criaturas desse mal.

Quantas vezes o Espírito é afastado e retorna numa condição mais difícil, pois o obsediado, inconscientemente, está acostumado com o hospedeiro e não renova seu campo mental e suas atitudes. O obsessor retorna com a ajuda de outros Espíritos mais ignorantes do que ele.

Assim, mesmo diante da impossibilidade de abordar a questão da obsessão de forma clara, Jesus procurava alertar aqueles que eram beneficiados por sua interseção espiritual sobre a necessidade de reforma de atitudes e pensamentos para que a obsessão não voltasse numa maior intensidade. Não basta arrumar ou varrer a casa, que é uma ação superficial; é necessária uma reforma estruturante, uma verdadeira e consistente renovação interior.

Referências: Mc 3:3 a 21, Lc 11:14 a 23, Mt 12:31 a 37, Lc 11:24 a 26

10

A PARÁBOLA DO SEMEADOR
(*Mateus*, 13:3 a 8)

Jesus continuou seu apostolado na Galileia durante o mês de setembro de 31, passando por cidades e vilas, pregando a Boa-Nova. Com Ele seguiam os doze apóstolos e algumas mulheres: Maria de Madalena, Joana, esposa de Cuza, que era procurador de Herodes, Susana e outras mais. Embora vivendo numa sociedade patriarcal por excelência, o Mestre sempre dignificou a condição feminina.

No retorno a Cafarnaum, recebeu a visita de Maria, sua mãe, que foi encontrá-lo, como sempre, cercado pela multidão na casa de Pedro. Preocupada com as notícias distorcidas que chegavam a Nazaré sobre Jesus e suas ações, resolveu verificar por si mesma e foi visitá-lo. Chegando a casa, pediu às pessoas para avisá-lo de que estava no local com alguns familiares. Nessa ocasião, o Mestre aproveitaria para falar da família espiritual ao afirmar: "Quem é minha mãe e meus irmãos? Quem fizer a vontade de meu Pai, este é minha mãe e meus irmãos".

Após Maria retornar a Nazaré, Jesus resolveu dar início à pregação do Reino de Deus. Percebeu, entretanto, que seria difícil falar desse tema para uma multidão tão diversa, intelectual e espiritualmente, decidindo, então, empregar definitivamente a metodologia das parábolas.

Assim, no final do mês, anunciou, nas margens do lago de Genesaré, em Cafarnaum da Galileia, a parábola do semeador para os moradores da cidade e para os peregrinos. Veremos, a seguir, que, na sequência, Jesus anunciaria outras parábolas sobre o mesmo tema.

A PARÁBOLA

Naquele dia, saindo Jesus de casa, sentou-se à beira do lago de Genesaré. E reuniram-se perto dele grandes multidões, de modo que subiu numa barca e aí se sentou. O povo todo ficou de pé na praia. Então, Ele lhes falou muitas coisas em parábolas. E dizia: Eis que o semeador saiu para semear. Enquanto lançava as sementes, algumas caíram ao longo do caminho: e vieram as aves do céu e logo as comeram. Outras sementes caíram em terreno pedregoso, onde não havia muita terra: brotaram depressa, porque a terra não era profunda, e tendo saído o Sol, queimaram-se e, como não tinham raiz, secaram. Outras, caíram entre espinheiros: e cresceram os espinheiros e as sufocaram. Outras, caíram em boa terra e davam fruto: uma deu cem, outra sessenta, e outra deu trinta. Quem tem ouvidos que entenda.

REFLEXÃO

A parábola é um marco na pregação de Jesus, como se fosse um divisor de águas. Até então, Ele havia utilizado apenas ditos parabólicos. Os discípulos notaram e ficaram surpresos com a mudança. O Mestre, percebendo a surpresa deles, adiantou-se e explicou a parábola, tornando-a de mais fácil interpretação. Assim, vamos a sua explicação: "Vós, portanto, escutai a parábola do semeador: quando alguém ouve a Palavra do Reino e não compreende, vem o mau e tira o que foi semeado em seu coração:

esse é o que foi semeado à beira do caminho. O que foi semeado nos lugares pedregosos é quem ouve a palavra e logo a recebe com alegria, mas não tem em si raiz, então é de pouca duração: e sobrevindo a tribulação ou perseguição por causa da palavra, logo se escandaliza. O que foi semeado entre os espinhos é quem ouve a Palavra, mas, com as preocupações desta vida e ilusão das riquezas, abafam a palavra, e ela se torna infrutífera. E o que foi semeado na boa terra é quem ouve a palavra e a compreende, e verdadeiramente dá fruto, produzindo uns a cento, outros a sessenta e outros, trinta por um".

Jesus representou a palavra de Deus como semente, numa figura simbólica muito apropriada. A Galileia era uma sociedade agrária e os contemporâneos de Jesus viviam do campo. Os ouvintes sabiam o que é semear. A partir daí, descreveu quatro tipos ou categorias de pessoas, com relação ao seu posicionamento diante da semente, segundo interpretação de Carlos Torres Pastorino:

a) A primeira é dos que não compreendem a palavra do Reino e o mau (ignorância) desfaz o efeito do ensinamento;
b) A segunda é a dos que ouvem a Boa-Nova, mas não têm preparo espiritual para com ela superar dores e tribulações;
c) A terceira é dos que ouvem e gostam do ensino, mas o colocam em posição secundária, pois acima dele estão os interesses materiais;
d) A quarta é a dos que realmente respondem aos apelos e o fazem em diversos graus: trinta, sessenta e cem por um.

Na parábola, Jesus fala dos mistérios do Reino de Deus. E que mistérios são esses? Ele não é externo, mas interno; não é conquistado com os valores nem com o aplauso ou com as reverências do mundo; não é conquistado por meio de lutas e guerras, mas com a humildade e a caridade; é conquistado nesta vida, e não após a passagem do túmulo; a sua conquista é invisível e feita mediante serviço ao próximo.

A parábola tem dois momentos: o da sementeira e o da colheita, que é a irrupção do Reino de Deus dentro da criatura. A divisão ternária dos números do produto aponta para a realização de Deus, que supera todas as medidas.

O Mestre procura incentivar seus seguidores diante das dificuldades da semeadura da palavra. Ainda que, aos olhos humanos, muitos trabalhos pareçam inúteis e infrutíferos, a hora de Deus vem e, com ela, a bênção de uma colheita que supera tudo. Apesar dos aparentes insucessos e de toda oposição, Deus fará emergir, de um início aparentemente sem esperança, o fim magnífico que prometeu. Lição oportuna para todos os tempos, mas especialmente para o Cristianismo nascente.

É evidente que a palavra semeada deve sempre estar acompanhada da exemplificação, como ensinou Jesus, para sensibilizarmos aqueles com os quais nos relacionamos e a quem desejamos passar os valores espirituais.

A Doutrina Espírita ensina que todos os Espíritos estão destinados a ser um campo fértil, pela Lei do Progresso. Isso porque, criados por Deus, temos uma essência divina, que é manifestada quando o Espírito se aperfeiçoa. Entendemos, assim, por que Jesus, sendo um Espírito perfeito, manifestou a divindade e pôde afirmar: "Eu e o Pai somos um", ou "Eu estou no Pai, e o Pai está em mim", ou ainda "Quem me vê, vê a meu Pai". Nós também, um dia, manifestaremos a divindade que, no nosso caso, está enterrada. O Espírito Joanna de Ângelis, na sua obra-prima *Filhos de Deus*, psicografada pelo médium Divaldo Pereira Franco, designou essa parte divina como nosso cristo interno.

Por fim, gostaríamos de sugerir uma reflexão. No campo da agricultura, o tipo de terreno não pode ser mudado, pois ele é o que é, embora as técnicas modernas de agricultura possam torná-lo melhor. Entretanto, quando consideramos o campo do Espírito, nós temos o livre-arbítrio, a vontade e, principalmente, a ajuda de Deus para mudar nosso solo. Assim, essa parábola nos fala também do nosso livre-arbítrio. O que queremos para nossas vidas? Que tipo de solo espiritual nós somos e que tipo de solo queremos ser?

A parábola do semeador (Mateus, 13:3-8)

Primeiramente, precisamos avaliar que tipo de solo nós somos. Para tanto, precisamos fazer uma viagem ao nosso mundo interior e refletir sobre nossa condição espiritual. Assim, estaremos evitando algo muito prejudicial, que é a ilusão.

A ilusão surge quando não queremos enfrentar uma realidade difícil ou um problema. Ela é muito perigosa, pois, para mantê-la, criamos outras. No curto prazo, a ilusão é até boa, mas no longo prazo é terrível.

Naturalmente que há gradações nas ilusões. Existem as prejudiciais, quando afirmamos, por exemplo, não ler livros por falta de tempo. Ora, sem estudo, a criatura não conhece a verdade e, como o Mestre ensinou, não se liberta dos erros.

Existem, também, as ilusões catastróficas. A Doutrina Espírita evita uma delas: a crença de que nós somos apenas um corpo material. Engano fatal, pois somos Espíritos mergulhados na carne. Quem disso se conscientiza muda o comportamento e as prioridades. Consequentemente, o espírita, ao aportar de retorno no Mundo Espiritual, não poderá alegar que estava iludido diante dos seus erros e equívocos.

Allan Kardec, na pergunta 919 de *O livro dos espíritos*, recebeu a mesma orientação de Santo Agostinho, que destacou a necessidade da viagem de conhecimento interno. O grande filósofo cristão norte-africano recordou que, quando encarnado, realizava diariamente esse mergulho, sendo considerado como o primeiro pensador cristão a abordar esse tema. Não foi por outra razão que seu livro mais famoso foi chamado de *Confissões*, uma obra-prima estudada pelos maiores filósofos e santos da humanidade, onde o grande cristão tem a coragem de se expor publicamente.

Assim, após a viagem interior, podemos iniciar o processo de mudança do nosso campo espiritual. Basta querermos.

Referências: Mc 3:31 a 35, Lc 11:27 e 28, Lc 8:1 a 3, Mt 13:1 a 9

11

AS PARÁBOLAS DA LÂMPADA (*Mateus*, 13:10 a 23) E DO CAMPONÊS PACIENTE (*Marcos*, 4:23 a 25)

Os discípulos, surpreendidos com a nova metodologia, foram, em particular, indagar sobre as razões para tal: "Então, os discípulos, aproximando-se, perguntaram-lhe: Por que lhes falas por parábolas? Ele, respondendo, disse-lhes: Porque para vós foi dado conhecer os mistérios do Reino de Deus. A eles, porém, não foi concedido. Pois a quem já tem, lhe será dado, e terá em abundância. Mas quem não tem, até o que tem, lhe será tirado. Portanto, a eles eu falo em parábolas, porque, vendo, não enxergam e, ouvindo, não escutam ou compreendem. E neles se realiza a profecia de Isaías, o qual diz:

>Com os ouvidos ouvireis, e não entendereis;
>Com os olhos olhareis, e não enxergareis,
>Porque se entorpeceu o coração deste povo,
>Endureceram os ouvidos,
>E fecharam os olhos,
>Para que, vendo com os olhos
>e ouvindo com os ouvidos, não suceda que entendam com o coração
>e se convertam, para que Eu os salve.

> Felizes, porém, são os vossos olhos, porque enxergam, e os vossos ouvidos, porque escutam. De fato, na verdade vos digo, que muitos profetas e justos ansiaram por ver o que vós vedes e não viram ou ouviram o que vós ouvis e não ouviram.

Linda e contundente exortação de Jesus, recordando para os discípulos que, por séculos, o Messias fora aguardado com ansiedade e agora eles tinham a oportunidade única de vivenciar aqueles momentos. Nada obstante, a grande lição é que "olhar" vai além do sistema ótico bem conhecido da visão. O poeta e pintor inglês do século XIX, Willian Blake, afirmou: "a árvore que o sábio e o estulto veem são diferentes". O mesmo acontece com a audição.

As palavras de Isaías atestam a grandeza de Jesus e nos fazem entender que, ao falar por parábolas, demonstrou toda a sua misericórdia em sintonia com sua pedagogia. Perguntamos: seria possível Jesus trazer com clareza todas as verdades dois mil anos atrás?

Os discípulos, recém-designados, eram criaturas simples e humildes, com diferentes condições espirituais e, certamente, tinham dificuldades para entender o significado e a profundidade das parábolas. Os ensinamentos morais diretos eram de mais fácil compreensão.

Assim, durante o mês de outubro, Jesus permaneceu em Cafarnaum, priorizando as conversas mais reservadas quando possível, objetivando uma preparação maior para eles. Era necessário ampliar o entendimento e o conhecimento deles. O Mestre sabia das dificuldades que eles enfrentariam, bem como das responsabilidades que lhes pesavam nos ombros.

Certo dia de outubro, na casa de Pedro, o Mestre foi questionado novamente sobre essa metodologia. Se os discípulos tinham dificuldades, imaginamos como o povo, em geral, recebeu essas lições. Era uma questão para o momento, certamente, mas a pregação de Jesus era para a posteridade.

As parábolas da lâmpada (Mateus, 13:10-23) e do camponês paciente (Marcos, 4:23-25)

E eles não tinham esse entendimento. Nessa ocasião, o Mestre trouxe uma série de parábolas em sequência. Começaremos com as parábolas da lâmpada e da medida e, a seguir, a do camponês paciente.

A PARÁBOLA DA LÂMPADA

E dizia-lhes: Porventura, toma-se uma lanterna para colocar debaixo do alqueire ou do leito? Por acaso não é para colocar sobre o candelabro? Porque nada se oculta, senão para depois ser manifestado. Nem coisa alguma se esconde, senão para depois vir a lume. Se alguém tem ouvidos para entender, entenda. E dizia-lhes: Atenção para o que escutais: com a mesma medida com que medirdes, sereis medidos. E a vós que ouvis, será dado mais ainda. Porque a quem tem, lhe será dado. E a quem não tem, até o que tem lhe será tirado.

REFLEXÃO

Era preciso apresentar a verdade espiritual. O mundo romano, na época, ansiava por uma religião que lhe mostrasse o caminho da felicidade e uma esperança para o Além-Túmulo. A religião oficial romana mantida por burocratas estava preocupada apenas com rituais externos e com o cumprimento de algumas virtudes éticas, e não respondia às perguntas mais profundas. Por isso era comum muitas criaturas terem uma segunda religião, o que era tolerado pelas autoridades romanas. Além disso, não bastava conhecer o destino nos oráculos; seria necessária uma mensagem que fosse capaz de alterar o fatalismo, libertando a criatura do caráter definitivo do destino. Entretanto, Jesus o fez de maneira que, à medida que o entendimento da humanidade dilatasse, as criaturas perceberiam as lições. Ele forneceu uma compreensão progressiva aos seus seguidores e jamais quis trazer uma religião com mistérios.

Ainda hoje muitos não cumprem os Dez Mandamentos anunciados por Moises há cerca de três mil duzentos e cinquenta anos. Por isso, resumiu esse entendimento, poeticamente, na parábola da lâmpada e da medida.

Todas as verdades serão manifestadas, mesmo trazendo as reações naturais dos iludidos ou desmascarados. Santo Agostinho afirmava que a verdade tem poucos amigos.

O Mestre advertia, ainda, que, na medida em que a criatura incorpore esses conceitos nas suas atitudes, consequentemente, aumentará sua responsabilidade, pois mais se pedirá àquele que detém maior quinhão da verdade.

Na parábola, Jesus ainda afirmou: "Dá-se àquele que já tem e se tira daquele que não tem". Aparentemente paradoxal, esse importante ensinamento deve ser considerado simbolicamente. Não é Deus que retira, gasta ou perde, e sim a criatura iludida. Aquele que aproveita o que tem multiplica suas bênçãos. A humanidade tem, há dois mil anos, a seu dispor, o Evangelho e recebe inúmeras oportunidades de elevação, que são perdidas e não aproveitadas pela maioria.

O mesmo se dá com relação ao Reino de Deus. Jesus apresentaria a parábola do camponês paciente.

A PARÁBOLA DO CAMPONÊS PACIENTE

> Dizia ainda: Acontece no Reino de Deus o que sucede depois que um homem lança a semente na terra: de noite ele dorme, de dia está de pé, enquanto a semente germina e cresce, sem que ele saiba como. Por si mesma a terra produz primeiro a erva, depois a espiga e, por fim, trigo bem cheio na espiga. Quando o fruto está no ponto, ele lança a foice, porque é chegada a hora da colheita.

As parábolas da lâmpada (Mateus, 13:10-23) e do camponês paciente (Marcos, 4:23-25)

REFLEXÃO

Jesus prende a atenção, utilizando uma cena que as pessoas estavam acostumadas a contemplar, todos os anos, nos campos da Galileia: primeiro, as terras semeadas; poucos meses depois, campinas cobertas de messes. Só é preciso esperar que a colheita chegue.

Ao começar a falar sobre o Reino de Deus, Jesus sabia da grande ansiedade do povo judeu pela sua implantação, que foi, na verdade, a grande esperança que o sustentara por séculos de sofrimento. A dominação estrangeira e a pobreza criaram a expectativa do reino material e imediato. Ora, sendo o Reino de Deus uma construção interior, um processo longo e difícil, o Mestre se utilizou ainda da imagem do semeador, na figura do camponês que espera a colheita, exortando as criaturas para que tivessem paciência e, principalmente, confiança na construção do Reino. Precisamos confiar em Deus, acima de tudo.

A Doutrina Espírita afirma que, na natureza, não há saltos evolutivos. Isso significa que nossa santificação não virá da noite para o dia. É um processo mais ou menos lento, dependendo da nossa vontade. Assim, muitas vezes, após iniciado o processo, ficamos desanimados em face da repetição de velhos erros e hábitos indesejáveis. Parece-nos que não conseguiremos.

Como o camponês, devemos guardar a confiança na ação poderosa e oculta de Deus de que venceremos e, portanto, não podemos cair no desânimo. Se cairmos na estrada, é necessário levantarmos. A queda, no nosso estágio evolutivo, é natural. O que não é natural é permanecer caído. Lembremo-nos sempre de que Deus nos ama pelo que Ele é, e não por aquilo que fazemos.

E um dia, qual o camponês da parábola, sem saber como, o Reino é edificado no nosso mundo interior e uma alegria pacífica brota plena e pura, pacificando nosso espírito. Felizes, percebemos como valeram a pena os esforços realizados. O cristo interno que todos nós possuímos age continuamente, impulsionando-nos para frente. Mesmo diante de todas as nossas dificuldades e dores.

Referências: Mt 13:10 a 23, Mc 4:23 a 25

12

A PARÁBOLA DO JOIO E DO TRIGO
(*Mateus*, 13:24 a 30)

Já haviam decorrido nove meses de vida pública, e a semeadura da palavra prosseguia vitoriosa. Aproximando-se o final de outubro de 31, o Mestre resolveu abordar, simbolicamente, o ciclo evolutivo da Terra. Somente no século XIX, esse complexo tema seria explicado claramente pela Doutrina Espírita.

Na parábola do camponês paciente, Jesus exortou a confiança em Deus na certeza do processo da salvação, que é a edificação interior do Reino de Deus, como o desabrochar das espigas de trigo, complementado com o período da colheita, a saber: o juízo e a sentença. Os judeus esperavam o juízo e discutiam a sentença, embora de maneira superficial e, talvez, distorcida, de acordo com o entendimento da época. Uma abordagem desse tipo há dois mil anos não era tarefa simples e somente seria possível por meio de uma parábola. Mesmo assim, as alegorias da parábola do joio e do trigo deram margem às interpretações teológicas que muito influenciaram a humanidade e sustentaram a astúcia de muitos religiosos audaciosos.

A PARÁBOLA

Apresentou-lhes outra parábola, dizendo: O Reino dos Céus é semelhante a um homem que lançou boa semente no seu campo. Porém, enquanto os homens dormiam, veio o inimigo dele e semeou por cima o joio no meio do trigo e foi embora. Quando cresceu o trigo e produziu fruto, então apareceu também o joio. Foram, por isso, os servos do pai de família dizer-lhe: Senhor, porventura não semeaste boa semente no teu campo? E como é que apareceu joio? Respondeu-lhes: Foi o homem inimigo que fez isso. E os servos lhe disseram: Queres que vamos arrancá-lo? Ele disse: Não, para que talvez não aconteça que, arrancando o joio, arranqueis, juntamente com ele, também o trigo. Deixai que cresçam ambos até a colheita e, no tempo da colheita, direi aos ceifeiros: Colhei primeiro o joio e ligai-o em feixes para queimar; e o trigo, recolhei-o no meu celeiro.

REFLEXÃO

A parábola do joio e do trigo é, sem dúvida alguma, uma das que tiveram maior impacto na cristandade ao longo do tempo, pela interpretação elaborada pelos teólogos da ortodoxia cristã, pois é, essencialmente, uma peça alegórica. Com ela, se urdiu a tese das penas eternas, bem como uma justificativa para eventuais perseguições, que chegaram ao extremo na Inquisição.

A tese das penas eternas, em vez de conscientizar os homens, atemoriza e ameaça. Parece-nos um instrumento de dominação em busca do poder temporal. O medo é instrumento de dominação, e não de conscientização.

Esse tema é tão importante que as respostas em *O livro dos espíritos* foram umas das poucas assinadas, no caso, por São Luís, o grande rei francês Luís IX. No século XIII, ele deu o maior exemplo para a humanidade

A parábola do joio e do trigo (Mateus, 13:24-30)

sobre a lição imortal de Jesus de que não podemos servir a dois senhores. No século XIX, participou da falange de Espíritos Superiores que codificou a Doutrina Espírita.

Com essa introdução, vamos à mensagem da parábola. Após anunciar algumas parábolas sobre o Reino de Deus, que na essência significa a salvação, o Mestre apresentou uma parábola que nos fala do juízo e da sentença. Uma parábola alegórica para um tema complexo. E não poderia ser de outra forma. Registramos que, a exemplo da parábola do semeador, Jesus, instado pelos discípulos, trouxe uma explicação, como veremos adiante. Inicialmente, vamos esclarecer alguns pontos da história:

- A semeadura é boa e não há razão para a vigilância noturna do campo semeado, a não ser que o senhor tivesse um inimigo que, por vingança, semeasse, na escuridão da noite, o joio. Tal ação, na época, devia ser comum, pois era prevista no código penal romano;
- O joio é uma planta que apresenta grande semelhança com o trigo, pois frutifica em espigas, embora mais magras e menores. É um cereal venenoso que causa náuseas, devido a um cogumelo microscópico que vive em simbiose com o grão;
- Quando se formam as espigas, torna-se mais fácil distingui-las do trigo. Durante o crescimento, confunde-se com ele;
- Quando os lavradores percebem o fato, indagam do senhor como teria acontecido o desastre. O senhor explica e recomenda que aguardem a colheita, pois a diferenciação é mais fácil;
- O joio será colhido, reunido em feixes e queimado, enquanto o trigo será recolhido ao celeiro.

Por ser uma alegoria, os discípulos, ao chegarem à casa de Pedro, solicitaram, em particular, uma melhor explicação, como segue: "Tendo, então, deixado as turbas, veio para casa. E, aproximando-se, seus discípulos disseram: Explica-nos a parábola do joio do campo. Respondendo, disse: O semeador da boa semente é o filho do homem. O campo é o mundo; a boa semente são os filhos do Reino; o joio são os filhos do mal. O inimigo que o semeou é o adversário; a colheita é o fim do mundo; os ceifeiros são os Espíritos. Então, como é colhido o joio e queimado no fogo, assim será também no fim do mundo. O Filho do Homem mandará os seus mensageiros que lhe recolherão do Reino todos os escândalos, e aqueles que tiverem cometido iniquidades serão lançados na fornalha acesa. Aí haverá choro e ranger de dentes. Então os justos brilharão como o sol no Reino do Pai deles. Quem tem ouvidos que entenda".

Na explicação de Jesus, cada palavra tem o seu significado: o campo é o mundo, as boas sementes são os filhos do reino e assim por diante. Temos também uma comparação: assim como é colhido o joio e queimado no fogo, assim será no fim do mundo.

Analisemos o simbolismo dos termos:

- O semeador é o Filho do Homem. Jesus se autodenominou assim diversas vezes. Essa designação, como já vimos, foi utilizada pelo profeta Daniel. Também encontramos a expressão nos *Salmos* e em *Ezequiel*.
- O campo é o mundo. Já abordamos o significado da palavra "mundo" no contexto do Evangelho. Muitos confundem o mundo com o planeta Terra. Entretanto, simboliza o sistema de valores materiais que sempre norteou a humanidade. Entendemos, a partir desse conceito, algumas afirmativas de Jesus, tais como: "Os mansos herdarão a Terra", nesse caso, o planeta, ao mesmo tempo em que falava no "fim do mundo", significando a falência da soberania dos valores materiais que serão substituídos pelos espirituais. O Mestre, ao romper com o paradigma do sistema material, sofreu uma reação fortíssima, que culminou com sua crucificação.

A parábola do joio e do trigo (Mateus, 13:24-30)

Normalmente, para vencermos os paradigmas, precisamos sofrer, e isso vale para qualquer área do conhecimento humano.

Outro aspecto decorrente da interpretação equivocada do fim do mundo é que a humanidade espera o fim da Terra. Nas viradas de milênio, essa preocupação é maior. Historiadores relatam a comoção ocorrida na Europa no fim do século X d.C. Evidentemente, num tempo muito distante, mesmo a humanidade adotando um modelo de desenvolvimento sustentado, as energias da Terra vão se exaurir, e ela será naturalmente destruída para gerar novos planetas, que são campos de desenvolvimento espiritual.

Com tal entendimento, Jesus afirma que sua palavra será semeada junto aos que têm como valor a matéria, para passarem a valorizar o espírito. Como já abordamos, o Mestre afirmou na casa de Levi, em Cafarnaum, que tinha vindo para os doentes que desejavam a cura, e não para os saudáveis.

Dando sequência à análise, o Mestre afirma que:

- As boas sementes são os filhos do Reino, ou seja, aqueles que já despertaram para a verdade espiritual;
- O joio são os filhos do mal. Em algumas traduções, o mal é substituído pelo diabo. Evidentemente, não existem dois criadores: assim, os filhos do mal são aqueles que ainda não adotaram os valores espirituais. Entretanto, na Antiguidade, surgiram seitas babilônicas e até cristãs que tinham uma visão dualista equivocada do universo, com dois poderes distintos. Os reinos do bem e do mal ou da luz e das trevas. Nesse caso, a matéria era sempre vista como um mal;
- A colheita é o fim do mundo, significando o momento de transformação do nosso planeta da categoria atual, de provas e expiações, para um planeta de regeneração, segundo a conceituação espírita. Na teologia do Novo Testamento, a época da colheita é o juízo;

- Os ceifeiros são os Espíritos ou anjos que, em nome do Senhor, farão a triagem, avaliando os que, mesmo ainda com defeitos, já seguem o caminho do bem.

Então, como na colheita ocorre a separação ente o joio e o trigo, no fim do mundo ou no juízo, os Espíritos serão separados entre os filhos do reino e os filhos do mal. Os filhos do Reino herdarão a Terra, como afirmou o Mestre no Sermão da Montanha. Os filhos do mal, a exemplo do joio, que é reunido em feixes e queimado, serão reunidos na mesma sintonia vibracional e sofrerão com as chamas que simbolizam a purificação, em reencarnações expiatórias num planeta primitivo, contribuindo, a seu turno, com o progresso de lá. Na verdade, o Mestre falou do juízo e da sentença. A eternidade do fogo do inferno, advogada por alguns setores cristãos, é justificada na interpretação dogmática dessa parábola.

Outro aspecto de grande esperança para todos é a afirmação de que os justos brilharão, e não os discípulos. No Evangelho, o justo é um Espírito de boa vontade que, quando instado a fazer o mal, luta e faz o bem. Difícil seria se, em vez dos justos, Jesus tivesse afirmado os discípulos. Se fosse essa a condição, poucos permaneceriam no planeta. Isso porque, na definição de Jesus, para atingir o discipulado, o candidato deve atender a três condições que foram trazidas em lição definitiva. Essa passagem aconteceu em agosto do ano 31, e faremos referência no capítulo da parábola do servo impiedoso.

Afirmou o Mestre: "Quem quiser ser meu discípulo negue a si mesmo, tome a sua cruz e me siga". Nessa lição, são definidas as três condições para alcançarmos o discipulato:

- A primeira é negar a si mesmo. Quando encarnado, o Espírito vivencia uma experiência única e difícil, que é o desalinhamento entre o "eu pequeno", representado pela nossa personalidade transitória que desaparecerá com a morte, e o "Eu maior", representado pela nossa individualidade imortal. A recomendação de Jesus refere-se à nossa personalidade, isto é, redução do nosso personalismo expresso por orgulho, vaidade e egoísmo. No mergulho na matéria, vivemos em função do nosso "eu pequeno", esquecidos da nossa realidade espiritual. Esta é a grande luta: reduzirmos o nosso personalismo;

- A segunda é carregarmos as nossas cruzes. Cada ser tem a sua cruz no peso adequado, como nos ensina a Doutrina Espírita. O próprio Mestre carregou a dele, embora fosse uma cruz material, por algumas centenas de metros. No nosso caso, a cruz é espiritual e carregamos há muito tempo. São os nossos vícios. Interessante notar que os Espíritos que conseguem atender à primeira condição sustentam suas cruzes com júbilo e alegria, enquanto aqueles que ainda não conseguiram reclamam ao carregá-las. Basta estudarmos as vidas dos grandes discípulos de Jesus;
- A terceira condição é seguir Jesus. Condição bastante clara nas lições ensinadas nos Evangelhos.

Destacamos, ainda, com relação à lição, que o Mestre não impõe nada, deixando o nosso livre-arbítrio decidir se queremos ostentar o título mais honroso que podemos almejar por meio do convite inesquecível: "Quem quiser ser meu discípulo".

Voltando à parábola, destacamos ainda um aspecto acessório que encerra grandes lições. A convivência entre o joio e o trigo é recomendada pelo Senhor como forma de evitar atitudes separatistas violentas entre as pessoas. A convivência é a palavra-chave no processo evolutivo, principalmente quando consideramos as provações. Normalmente, o Espírito está envolvido em dois processos básicos de nível individual: expiação e provação.

A expiação é um decreto-lei, isto é, devemos pagar pelos nossos erros. Normalmente, são processos dolorosos que podem ser vivenciados tanto no mundo material quanto no espiritual. A expiação é antecedida pelo arrependimento, que é um processo positivo e precedida pela reparação, como nos ensina Allan Kardec.

Na provação, conforme o significado da palavra, o Espírito é provado se desenvolveu interiormente os dons de Deus. Nessa condição, o Espírito só pode ser provado na Terra por uma situação muito simples e única. É na matéria que as vibrações são equalizadas, isto é, existe convivência entre Espíritos de diferentes estágios evolutivos, o que não acontece no Plano Espiritual. Lá, só existe convivência entre Espíritos de mesma condição vibracional, isto é, o bom com o bom, ou o ignorante com o ignorante. A literatura espírita é rica de exemplos sobre as excursões dos Espíritos equilibrados nas regiões de sofrimento, onde precisam adensar o perispírito para serem identificados pelos Espíritos necessitados.

Ora, não havendo a convivência, só podemos ser provados na Terra. Como poderemos ser testados convivendo apenas com Espíritos afins? Como provar humildade vivendo com Espíritos humildes? O mesmo se dá com a condição de espírita. Ser espírita no Centro Espírita não tem muitos méritos. Nós somos chamados ao testemunho de nossa condição de espíritas em outros grupos de convivência, como na família e no trabalho, por exemplo.

Com relação às missões, todos são chamados a dar seu contributo ao progresso na Terra, por isso tem um caráter coletivo.

Referência: Mt 13:24 a 43

13

AS PARÁBOLAS DO REINO DE DEUS I
(*Mateus*, 13:31 a 33)

Por ser uma região subtropical, a Palestina tem praticamente duas estações: o verão, ou estação seca, com início em maio; e o inverno, ou estação das chuvas, no início de novembro. As primeiras chuvas chegam em setembro, amolecendo o solo para a sementeira dos cereais. Em outubro, inicia-se a colheita das azeitonas nas oliveiras.

No começo do inverno de 31, o Mestre ainda se encontrava em Cafarnaum, na casa de Pedro, ensinando sobre como tomar posse do Reino de Deus. Para Jesus, repetimos, o mais importante é o processo da salvação, e não o juízo e a sentença, um caminho que o Evangelho abriu para todos, homens e mulheres, e não somente aos ligados à antiga lei. Pertencer a determinada nação, classe social, sexo ou idade não passa de secundário. Como o apóstolo Paulo exclamaria: "Aqui não mais existe grego ou judeu, circunciso ou incircunciso, nativo ou estrangeiro, escravo ou livre. Cristo é tudo em todos". Por isso, apresentou mais cinco parábolas sobre o Reino de Deus, que vamos dividir em dois grupos.

A PARÁBOLA DO GRÃO DE MOSTARDA

E lhes propôs outra parábola, dizendo: É semelhante o Reino dos Céus a um grão de mostarda que um homem tomou e semeou no seu campo. É de fato a menor de todas as sementes. Quando, porém, cresce, é maior que todas as hortaliças e torna-se árvore a ponto de as aves do céu irem habitar em seus ramos.

A PARÁBOLA DO FERMENTO

Disse-lhes outra parábola: O Reino dos Céus é semelhante ao fermento que a mulher toma e mistura em três medidas de farinha, até que fique toda fermentada.

REFLEXÃO

Para acreditar no Reino de Deus proclamado por Jesus, as pessoas tinham que perceber que a vida é mais do que aquilo que a gente vê. O Mestre procurou utilizar elementos comuns do cotidiano para lhes mostrar que, mesmo não vendo, a vida operava invisivelmente rumo ao Pai. Tudo no universo nos leva ao Pai. Daí os exemplos bem conhecidos por eles do grão de mostarda e do fermento que agem, mas só vemos a resultante: o grande arbusto e o pão.

Por outro lado, a linguagem de Jesus é desconcertante e sem precedentes. Todos esperavam a vinda do Reino como algo poderoso e grande. Jesus poderia ter falado numa figueira ou palmeira. Para o profeta Ezequiel, que escreveu para os israelitas quando estavam exilados na Babilônia, era um "cedro magnífico" plantado por Deus numa montanha elevada e excelsa.

As parábolas do reino de Deus I (Mateus, 13:31-33)

Para Jesus, a verdadeira metáfora do Reino de Deus não nos faz pensar em algo grandioso, mas na semente da mostarda que sugere fragilidade.

Somente assim Jesus poderia sensibilizar um povo que esperava um reino havia séculos e, na sua maioria, sonhava com liberdade e fartura material. Eis que surge, então, um homem diferente, vindo da Galileia, uma região caipira da Palestina, declarando que o reino havia chegado. A maioria da multidão era composta dos deserdados do mundo, e o Mestre precisava trazer confiança e, como consequência, esperança para os que o ouviam.

Lição especial para os discípulos, pois teriam a responsabilidade de, após a sua crucificação, dar continuidade à mensagem cristã. Dessa forma, o Mestre aproveitou a figura da pequena semente de mostarda, arbusto comum na Palestina e que se transforma numa árvore frondosa de até quatro metros, para transmitir confiança aos primeiros seguidores de que a mensagem ia se desenvolver e crescer.

Cerca de vinte anos após a morte de Jesus, já havia grupos cristãos nas principais cidades do mundo romano. Atualmente, mais de um bilhão de criaturas encarnadas professam o Cristianismo e, um dia, o Reino de Deus também será instalado na Terra. Será que os discípulos, naquela época, imaginavam que a mensagem cresceria e impactaria o mundo?

A segunda parábola é a da mulher que faz o pão, costume tradicional na Palestina. Todas as semanas, na véspera do sábado, as mulheres se levantavam cedo e saíam ao pátio para fazer o pão. Antes do amanhecer, já estavam preparando a massa, introduziam o fermento e cobriam tudo com um pano de lã. Elas escondiam o fermento na massa da farinha de trigo em pequena quantidade, mas o suficiente para que a massa crescesse. Jesus certamente se lembrou de Maria fazendo pão na casinha de Nazaré.

Nessa parábola, identificamos um de seus inconfundíveis "exageros". Nenhuma mulher da Galileia preparava três medidas de farinha, que vêm a ser quarenta quilos de pão e podem alimentar cerca de cento e quarenta pessoas. As duas parábolas têm o mesmo sentido.

Vamos analisar as parábolas sob o prisma espiritual. Todas as criaturas têm dentro de si, como uma potencialidade da alma e decorrente da nossa genética divina, o cristo interno que se assemelha à pequena semente de mostarda ou ao fermento na massa. Com a evolução do Espírito, o cristo se manifestará e a criatura realizará tudo aquilo que Jesus realizou, isto é, seremos uma árvore frondosa. Recordemos sempre do fermento, pois ele atua lenta e silenciosamente de dentro para fora. Ninguém vê a causa invisível de efeito visível. O fermento é o elemento divino da alma. Precisamos, urgentemente, acreditar nessa verdade!

O caminho para o Reino é para dentro de si, impulsionado por fora, pois precisamos da ajuda do próximo. Somente com o amor a ele ofertado teremos forças para a edificação do reino tão almejado dentro do nosso íntimo. A pequena semente, enterrada, crescerá se adubarmos e regarmos o nosso espírito com o amor.

Referência: Mt 13:31 a 33

14

AS PARÁBOLAS DO REINO DE DEUS II
(*Mateus*, 13:44 a 50)

O mês de novembro corria normalmente em Cafarnaum. A vida, embora dura, seguia sem acontecimentos perturbadores. Imaginamos que esse período tenha sido especial para o Mestre, visto não ter acontecido nenhum problema maior durante as suas atividades. Um tempo propício para a semeadura.

Buscando sedimentar o conceito totalmente novo do Reino de Deus, que é fundamental, o Mestre continuou a falar por parábolas, confirmando o que Davi afirmara nos *Salmos* (78:2): "Abrirei em parábolas a minha boca: manifestarei coisas que estiveram ocultas desde a criação".

Precisamos entender, igualmente, que os conceitos de reino e de rei ainda são confusos para a maioria das pessoas. Na época, havia uma verdadeira obsessão de Israel pela soberania da nação, surgida pelas profecias de que Deus enviaria um libertador da família real de Davi. Entretanto, a realeza de Jesus era espiritual, e não do mundo. O próprio João Batista, como já comentado, também ficou confuso com o proceder de Jesus. O Messias esperado, no arquétipo popular, era um rei. Nesse sentido, o Mestre apresentou três parábolas, em sequência, com o mesmo significado.

A PARÁBOLA DO TESOURO

É semelhante o Reino dos Céus a um tesouro escondido no campo: um homem o encontra e aí o deixa escondido. Cheio de alegria, vai, vende tudo o que tem e compra esse campo.

A PARÁBOLA DA PÉROLA

É ainda semelhante o Reino dos Céus a um mercador que sai à procura de pérolas raras. Encontrando uma pérola de grande valor, vai, vende tudo o que tem e a compra.

A PARÁBOLA DA REDE

É também semelhante o Reino dos Céus a uma rede lançada ao mar e que recolhe peixes de toda sorte. Quando fica repleta, os pescadores arrastam-na para fora e, sentados na praia, escolhem os bons para os cestos e jogam fora os maus. Assim será no fim do mundo: sairão os anjos e retirarão os maus do meio dos justos e os lançarão na fornalha acesa. Aí haverá choro e ranger de dentes.

REFLEXÃO

Nas três parábolas, o Mestre volta a ressaltar a importância do Reino de Deus nas nossas vidas. O Reino não é de construção imediata, exigindo esforço e luta para sua edificação no nosso mundo interior. Para tanto, é necessária a conscientização dessa importância e o início do processo de renovação interior o mais breve possível.

As parábolas do reino de deus II (Mateus, 13:44-50)

As parábolas são baseadas em situações corriqueiras da época. Nas duas primeiras, compara o significado do reino utilizando figuras de valor para o mundo, tais como o tesouro e a pérola.

Na primeira, o Mestre cita o caso de um pobre agricultor que encontra um tesouro escondido no campo, o que não deveria ser tão incomum, visto que não existiam bancos e os valores deveriam ser enterrados para protegê-los dos ladrões e dos soldados durante as invasões. Certamente, naquele tempo, muitos deviam procurar tesouros enterrados. Podemos imaginar a sua surpresa e alegria, pois era o sonho de muitos camponeses.

Na segunda parábola, o protagonista é um rico comerciante de pérolas que encontra uma de valor incalculável. Seu faro não o engana e, rapidamente, ele toma uma decisão. Vende tudo o que tem e fica com ela.

Em ambos os casos, homens alegres e felizes vendem tudo o que têm para obter o tesouro e a pérola. Eles, ao descobrirem a importância dos achados, colocaram acima de tudo a sua obtenção. Não perderam a oportunidade! A alegria é tal que supera todas as medidas. Ela arrebata a criatura, atinge o mais íntimo e excede a compreensão. Tudo empalidece diante do brilho achado. Nenhum preço é alto demais. Assim se passa no Reino de Deus. A irrupção da Boa-Nova arrebata, gera grande alegria e orienta toda a vida para a consumação da comunhão com Deus, operando a entrega apaixonada na luta por sua posse.

Com a parábola da rede, Jesus traz um alerta adicional ao relacionar o Reino de Deus com a salvação. No juízo, na transição planetária, os Espíritos indiferentes e ignorantes serão retirados e lançados na fornalha acesa das reencarnações dolorosas num planeta primitivo. O texto lembra a parábola do joio e do trigo.

As três parábolas enfatizam a lição já trazida no Sermão da Montanha, de que, além das nossas preocupações do dia a dia do que vamos beber, comer ou vestir, está a de procurarmos, acima de tudo, o Reino de Deus. Essa deve ser a nossa prioridade da vida! É importante fazermos uma reflexão interior. Será que estamos priorizando a procura do reino nas nossas vidas? Procurar, antes de qualquer coisa, é priorizar e, segundo Jesus, se assim procedermos, tudo o mais nos será dado, seguindo uma lógica irretorquível de quem dá o mais também dará o menos. Deus nos deu a vida, que é o mais, e, certamente, nos ajudará no menos.

Por fim, registramos que tanto a pérola dentro das conchas no fundo do mar quanto o tesouro enterrado e a rede que exerce seu papel no interior das águas são figuras que bem representam o Reino de Deus, tal e qual um valor interior. Para descobri-lo, precisamos mergulhar no nosso mundo íntimo. No caso da pérola, podemos extrair outra lição, pois ela só é formada se a concha é machucada. De igual maneira, precisamos reduzir o nosso personalismo para que a nossa pérola interior possa brilhar.

Ao encerrar o ciclo de parábolas sobre o Reino de Deus, o Mestre perguntou aos ouvintes: "Compreendestes tudo isso? Disseram-lhe: Sim". Certamente, compreender é um primeiro passo importante. O segundo, e mais difícil, é pôr em prática. Com a resposta, Jesus complementa o ensinamento, dirigindo-se, em especial, aos religiosos ligados ao templo que lá se encontravam: "Por isso qualquer escriba instruído no Reino dos Céus é semelhante ao pai de família que tira do seu cofre coisas novas e velhas". Isto é, os valores imperecíveis do Velho e do Novo Testamento.

Jesus encerrou os ensinamentos sobre a confiança, a paciência e a importância de participar do Reino de Deus, como também os temas da salvação, do juízo e da sentença, com uma comparação especial para Cafarnaum, pois era uma cidade que tinha uma intensa atividade pesqueira, embora rudimentar, supridora até da cidade de Jerusalém, já que o Mar Morto não tinha peixes.

Por fim repetimos: o Reino de Deus é uma oportunidade que ninguém deverá deixar passar. É preciso arriscar tudo, pois todo o resto é secundário.

Referência: Mt 13:34 e 35 e 44 a 52

O MINISTÉRIO PÚBLICO DE JESUS – 2º ANO

15

AS PARÁBOLAS DA VERDADEIRA PUREZA (*Marcos*, 7:14 a 16) E DOS CEGOS QUE GUIAM CEGOS (*Mateus*, 15:1 a 20)

As duas parábolas foram ensinadas somente em maio do ano 32. Nos quatro primeiros meses do ano, Jesus falou apenas por ensinamentos diretos ou ditos (logias). Faremos, antes de comentá-las, um resumo das suas atividades no período.

Como já vimos, nos últimos dois meses do ano 31, o Mestre focalizou seus ensinamentos no Reino de Deus. Estando por iniciar o ano 32, Jesus convocou os discípulos e cruzaram o lago de Genesaré, em direção à região de Gerasa, na margem oriental do lago, tradicional centro de cultura grega na Palestina, distando oito quilômetros da margem. Durante a travessia, desencadeou-se forte vendaval, formando perigosas ondas que colocaram em risco a pequena embarcação. Jesus dormia na popa. Acordado pelos aflitos discípulos, o Mestre acalmou a tempestade e as águas, aproveitando para trazer uma lição contra o medo, perguntando-lhes: "Por que tanto medo? Ainda não tendes fé?".

Lição significativa, porque quem navega nas águas da vida com Jesus não pode ter medo ou receios. Outro ensinamento que podemos extrair é que, na travessia da vida, quando o Cristo está adormecido no nosso íntimo, ela é difícil, cheia de tempestades e problemas. Opostamente, quando o Cristo está desperto, as águas tornam-se tranquilas, embora os problemas possam ocorrer.

Vivia, na ocasião, entre os túmulos fora da cidade, um possesso que logo se dirigiu para a comitiva de Jesus. Jamais alguém conseguira dominá-lo, pois arrebentava algemas e partia grilhões. Subjugado por forças nefastas, o pobre homem tinha o corpo coberto por equimoses e hematomas. O Mestre, sem se atemorizar e condoído com a situação, resolveu ir em sua direção. Ao se aproximar, o Espírito obsessor manifestou-se, reconhecendo a condição espiritual diferenciada do Cristo. Afirmou, ainda, não estar sozinho e reclamou por que Ele viera atormentá-los. Realmente, ao se aproximar da luz, mais ficam ressaltadas as imperfeições dos Espíritos, e a reação é imediata.

Os Espíritos infelizes atenderam à ordem e se afastaram. Entretanto, ao fazerem, aproximaram-se de uma vara de porcos em busca da fluidificação vital que lhes sustentasse a necessidade de materialização. Os pobres animais, assustados, caíram nas águas do lago e se afogaram.

O ex-obsediado se tranquilizou. Alguns moradores acorreram ao local e, longe de se impressionarem com o que havia acontecido, pediram para Jesus ir embora, com medo de que tivessem outros prejuízos, além da perda dos porcos. O homem favorecido pela intervenção divina tornou-se um divulgador da Boa-Nova naquela região, por orientação do próprio Mestre.

Após esse tocante acontecimento, Jesus retornou a Cafarnaum, onde recebeu um pedido humilde e reconhecido de Jairo, chefe da sinagoga, para curar sua filha. Jesus enfatizou mais uma vez a lição, antes de atender ao pedido: "Jairo, não temas: crê somente e será salva". A doença da filha vencera suas convicções e sua atitude foi muito comentada na cidade, o que mostrou a seriedade do Mestre. Dias depois, aconteceu uma das curas mais interessantes do seu ministério público: a da mulher hemorroíssa. Doente havia doze anos, a mulher ouviu falar de Jesus e resolveu procurá-lo. A multidão cercava-o, criando uma barreira para sua aproximação. Decidida, esgueirou-se por entre a multidão, tocou-lhe a túnica e foi curada. O Mestre sentiu algo diferente e perguntou: "Quem foi que me tocou as vestes?".

Ficamos sempre emocionados diante da fé que remove montanhas. Não importa onde estivermos. Mesmo cercados pela multidão, podemos sempre estar com o Divino Amigo. Jesus admirava os que tinham fé e iam ser curados, comparativamente aos que desenvolveram a fé após serem curados. A mulher, temerosa, aproximou-se e declarou por que lhe havia tocado e como logo sarara. Disse-lhe então Jesus, emocionado: "Tem bom ânimo, filha, a tua fé te salvou. Vai-te em paz".

Ainda em janeiro de 32, após curar um possesso mudo, Jesus resolveu visitar Nazaré, a cidade onde havia crescido. Fazia um ano desde que saíra da cidade natal, retornando agora com discípulos e fama. Após visitar Maria, dirigiu-se, de imediato, à sinagoga, onde fez a leitura de costume. O trecho era de Isaías e fazia referência à missão do Messias. Ao terminar, Ele afirmou: "Hoje se cumpriu a Escritura que acabais de ouvir". Após alguns momentos de admiração, começou a surgir uma reação que se intensificou e dominou a audiência. Jesus não era o filho do humilde José, o "faz-tudo" de Nazaré? Como podia afirmar ousadamente que Ele cumpria as Escrituras? Ao ser questionado, Jesus fez uma afirmativa famosa: "Nenhum profeta é reconhecido na sua própria pátria". Aliás, a frase seria repetida mais três vezes no Novo Testamento. Na sequência, Jesus foi expulso da sinagoga e levado ao monte do Precipício, onde quase foi apedrejado. Lição fundamental: os nossos maiores desafios encontram-se dentro da nossa própria casa, quer seja o nosso íntimo ou nossa família.

No retorno para Cafarnaum, Jesus refletiu sobre o tempo que passava célere e a necessidade de agir rapidamente para intensificar a propagação da mensagem cristã, anotando que: "A vinha é grande, mas os trabalhadores são poucos". Atualmente, a situação melhorou, pois muita gente tem trabalhado no bem, anonimamente, mas a demanda é crescente e aguarda os seareiros do bem.

O Mestre resolveu reunir seus doze apóstolos, formou seis grupos de dois e os enviou para semear a palavra na Galileia e adjacências, sem antes conferir-lhes poder de curar e afastar Espíritos obsessores. Jesus os orientou com uma série de instruções básicas para a viagem, advertências quanto às perseguições, estímulos ao cumprimento do dever, sobre as dificuldades e recompensas. Nós, que somos peregrinos na Terra, devemos estudar bem as orientações de Jesus descritas no capítulo 10 de Mateus. O objetivo dessa primeira missão era sensibilizar os judeus, que já tinham o conhecimento da lei.

Corria o mês de fevereiro de 32, quando uma triste notícia rapidamente se espalhou por toda a Judeia. O martírio de João Batista, após trezentos dias de sofrida prisão na fortaleza de Maqueronte. O vitorioso Espírito retornava ao Mundo Espiritual, vítima de um ardil engendrado por Herodíades, que não hesitou em utilizar os encantos de sua filha Salomé para exigir de Herodes Antipas a cabeça de João. Recordamos as palavras de Jesus: "Dos nascidos de mulher, não existe ninguém maior que o Batista". Ele cumprira, com fidelidade, a sua honrosa missão de ser o anunciador do Messias.

Quando os animados discípulos retornaram em março, o Mestre resolveu ter uma conversa mais íntima com eles sobre o trabalho realizado. Tomaram uma barca e seguiram para a margem oposta do lago. O povo incansável, entretanto, seguiu-lhes pela margem. Quando o Mestre aportou, a multidão já os esperava. Jesus, resignado por ver seus planos frustrados, apiedou-se e começou a ensinar-lhes.

O tempo passou e veio a necessidade da alimentação. Jesus, então, fez a primeira multiplicação dos pães. Foi uma alegria geral. A multidão vislumbrou um paraíso na Terra. Não precisariam mais trabalhar nas plantações nos dias quentes, ou pescar nas noites frias. Para tanto, bastava aclamar Jesus, rei. Recordamos, aqui, o episódio das tentações já comentado. O Mestre se apressou em deixá-los, pois não era para transformar pedras em pães que Ele viera ao mundo. Suas prioridades já haviam sido decididas no início do seu ministério público.

As parábolas da verdadeira pureza (Marcos, 7:14-16) e dos cegos que guiam cegos (Mateus, 15:1-20)

Na manhã seguinte, a multidão procurou Jesus. Talvez quisessem o café da manhã. Verificaram que seu barco não estava mais lá. Retornaram para Cafarnaum e foram encontrá-lo na casa de Pedro. Nessa ocasião, Jesus afirmou: "Em verdade, em verdade, vos digo: vós me procurais não porque vistes prodígios, mas porque comestes do pão e ficastes satisfeitos. Trabalhai não pelo alimento que perece, mas pelo alimento que permanece até a vida eterna, alimento este que o Filho do Homem vos dará". Ouvindo isso, lhe disseram: "Senhor, dá-nos sempre esse pão!". E Jesus disse-lhes: "Eu sou o pão da vida. Quem vier a mim não terá mais fome, e quem crer em mim nunca mais terá sede". O Cristo é a base e o sustento da vida e quem o encontra jamais sentirá fome espiritual. Mas, para que isso aconteça, precisamos esforço e suor para a inevitável renovação interior.

Por essa época, algumas pessoas que o acompanhavam desistiram de fazê-lo, afirmando: "É duro esse sermão, e quem pode escutá-lo?". Ainda hoje é assim. Muitos acham as lições de Jesus radicais. Como amar o inimigo? Como perdoar setenta vezes sete vezes?

Os próprios discípulos comentavam entre si as dificuldades da senda proposta pelo Mestre. Jesus alertou novamente: "É o espírito que dá a vida: a carne de nada serve. As palavras que eu vos tenho dito são espírito e vida. Mas, entre vós, existem alguns que não creem". E finalizaria para os doze apóstolos: "Porventura não quereis também vós ir embora?". Pedro, respondendo por todos, afirmou que não. Jesus tornou a dizer: "Porventura não sois doze os que escolhi? No entanto, um de vós é demônio".

O Mestre encerrou o discurso, fazendo menção indireta a Judas, quase um ano antes da traição. Talvez, como todo o povo judeu, os discípulos esperassem ver Jesus na condição de Messias, como um rei na Terra, condição recusada por Ele após a primeira multiplicação dos pães. O desengano teve efeito devastador em Judas, que acabou amargurado e, na sequência, pequeno e mesquinho. Talvez o escândalo necessário de Judas tenha se iniciado naquele momento.

Jesus permaneceu até meados de março na Galileia e, como se aproximasse a festividade da Páscoa, resolveu viajar para Jerusalém, na Judeia. Durante a festividade, ocorreu a famosa passagem do paralítico da piscina de Betesda, balneário ao estilo romano, no norte da cidade. A Jerusalém do século I possuía diversos tanques grandes de água, e o de Betesda, ao norte do monte do templo e alimentado por água de chuva armazenada, era especial, visto que havia uma lenda popular relacionada a ele. De tempos em tempos, os anjos do Senhor faziam turbilhonar as águas, e o primeiro doente a entrar nelas ficaria curado. A piscina ficava perto da Porta das Ovelhas, muito popular em Jerusalém, por onde passavam os animais para os sacrifícios no templo.

O paralítico deitado numa cama não tinha chance. O Mestre se apiedou e curou o homem. Entretanto, era sábado, o dia do descanso. Dentre as várias recomendações, havia a determinação de que ninguém podia curar ou carregar um catre nas costas.

O ex-paralítico foi cobrado com veemência pelos sacerdotes para saber quem o havia curado, mas ele desconhecia o benfeitor. Entretanto, depois, encontrando o Mestre no templo, foi aos sacerdotes avisá-los de que o achara, numa atitude de ética duvidosa, beirando a ingratidão. Nós também somos ingratos com Jesus diante de tantos benefícios recebidos. Os sacerdotes cercaram o Salvador e começaram a interrogá-lo com irritação e desequilíbrio. Foi então que Jesus anunciou um ensinamento famoso: "O meu Pai obra até agora, e eu também obro". Os sacerdotes ficaram irados ao ponto de desejarem matá-lo, pois, melindrados, não suportavam a sua grandeza. Lição extraordinária do Mestre, exaltando a continuidade da criação que se manifesta de forma clara na diversidade impressionante da vida no planeta e na grandeza do universo. Todos os seres criados, em qualquer condição evolutiva, tornam-se cocriadores com o Pai, em plano menor. Evidentemente, os Espíritos perfeitos são cocriadores em plano maior, como nos ensina o evangelizado Emmanuel no livro *A caminho da luz*, já mencionado.

Após a Páscoa, Jesus retornou para a Galileia, pois o ambiente em Jerusalém estava muito agressivo e ainda não havia chegado a sua hora. A partir de então, o Sinédrio destacou um grupo de sacerdotes para acompanhá-lo, fiscalizá-lo e vigiá-lo de perto. Num dia de maio, o grupo espião observou que seus discípulos comiam com as mãos impuras, isto é, não lavadas, não atendendo as tradições dos antigos. Certamente, o Mestre era a favor da higiene, mas contrário a sua utilização para conferir religiosidade a alguém, Jesus, então, afirmaria: "Bem profetizou Isaías a respeito de vós, ó hipócritas, como está escrito: Este povo honra-me com os lábios, mas o seu coração está longe de mim. Inutilmente, porém, prestam-me culto, ensinando doutrinas que são preceitos dos homens. Porque, menosprezando o mandamento de Deus, ficais apegados à tradição dos homens".

Apegados mentalmente às centenas de prescrições da lei, esqueciam-se do principal: o amor. Voltando-se para o povo, trouxe a parábola da verdadeira pureza:

A PARÁBOLA DA VERDADEIRA PUREZA

> Nada existe fora do homem que, entrando nele, o possa manchar. Mas o que procede do homem, isso é o que mancha o homem. Se alguém tem ouvidos para entender, entenda.

REFLEXÃO

Logo que retornaram à casa de Pedro, os discípulos o interrogaram a respeito da parábola. Jesus, surpreendido com a incompreensão demonstrada por seus seguidores, afirmou: "Não entendeis que tudo o que de fora entra no homem não pode contaminá-lo porque não lhe entra no coração, mas vai ao estômago, e por fim vai terminar numa fossa? O mal que sai do homem é que contamina o homem, pois do seu coração é que procedem os maus pensamentos".

Bem sabemos que os maus pensamentos contaminam o homem, levando ao desequilíbrio orgânico. Os bacilos da inveja, do egoísmo, do orgulho, do ódio e da raiva, quais invasores internos, tornam impuro o corpo físico e ulceram as estruturas celulares.

Esse tema é comumente relacionado à prática do vegetarianismo, que é muito saudável. A questão controversa é conferir valor religioso à sua adoção. Não é porque o homem não come carne que ele é puro espiritualmente. Vários são os exemplos conhecidos, destacando o de Adolf Hitler.

Evidentemente que, nas atuais condições morais da humanidade, é natural a carne no cardápio. No futuro, deveremos buscar um equilíbrio nessa posição. Ademais, cada organismo é específico, e certas pessoas necessitam da proteína animal para o seu equilíbrio orgânico.

Registramos ainda que a humanidade sempre foi ligada a fórmulas, rituais, objetos, alimentos ou receitas de purificação. O próprio batismo, realizado por judeus e essênios na época de Jesus, era um ritual de pureza. Entretanto, somente a atitude interna pode tornar alguém puro.

Recordamos que o apóstolo Pedro somente foi ao encontro do centurião Cornélio, da corte "Itálica", sediada em Cesareia, após um êxtase, quando se encontrava em Jope, e as Vozes do Céu se dirigiram a ele, esclarecendo: "Não te atrevas a chamar imundo o que Deus tornou puro!". (At 10).

Por fim, os discípulos comentaram que os fariseus ficaram escandalizados com o que tinham acabado de ouvir. Jesus, então, trouxe a parábola dos cegos que guiam cegos.

As parábolas da verdadeira pureza (Marcos, 7:14-16) e dos cegos que guiam cegos (Mateus, 15:1-20)

A PARÁBOLA DOS CEGOS QUE GUIAM CEGOS

Toda planta que o meu Pai não plantou será arrancada. Deixai-os: são cegos que guiam cegos. Ora, se um cego guia outro cego, ambos cairão no buraco!

REFLEXÃO

Durante o seu ministério público, Jesus fez referências de que os fariseus eram cegos. No caso, uma cegueira espiritual, que é pior do que a física. Quantos casos recentes já aconteceram com comunidades religiosas guiadas por cegos espirituais que conduziam outros cegos e acabaram todos caindo e até morrendo.

Cego espiritual é aquele que não vê que a vida é muito mais do que os nossos olhos físicos podem enxergar. Sabemos que muitos ainda são cegos para a realidade espiritual. Outros são míopes espirituais de diversos graus. Por fim, existem aqueles que desenvolveram o que é conhecido há muito tempo no Oriente como a terceira visão ou "olho de Shiva".

A terceira visão está ligada à glândula pineal, que desde a Antiguidade é conhecida como a sede da alma. A Doutrina Espírita a considera como órgão da vida mental, como se fosse um sensor capaz de ver o Mundo Espiritual, responsável pelas intuições transcendentes e expansão da consciência.

Referência: Mc 4:35 a 41, Mc 5:1 a 43, Mt 8:27 a 31, Mt 9:32 a 38, Lc 4:16 a 30, Mt 10:16 a 42, Mc 6:17 a 44, Jo 6:14 e 15, Mt 14:22 a 36, Jo 5:1 a 47, Jo 6:22 a 71, Mt 15:1 a 20

16

A PARÁBOLA DO DEVEDOR CRUEL
(*Mateus*, 18:23 a 35)

No final de maio, Jesus saiu da Galileia e seguiu em excursão missionária para as cidades de Sidônia e Tiro, às margens do Mar Mediterrâneo. Eram cidades gêmeas, distantes quarenta quilômetros. Sidônia foi um próspero centro comercial e político, terra dos antigos cananeus, que se misturaram aos sírios e incorporaram vários cultos e deuses. Tiro, muito citada no Velho Testamento, foi um armazém do mundo, pois seus mercadores foram os primeiros a se aventurarem no Mediterrâneo, e ficou famosa por um tipo de tinta púrpura, produzida a partir de conchas da região.

O Mestre nunca fora tão longe numa região pagã e procurou ser discreto, para não chamar atenção. Para tanto, não realizou curas; apenas ensinou sua mensagem. Entretanto, ao saírem de Tiro, tiveram uma surpresa. Uma mulher pagã sírio-fenícia (cananita) lhe implorou pela libertação da sua filha, que sofria grave obsessão. Embora pagã, Jesus ficou admirado com sua fé. Talvez pretendendo trazer uma lição para os discípulos que tentaram obstruir sua aproximação, Jesus afirmou que, antes de alimentar o cãozinho, era necessário atender ao filho. A mulher respondeu: "É verdade, Senhor, mas os cachorrinhos comem debaixo da mesa as migalhas dos filhos!". Impressionado com a resposta, Jesus atendeu ao pedido da mulher. Os discípulos ficaram surpresos.

De fato, Jesus convidara inicialmente os judeus (filhos) e não os pagãos (cachorrinhos). Na época, chamar alguém de cão era ofensa grave, por isso a menção aos cachorrinhos. Mesmo sendo assim, para os necessitados, o pouco do Mestre é muito. Essa passagem nos recorda que Jesus colocou as coisas de cabeça para baixo: a fé num centurião romano e a palavra numa mulher sírio-fenícia.

Em junho, o Mestre retornou à Galileia e foi para a região gentílica da Decápolis (palavra grega que significa dez cidades), na margem sudeste do lago de Genesaré. Embalado por sua fama, uma verdadeira multidão formou-se junto a ele. Jesus curou cegos, coxos, paralíticos e muitos outros.

Passaram-se três dias. A multidão permaneceu com o Mestre, e surgiu, então, o problema recorrente da alimentação. Jesus apiedou-se daquela gente e perguntou aos discípulos: "Quantos pães tendes?". Eles responderam: "Sete e uns poucos peixinhos". Ordenou, pois, à multidão que assentassem por terra e fez a segunda multiplicação dos pães e peixes.

Uma lição importante: para que Jesus multiplique os nossos recursos, é necessário termos os nossos próprios pãezinhos. Precisamos ter um pouco de amor, de caridade, de humildade, de fidelidade, entre outras virtudes, para que o Mestre as multiplique. É preciso fazer a nossa parte e esperar Jesus agir. Ele é a fonte inesgotável de amor.

Os sacerdotes em missão de vigilância por parte do templo, apesar de testemunharem tamanha demonstração, foram a Jesus pedindo-lhe um sinal. Que outro sinal queriam? O Mestre afirmou que eles teriam apenas o sinal de Jonas, que foi o profeta judeu que recebeu de Deus a missão de converter os assírios em Nínive. Temendo os inimigos, mudou de ideia e embarcou num navio, que seguiu em sentido oposto. Logo, teve início uma tempestade que ameaçou a embarcação. Numa atitude bem humana, o comandante procurou o "culpado". Evidentemente, o escolhido foi Jonas, que acabou atirado ao mar e engolido por uma baleia. No escuro, recordou-se de Deus e orou. Após duas noites, Jonas foi liberado pelo grande mamífero e cumpriu sua missão. A exemplo de Jonas, o Mestre ficaria no sepulcro por duas noites e depois ressuscitaria.

Igualmente, quando não cumprimos as tarefas planejadas antes de reencarnarmos, ficamos na escuridão e, desalentados, nos recordamos arrependidos de Deus.

Em julho, o Mestre iniciou nova excursão, indo de barco até Betsaida de Julias, na margem oposta do lago. A cidade fora reconstruída pelo tetrarca Herodes Filipe, e seu nome honrava a filha do imperador Augusto, Júlia. Ao se aproximar do povoado, curou um cego e pediu-lhe discrição. De lá, seguiu para o extremo norte da Palestina, em direção às terras não israelitas de Cesareia de Filipe. Uma região longínqua com poucos habitantes.

A passagem já foi comentada na introdução e no capítulo anterior, mas relembramos as duas lições por sua importância. A primeira, quando estava no meio do caminho: "Quem dizem os homens que sou Eu". A segunda, na cidade de Cesareia: "Quem quiser ser meu discípulo negue a si mesmo, tome sua cruz e siga-me. Pois quem quer salvar a própria vida há de perdê-la. E quem perde a própria vida por meu amor encontrar-lhe-á". Realmente, de que vale o homem ganhar o mundo inteiro, se depois perde a própria alma? Como é atual esse ensinamento!

Cerca de oito dias depois, o Mestre retornou para a região sudoeste do lago de Genesaré, pela margem ocidental, numa longa caminhada. Certo dia, ao entardecer, Jesus resolveu se afastar para orar e dirigiu-se, provavelmente, para o cume arredondado do monte Tabor, de quinhentos e oitenta metros de altitude. A vista da natureza exuberante era reconfortadora. O Mestre decidiu ir acompanhado e convidou Pedro, João e Tiago (irmão de João). Atualmente, discute-se se a transfiguração ocorreu mesmo no Tabor. Foi Helena, mãe do imperador Constantino, quem deu início a essa tradição.

Aconteceu, então, uma verdadeira sessão espírita de materialização, conhecida como a "transfiguração". Os três discípulos surpreendidos viram o Mestre, após entrar em oração, ser envolvido por intensa luz que chegou a transfigurá-lo e se materializarem diante deles os Espíritos de dois homens que eles não sabiam quem eram. E não podiam mesmo saber, porque, segundo Jesus, eram Moisés e Elias, que viveram muitos séculos antes. As Vozes do Céu voltaram a se manifestar: "Este é o meu Filho dileto, no qual depositei o meu agrado: escutai-o!". Grande recomendação!

Os discípulos ficaram atemorizados e caíram de bruços na terra. Jesus aproximou-se, levantou-os e começaram a conversar sobre o acontecido.

Nessa oportunidade, Jesus trouxe uma prova inequívoca da reencarnação. As outras passagens em que identificamos a Lei da Palingênese podem ser contrapostas por interpretações diferenciadas. Nesta, porém, não há como. Os discípulos, após ouvirem de Jesus que um dos Espíritos era Elias, ficaram surpresos e questionaram por que os profetas afirmaram que Elias viria antes. Jesus, então, afirmou: "Realmente, eles estavam certos, e Elias já veio e não o receberam". Registramos o complemento dos evangelistas: "Foi então que os discípulos compreenderam que ele falava de João Batista". Por essa época, João já estava morto e, pela alta condição moral do seu Espírito, se apresentou da maneira que melhor lhe agradava, na personalidade de Elias. Ou, quem sabe, para propiciar a lição inquestionável da reencarnação.

No dia seguinte, desceram e foram para o local onde se encontravam os demais discípulos. Ao se aproximarem, Jesus notou uma agitação envolvendo os escribas. Perguntou então o que estava acontecendo. Um homem se apresentou e, ajoelhando-se diante dele, suplicou por seu filho, que sofria de grave obsessão desde a infância. E finalizou a rogativa pedindo: "Se tu podes fazer alguma coisa, ajuda-nos". Ao que o Mestre respondeu: "Se podes! Tudo é possível ao que crê!". A questão não é se Jesus pode, porque todo mundo sabe que Ele pode, mas sim se a pessoa é capaz de crer. Amoroso, Jesus afastou o Espírito sofredor para admiração de todos.

A parábola do devedor cruel (Mateus, 18:23-35)

Do Tabor, Jesus retornou a Cafarnaum e, em agosto, centrou sua pregação na humildade, na tolerância e, principalmente, no perdão, que são fundamentais para a convivência humana.

Na humildade, porque os discípulos vinham discutindo qual deles era o maior. A lição foi rápida e direta. Chamando uma criança, colocou-a no meio deles e disse: "Aquele, pois, que se fizer como esta criança, eis o maior do Reino dos Céus. Se alguém quer ser o primeiro, seja o último de todos e o servo de todos". O exemplo da criança é no sentido de apequenar o personalismo. Lição difícil de ser praticada. Servir a todos é o caminho da espiritualização e da alegria. Entretanto, os valores do mundo ainda falam alto no nosso mundo íntimo.

Na tolerância, porque os discípulos condenaram um homem que estava afastando um Espírito obsessor em nome de Jesus, embora não fizesse parte do grupo dos apóstolos. O Mestre, porém, afirmou: "Não queirais impedir-lhe, porque ninguém pode fazer um prodígio em meu nome e logo em seguida falar mal de mim". Lição importante, porque as religiões, normalmente, declaram ser as únicas que detêm a verdade ou o mandato do Cristo na Terra, criando exclusões injustificáveis.

Preocupado, o Mestre afirmou que aqueles que conhecem a verdade não podem ser motivo de escândalo por suas atitudes para aqueles que ainda a desconhecem. A palavra "escândalo", na época, significava "pedra de tropeço". Jesus foi veemente sobre esse assunto. Chegou a afirmar que seria melhor entrar na vida sem uma mão, coxo, sem pés, sem olhos, mudo ou surdo, evitando, assim, que esses órgãos fossem motivo de escândalo e a criatura viesse a falir na sua reencarnação.

Na verdade, Jesus estava falando na escolha de provas na Terra, tema muito bem abordado pela Doutrina Espírita. Quantas deficiências corporais são escolhidas pelos Espíritos, antes de reencarnarem, como forma de proteção contra fraquezas morais que os levariam à repetição dos erros.

Um dia, na casa de Pedro, Jesus se encontrava com os apóstolos numa conversação franca e amiga sobre a atitude correta com alguém que cometeu um erro contra nós. Assunto que vivenciamos diariamente. O Mestre alertava contra as ligações mentais, decorrentes das nossas atitudes positivas ou negativas, que permanecem no Mundo Espiritual, afirmando: "Tudo o que ligardes na Terra será ligado no Céu". E complementou que a ajuda para a criatura perdoar sempre chega, ensinando: "Se dois de vós na Terra se unirem, entre si, para pedir qualquer coisa que seja, meu Pai que está nos Céus lhes dará; porque, onde se acham dois ou três reunidos em meu nome, aí estou eu entre eles". Alerta importante de Jesus para frequentarmos os templos religiosos, pois juntos somos fortes. O carvão torna-se brasa brilhante na lareira.

Procurando aprofundar o assunto, o Mestre ainda recomendou: "Se teu irmão tiver pecado contra ti, vai e corrige-o entre ti e ele a sós. Se te ouvir, terás ganhado o teu irmão". A lição sugere a racionalização do problema, por meio de uma avaliação interior caso a origem do problema esteja conosco. Ao mesmo tempo em que devemos analisar o próximo com os olhos do amor. Será que não faríamos o mesmo, ou quem sabe, ainda pior?

O tema versava sobre o perdão, e Pedro perguntou: "Mestre, quantas vezes devo perdoar o irmão que errou contra mim, até sete vezes?". Jesus, respondendo, afirmou: "Não te digo até sete vezes, mas setenta vezes sete vezes". E, complementando, anunciou a parábola do devedor cruel.

A PARÁBOLA

Por isso, o Reino dos Céus compara-se a um rei que quis acertar as contas com os seus servos. Tendo começado a fazer as contas, apresentou-se um que lhe devia dez mil talentos. E não tendo este com que pagar, o patrão mandou que fossem vendidos ele, sua mulher e filhos e tudo o que possuía para saldar a dívida. O tal servo, porém, lançou-se aos seus pés e

A parábola do devedor cruel (Mateus, 18:23-35)

suplicou-lhe: Senhor, tem paciência comigo, que tudo te restituirei! Então o senhor, compadecido desse servo, deixou-o livre e perdoou-lhe a dívida. Tendo saído, esse servo encontrou um de seus colegas que lhe devia cem denários. E lançando-lhe as mãos, estrangulava-o e dizia: Paga o que me deves! E o companheiro, lançando-se a seus pés, suplicava-lhe, dizendo: Tem paciência comigo, que tudo te darei. Ele, porém, não quis; foi e fez que o lançassem na prisão até pagar a dívida. Ora, os outros companheiros, vendo o que se passava, contristaram-se muito e foram contar ao patrão todo o sucedido. Então o senhor, chamando-o a si, disse-lhe: Servo mau, eu te perdoei a dívida inteira porque me pediste. Não devias, portanto, também tu compadecer-te do teu companheiro como eu me compadeci de ti? E cheio de ira, o patrão ordenou que o entregassem em mãos dos algozes até pagar a dívida toda. Assim também vos há de tratar meu Pai Celeste, se de coração não vos perdoardes mutuamente.

REFLEXÃO

A visão do Deus de misericórdia enfatizada por Jesus implicava, necessariamente, uma postura nova com relação ao próximo. Se Deus é bom e magnânimo conosco, temos que, à sua semelhança, tratar o próximo de igual maneira.

A parábola encerra um grande ensinamento: como devemos pautar nossas ações em relação aos nossos companheiros de marcha. Se não perdoarmos nossos irmãos de convivência, não seremos perdoados. Ação e reação. Por outro lado, a lógica de Jesus é clara. Todos nós concordamos que o servo perdoado pelo rei "devia" perdoar o companheiro; é o "normal", o mínimo que se podia exigir dele. Ora, se vivemos do perdão e da misericórdia de Deus, é necessário um novo comportamento em que o perdão seja nossa bandeira de luz.

A soma devida pelo servo era de dez mil talentos, isto é, cem milhões de denários: uma soma enorme equivalente a duzentos e cinquenta mil quilos de prata. O talento era a maior unidade monetária do Oriente e, por um dia de trabalho, se pagava um denário ao trabalhador. Nem vendendo toda a família e tudo que o servo possuía, o rei obteria o valor. Um escravo custava, em média, dois mil denários. Talvez pudéssemos considerar que, pelo valor, seria um governador que ficou devendo o imposto da sua província. De qualquer maneira, a soma da dívida supera de longe todas as situações reais. E serve de contraste com a pequena dívida de cem denários. Pelo alto valor da dívida, entendemos que ela é, simbolicamente, espiritual, e não material.

O servo suplicou paciência e o adiamento da dívida. A bondade do senhor supera, em muito, o pedido do servo e ele é perdoado. Na saída, ele encontra, na rua, um funcionário seu que lhe devia cem denários. O mesmo processo acontece, entretanto, o servo impiedoso manda encarcerar o pobre devedor. Os companheiros, vendo o que acontecera, contam tudo ao senhor, que chama de novo o servo impiedoso e o entrega aos verdugos, até que pague tudo o que deve.

Estamos, também, perante uma parábola do juízo, que é uma exortação e um vigoroso alerta. Ao longo da nossa trajetória, nas diversas reencarnações, acumulamos dívidas altíssimas com a Providência Divina. As duas medidas de Deus, para governo do mundo, fazem-se sempre presentes: a Justiça e a Misericórdia. Os judeus consideravam que, no juízo, só estaria presente a medida da justiça.

Em Esdras 7:33 lemos: "O Altíssimo aparece no trono do julgamento. Então vem o fim, passa a misericórdia, a piedade fica longe e desaparece a paciência". Esdras foi um grande doutor judeu que viveu no século V a.C. e foi libertado da Babilônia, na segunda leva, pelo rei Artaxerxes. Jesus, porém, ensina que a medida da misericórdia vale também para o julgamento. A grande questão é: quando Deus usa mais a medida da justiça ou da misericórdia? Certamente, dependerá de nós mesmos.

A parábola do devedor cruel (Mateus, 18:23-35)

A Doutrina Espírita nos ensina a Lei de Causa e Efeito: dar, para receber. Amar, para ser amado. Perdoar, para ser perdoado. A medida com que medirdes serás medido. Assim, se perdoarmos, entraremos em sintonia com a frequência do perdão; caso contrário, saímos da faixa do perdão e caímos na cobrança e, portanto, seremos cobrados. Do mesmo modo, com misericórdia, seremos alcançados por sua mão. A vida responde na medida da semeadura.

Evidentemente que não estamos falando de um perdão de Deus. O perdão é um processo de esquecimento e reconciliação de quem se sentiu ofendido. Deus, soberanamente bom e perfeito, não se sente ofendido por nossas ações, assim, não precisa perdoar. Muitos Espíritos Superiores que passaram pela Terra também não precisaram perdoar, não pela ausência de agressões, mas pelo simples fato de não se sentirem ofendidos.

Jesus, ao recomendar que Pedro deveria perdoar setenta vezes sete vezes, ensinou o perdão contínuo, isto é, o tempo para esquecimento é nulo, ou seja, o perdão é instantâneo.

Quem não perdoa guarda o ressentimento, baixa suas vibrações mentais e revive sempre a situação, sentindo um mal-estar infindável. Por isso Jesus, no Sermão da Montanha, afirmou: "Se estiveres apresentando tua oferta no altar e aí te lembrares de que teu irmão tem alguma coisa contra ti, deixa ali a tua oferta diante do altar, vai primeiro reconciliar-te com teu irmão e depois apresenta a tua oferta".

A Psicologia tem procurado recuperar o tempo perdido e tem realizado muitas pesquisas sobre a importância do perdão na qualidade da vida humana desde os anos 70 do último século. Temos a certeza de que o processo civilizatório da humanidade só ocorreu devido ao perdão.

Referências: Mc 7:24 a 37, Mt 15:29 a 39, Mt 16:1 a 4, Lc 11:19 a 36, Mt 16:5 a 12, Mc 8:22 a 26, Mt 16:13 a 28, Mt 17:1 a 13, Mc 9:14 a 32, Mt 17:24 a 27, Mc 9:33 a 58, Mt 18:10 a 35

17

A PARÁBOLA DO BOM SAMARITANO
(*Lucas*, 10:25 a 37)

Faltavam cerca de seis meses para o doloroso fim. Em setembro do ano 32, Jesus tomou uma decisão fundamental. O evangelista Lucas anotou no capítulo 9: "Estando por completarem-se os dias em que devia ser levado deste mundo, Ele tomou a resolução de encaminhar-se para Jerusalém".

O Mestre dava início ao processo que culminaria com a sua crucificação, em abril de 33, saindo da Galileia e encaminhando-se, definitivamente, para a Judeia, no Sul. Deixava a agradável e bonita região do lago de Genesaré para dirigir-se à desértica Judeia. Enfrentaria, também, de modo mais direto, o feroz e violento dogmatismo religioso. Ficavam para trás momentos especiais de convivência fraterna, e começava um período de confrontos e perseguições.

Os discípulos seguiam despreocupados, sem noção do que os aguardava, pela rota que passava pela Samaria, via Nazaré. Talvez Jesus desejasse se encontrar com sua mãe. Das colinas de Nazaré, Ele teve uma visão bonita e abrangente do lago, que era como uma bela "ilha marítima" cercada por praias, pequenas cidades e portos. Ao longe, destacavam-se nas margens as pequenas cidades, onde anunciara e pregara a Boa-Nova. Jesus demorou seu olhar na margem norte, em Corazin, Betsaida e Cafarnaum, onde passara o maior tempo e realizara ações impressionantes.

Foi, então, que, aproveitando a paisagem amiga e deslumbrante que veria pela última vez, e, como que pensando em voz alta, com um tom de decepção, começou a falar: "Ai de ti, Corazin! Ai de ti, Betsaida! Porque se em Tiro e em Sidônia se tivessem operado os milagres que em vós se operaram, há muito elas teriam se arrependido. E tu, Cafarnaum, porventura serás elevada até o Céu? Até o Hades serás abatida, porque, se em Sodoma tivessem operado os milagres que em ti se operaram, teria ela permanecido até hoje".

Esse discurso é conhecido como das "cidades incrédulas". Apesar de tantos sinais nelas realizados, nem assim seus moradores se converteram. Tiro e Sidônia ficavam na margem do Mediterrâneo e eram pagãs, como já comentamos. Quanto a Sodoma, foi a grande cidade situada na região sul do Mar Morto, destruída devido ao comportamento equivocado dos seus moradores, como registrado no Velho Testamento. Abraão tentou interceder junto a Deus, porque seu sobrinho Ló vivia lá com a família. Depois de muito pensar, Abraão propôs a Deus que, se existissem dez justos na cidade, ela fosse poupada. Infelizmente, nem dez foram encontrados, e Sodoma foi destruída. Alerta simbólico que vale para a atualidade.

No caminho, em direção a Samaria com a multidão alegre, alguém lhe disse: "Eu te seguirei em qualquer lugar que fores". Disse-lhe Jesus: "As raposas têm tocas, e as aves do céu têm ninhos. Mas o Filho do Homem não tem um travesseiro onde recostar a cabeça".

Outro recebeu um convite direto do Mestre para segui-lo, entretanto alegou que precisava, antes, despedir-se dos seus parentes. Jesus retrucou: "Ninguém que tendo lançado a mão no arado e olha para trás é apto para o Reino de Deus". Lição clara e importante. Devemos olhar para trás apenas para revisarmos nossas ações. A maioria vive imantada ao passado por processos de sentimento de culpa, revivendo e alimentando o sofrimento. Não importa o que fizemos ou sofremos. A ordem é: marchar avante e para o Alto!

Parábola do bom samaritano (Lucas, 10:25-37)

Cansados da jornada, chegaram a uma aldeia samaritana e não foram bem recebidos, visto que se encaminhavam para Jerusalém, o que obrigou o grupo a dirigir-se para outro local. Foi então que Jesus, ciente de que dispunha de pouco tempo, resolveu enviar os discípulos numa segunda missão apostólica para disseminar o Evangelho, repetindo a afirmação: "A messe é verdadeiramente grande, mas os trabalhadores são poucos".

E, então, dividiu seus seguidores em trinta e seis grupos de dois para realizarem nova excursão missionária para difusão da Boa-Nova. Na primeira, o objetivo era os judeus; agora, era para toda a Palestina, incluindo os pagãos. É interessante a numerologia. Jesus formou, tanto na primeira quanto na segunda viagem apostólica, grupos de dois. Certamente, é mais segura e efetiva a ajuda em dupla do que sozinho. Outro aspecto é que cada grupo deveria convocar outros doze, o mesmo número dos discípulos de Jesus.

Carlos Pastorino fez as contas. Assim, na primeira missão, conseguiram setenta e dois novos seguidores (seis grupos vezes doze) e, na segunda, dividiu os setenta e dois em trinta e seis grupos de dois, o que leva a trinta e seis vezes doze, igual a quatrocentos e trinta e dois. Somando quatrocentos e trinta e dois com os setenta e dois, teremos quinhentos e quatro. Após a crucificação, o Mestre se apresentou aos quinhentos da Galileia.

Após quase um mês, os setenta e dois retornaram cheios de alegria com o sucesso da missão e foram ao encontro do Mestre perto de Jericó. Afirmaram, entusiasmados, que tinham até afastado Espíritos obsessores. Foi um momento especial e feliz para Jesus, a tal ponto que Ele formulou um convite inesquecível: "Vinde a mim, todos vós que estais cansados e oprimidos, e eu vos aliviarei. Tomai sobre vós o meu jugo e aprendei de mim, porque sou manso e humilde de coração; e encontrareis descanso para vossas almas. Porque o meu jugo é suave, e o meu peso, leve".

Esse é o convite "desafio" de Jesus. A vida é repleta de convites que podem nos elevar ou cair nas sombras do sofrimento. Sabemos que é um desafio nos aproximarmos do Mestre. Temos que lutar contra nossos problemas interiores. Quem dele se aproxima, certamente não terá sua cruz retirada, até porque Jesus carregou a sua. Entretanto, a criatura não terá a sobrecarga das preocupações e, certamente, será aliviada.

O jugo era a trave de madeira colocada no pescoço dos animais. O jugo do Mestre é amá-lo e segui-lo nos seus ensinamentos. Por outro lado, conhecemos bem o jugo do mundo que tanto sofrimento nos tem causado. Enfim, o Mestre falou do seu "peso", que interpretamos como o próximo. Sempre que nos propomos a ajudar o próximo, sentimo-nos, inicialmente, como que obrigados. Exige esforço e doação. Depois da ajuda realizada, vivenciamos um sentimento de plenitude indescritível que nasce no nosso íntimo e ficamos leves. O fardo é leve.

Depois do convite, o Mestre afirmou que os discípulos eram bem-aventurados por vivenciarem o que muitos profetas ansiaram ver em séculos de espera. Foi então que um doutor da lei levantou uma questão: o que fazer para obter a vida eterna? Era uma prática comum dos sacerdotes da época, para demonstração de conhecimento, fazerem perguntas ao povo comum sobre a lei, para então, diante da hesitação ou do desconhecimento do arguido, exibirem, orgulhosos, o conhecimento decorado. Assim, Jesus foi questionado diversas vezes durante sua vida pública. Entretanto, com Ele, a situação se invertia, pois retrucava com outra pergunta, deixando-os embaraçados.

Por fim, destacamos a hipocrisia do doutor da lei ao referir-se a Jesus como Mestre. A seguir, anunciou a parábola do bom samaritano.

A PARÁBOLA

Eis que um doutor da lei levantou-se para tentá-lo e disse: Mestre, o que devo fazer para alcançar a vida eterna? Respondeu-lhe Jesus: O que está escrito na lei? Como é que lês? Aquele respondeu: Amará o Senhor teu

Deus de todo o teu coração e de toda a tua alma, com todas as tuas forças e com toda a tua mente; e teu próximo como a ti mesmo. Disse-lhe Jesus: Respondeste bem. Pois fazei isso, que viverás. Aquele, porém, querendo justificar-se, disse a Jesus: Quem é meu próximo? Começou então Jesus a dizer: Um homem descia de Jerusalém para Jericó quando caiu em mãos de ladrões, que o despojaram de tudo, e, cobrindo-o de ferimentos, desapareceram, abandonando-o quase morto. Aconteceu que transitava pela mesma estrada um sacerdote. Ao vê-lo, continuou seu caminho. Igualmente, também, um levita, passando junto ao local e vendo-o, seguiu seu caminho. Porém, um samaritano em viagem deparou-se junto dele e, ao vê-lo, teve compaixão, aproximou-se, enfaixou-lhe as feridas, vertendo nelas azeite e vinho. Depois, colocando-o sobre o seu próprio jumento, levou-o até uma hospedaria. E teve cuidado dele. No dia seguinte, tirou dois denários e deu-os ao hospedeiro, dizendo: Cuida bem dele, e tudo o que gastares a mais eu pagarei na volta. Quem desses três te parece que foi o próximo daquele que caiu em mãos dos ladrões? Respondeu-lhe: O que usou de compaixão com ele. Disse-lhe então Jesus: Pois vai e faze tu o mesmo.

REFLEXÃO

Sem dúvida alguma, é uma das parábolas mais conhecidas e populares de Jesus e, certamente, um dos trechos mais comentados do Evangelho. Dedicaram-se a ela intérpretes ilustres e penas célebres. A parábola é um convite à caridade e à misericórdia, tem inspirado a humanidade no palco da vida comum.

Ela tem início quando um doutor da lei questiona o Mestre sobre a vida eterna, o que era incomum, visto a sua condição religiosa. Só podemos entender o referenciado na parábola como uma pergunta para tentar Jesus.

O Mestre, surpreendentemente, remeteu a pergunta para o proceder da pessoa, fazendo entender que, acima de todo conhecimento teológico, está o amor a Deus e ao próximo, determinando a direção da vida.

A outra pergunta feita pelo doutor da lei foi sobre quem era o seu próximo, pois não havia consenso sobre o tema. É certo que havia acordo de que o membro do povo de Israel era o próximo, inclusive o prosélito pleno. Não havia unanimidade, porém, com relação às exceções. Os fariseus tinham um entendimento, os essênios tinham outro e assim por diante.

Na verdade, o sentido da pergunta é saber até onde vai a nossa obrigação. A parábola do bom samaritano definiu quem era o nosso próximo, bem como até onde vai a nossa responsabilidade.

A história foi baseada numa situação concreta, visto que a solitária descida entre Jerusalém e Jericó era de vinte e sete quilômetros, ainda hoje, mal afamada pelos ladrões.

Jesus começa a narrativa falando de um homem sem esclarecer se era judeu ou pagão: não lhe importa a nacionalidade ou religião. A seguir, começa a falar num sacerdote e num levita. Os ouvintes talvez esperassem um clima anticlerical, com um terceiro passante sendo um leigo israelita, visto que Jesus vinha condenando os sacerdotes daquela época, de todas as épocas, pela hipocrisia.

Entretanto, o terceiro homem surpreende e melindra a maioria dos ouvintes, pois o que cumpre o mandamento é um samaritano. As relações entre judeus e samaritanos nunca foram boas, como já comentamos.

Nos tempos de Jesus, esse relacionamento estava bastante deteriorado e ruim, porque no ano 9 d.C., durante uma festividade da Páscoa, os samaritanos, por volta da meia-noite, tornaram a praça do templo impura, esparramando ossadas humanas (recordamos que, por ocasião das festas religiosas, os sepulcros eram caiados de branco para evitar que alguém os tocasse, tornando-os impuros. Essa imagem foi utilizada pelo Mestre, ao comparar a hipocrisia sacerdotal a sepulcros caiados). Reinava, de ambas as partes, a desavença irreconciliável. Jesus escolhe justamente o desprezado samaritano.

Nesse exemplo, os ouvintes deviam medir o caráter incondicionado e ilimitado do mandamento de amar ao próximo. O samaritano talvez fosse um mercador que levava suas mercadorias num jumento ou asno. Ele devia utilizar essa rota, pois conhecia o dono da pensão. Um duodécimo do denário representava as necessidades do sustento alimentar.

A pergunta de Jesus foi diferente da formulada pelo religioso. Enquanto que o escriba perguntara pelo objeto do amor (a quem eu devo tratar como próximo), Jesus pergunta pelo sujeito do amor (quem agiu como próximo). O escriba pensa, a partir de si, quando pergunta: "Onde está o limite do meu dever?". Jesus lhe diz: "Pensa a partir daquele que sofre a necessidade, coloca-te na sua situação, reflete consigo mesmo: quem espera ajuda de mim. Então verás que não há nenhum limite para o mandamento do amor".

O Mestre exorta, assim, que nos tornemos o sujeito do amor. A lição é que sejamos um próximo ativo. O doutor da lei queria uma lista dos pobres para os quais ele poderia abrir seu coração, ou seja, uma lista detalhada das pessoas que deviam ser consideradas como próximas.

O centro da questão não é o "eu", mas quem quer que se encontre no caminho. O problema fundamental do cristão não é saber quem é o seu próximo, ou seja, as pessoas que lhe dão a possibilidade de exercitar a caridade. O essencial consiste em fazer-se próximo, deslocando o interesse do "eu" para os "outros". O samaritano soube colocar-se na perspectiva certa, ou seja, do lado do outro. A proximidade é fundamental. É necessário que nos aproximemos, porque assim veremos um irmão em necessidade. E, ao identificar a necessidade, somos chamados a ajudar.

De longe, o homem é um vulto, às vezes, um alvo. Na distância, podemos tomar atitudes sobre situações que não estamos vendo, o que é mais fácil. Normalmente, estabelecemos as distâncias em nossos caminhos. Gente antipática, amolante, idiota e inoportuna. Passamos, imaginando que não temos nada a ver com seus problemas e angústias. Além disso, estamos ocupados e não temos tempo para ajudar.

A parábola ainda nos aponta o comportamento dos dois religiosos que passaram preocupados, provavelmente com as próprias vidas. Os compromissos, os horários e os problemas com que normalmente estamos envolvidos na luta carnal. Nessa condição, não tomamos conhecimento dos problemas à nossa volta, absortos nos próprios compromissos, e acabamos cegos aos dramas que nos cercam.

Diariamente, colocamo-nos na situação dos religiosos da parábola. Sempre apresentamos inúmeras desculpas para nos livramos dos empenhos que o amor impõe:

- Não quero ter problemas.
- Não tenho nada com isso.
- Tenho de cuidar de minhas coisas.
- Nem sei quem é aquele sujeito.
- O problema é das autoridades.

Na nossa visão, sempre criamos uma razão lógica. Entretanto, na ótica de Deus, somente quem ajuda tem razão.

É certo que não temos condições para ajudar toda necessidade que surge no caminho, entretanto, podemos nos solidarizar mentalmente, envolvendo os necessitados num pensamento de paz e ânimo. Quantas vezes absorvidos com nossos problemas diários não somos solidários com esses irmãos!

A grande questão que a parábola coloca é que existem dois tipos de pessoas: as que seguem e as que param. Qual das duas opções escolheremos?

Referências: Lc 9:51 a 62, Mt 11:20 a 24, Lc 10:1 a 12, Mt 11:25 a 40, Lc 10:23 a 37

18

A PARÁBOLA DO AMIGO INOPORTUNO
(*Lucas,* 11:5 a 8)

Após as emoções da parábola do bom samaritano, Jesus prosseguiu a viagem para Jerusalém, passando por Jericó e chegando à pequena aldeia de Betânia, onde viviam Marta, Maria e o irmão, Lázaro.

Betânia distava cerca de três quilômetros de Jerusalém e era uma vila tranquila, com mais ou menos vinte casas, incrustada nas escarpas do monte das Oliveiras. Era um local ideal para fazer um retiro. Na nossa visão, podemos considerar que o local era uma colônia de leprosos. Veremos, adiante, que o Mestre, antes de seguir para o calvário, em Jerusalém, no ano seguinte, parou novamente em Betânia, na casa de Simão, o leproso. Naquela época, a lepra, que englobava todos os problemas de pele, era estigmatizada, e os doentes eram segregados para viver em grupos fora das aldeias. O Mestre sempre esteve junto desses sofredores. Talvez fosse até um momento de descanso, visto que Ele estava protegido pela presença dos leprosos.

Jesus foi recebido por Marta, que permaneceu envolvida nas tarefas domésticas, enquanto Maria sentou-se a seus pés, ouvindo, enlevada, as lições. Marta foi ficando incomodada com a situação, numa atitude bem comum nas famílias. Não suportando mais, perguntou ao Mestre se era certo ela trabalhar sozinha, enquanto Maria ficava desocupada. Respondendo, disse-lhe Jesus: "Marta, Marta, tu te preocupas e te perturbas com muitas coisas, mas uma só é necessária. Maria escolheu a parte melhor".

Uma lição profunda para todos nós que, no dia a dia, envolvidos nas nossas preocupações mundanas, esquecemos a prioridade do Reino de Deus. Além disso, continuamente somos chamados a fazer escolhas na vida e devemos sempre buscar a melhor parte, que é a espiritual. Recordamos que existem dois sistemas de valores para fazermos nossas avaliações: o material e o espiritual. Muitas vezes, determinadas ações têm avaliações simétricas, conforme o sistema de valores adotado. Assim, segundo a matéria, podemos estar ganhando e, segundo o espírito, podemos estar perdendo.

Evidentemente que Jesus sempre exortou a necessidade do trabalho. Entretanto, Marta não teve sensibilidade para avaliar a oportunidade única de recebê-lo em casa.

Nessa ocasião, aconteceu um fato digno de registro pelos evangelistas. O Mestre se retirou, em determinado momento, para orar. Os discípulos perceberam e, após o término das orações, fizeram uma solicitação para Jesus: "Mestre, ensina-nos a orar". Jesus, então, ensinaria a famosa prece do Pai-Nosso, deixando-a como herança para seus seguidores. Ela sintetiza, em poucas palavras, o mais íntimo de sua experiência com Deus, deixando entrever os desejos que pulsavam em seu coração e os clamores que dirigia a seu Pai. Na sequência, Jesus ensinaria a parábola do amigo inoportuno.

A PARÁBOLA

Disse-lhes ainda: Se alguém de vós, tendo um amigo, se dirigir a ele à meia-noite e lhe disser: Amigo, empresta-me três pães, porque chegou de viagem à minha casa um amigo meu e não tenho o que lhe oferecer.

Se o outro lhe responde lá de dentro: Não me incomodes! A porta já está fechada, os meus filhos estão deitados no quarto comigo. Não posso levantar-me e atender-te. Se ele perseverar batendo, eu vos digo que, embora não se levante para dá-los por ser amigo dele, todavia, por causa do aborrecimento, se levantará e lhe dará quantos pães precisar. Por isso vos digo: pedi, e vos será dado. Procurai e achareis. Batei, e vos será aberto. Pois quem pede alcança. Quem procura encontra. A quem bate, será aberto. Se alguém de vós pedirdes ao pai um pão, por acaso lhe dará uma pedra? Ou, se pedir um ovo, será que lhe vai dar um escorpião? Portanto, se vós, sendo maus, sabeis dar coisas boas a vossos filhos, quanto mais o vosso Pai do Céu dará o bom espírito aos que lhe pedem!

REFLEXÃO

Esta é a primeira parábola sobre a prece. Até esse momento, Jesus só tinha feito referência à prece no Sermão do Monte, quando afirmou que não existe lugar específico para orar, bem como solenidades ou retóricas. E que, antes da prece, devemos procurar a reconciliação com nossos adversários.

A prece é uma emissão de ondas mentais, cuja frequência é definida pelo sentimento de quem ora. A mente sem treinamento ou mergulhada no ódio será qual um emissor de baixa frequência, não alcançando as esferas superiores e equilibradas. Muitos necessitam ainda de uma referência.

A parábola do amigo inoportuno nos ensina a eficácia da prece, tema também abordado por Allan Kardec em *O evangelho segundo o espiritismo*. A parábola tem um paralelismo com a do juiz iníquo, que será abordada adiante.

A história apresenta uma circunstância bem característica de uma aldeia palestinense. Naquela época, não existiam padarias, e as donas de casa, antes do nascer do sol, já preparavam pão para a família e, na falta, procuravam os vizinhos. Fazendo uso dessa prática, Jesus narrou a parábola para transmitir a confiança que devemos ter em Deus e sua resposta às nossas orações.

Numa primeira interpretação, parece-nos que Jesus procurou transmitir a perseverança na prece. Devemos orar sempre e com perseverança. Santa Clara de Assis, no século XIII, fazia trezentas preces diariamente, isto é, procurava viver em estado de prece.

A perseverança é uma virtude peregrina que devemos desenvolver de imediato e com toda a prioridade, pois ela nos faz vencer nossas dificuldades e desenvolver as demais virtudes. O estado de prece é uma posição mental de confiança no Pai, que precisamos edificar imediatamente.

Na história do Cristianismo, é famoso o exemplo de Mônica, mãe de Santo Agostinho. O grande pensador cristão nasceu em 354, no norte da África romana, de pai pagão e mãe cristã. Aos 17 anos, foi para Cartago a fim de estudar retórica. Lá, se deixou envolver pelo maniqueísmo, filosofia que incorporava elementos das religiões persas e do Cristianismo.

Em 375, Agostinho retornou à terra natal e Mônica ficou desolada, iniciando uma cruzada de preces para que ele se tornasse cristão. Mas Agostinho resistia. Em 383, partiu para Roma e depois para Milão, onde conheceria o bispo Ambrósio, que o ajudaria a refletir e se libertar, aos 32 anos, do maniqueísmo. Antes de se converter ao Cristianismo, Agostinho se aproximou do neoplatonismo, divulgado por Plotino no século III. Mônica seguiu o filho e jamais o abandonou. Sempre orando com perseverança. Após a esperada conversão, Agostinho foi fazer um retiro de refazimento em Cassicíaco junto com alguns amigos e sua mãe. De lá, Mônica decidiu retornar à África, mas desencarnou no porto italiano de Óstia: sua missão na Terra havia terminado.

Voltando à parábola, apresentamos uma visão de Joachim Jeremias, que, no excelente livro *As parábolas de Jesus*, comentou que a mensagem focal é a confiança. Para ele, a melhor interpretação para o "quem de vós", que inicia a parábola, seria: "Vocês podem imaginar que alguém de vocês". Considerando a melhor tradição da hospitalidade oriental, ele complementou a interpretação: "Vocês podem imaginar que, se alguém de vocês tem um amigo e este vem à meia-noite e lhe diz: Amigo, empreste-me três pães, porque um conhecido meu veio de viagem e não tenho nada para pôr à mesa para ele. E aquele responde de dentro: Deixe-me em paz! Você pode imaginar isso?". O que nos leva a crer que o amigo importunado durante o sono não duvida em atender ao pedido do vizinho em dificuldade, quanto mais Deus! Ele atende a todos que o procuram com sinceridade.

Jesus complementaria a parábola, anunciando uma trilogia muito conhecida e fundamental para os cristãos: "Pedi, e vos será dado. Procurai e achareis. Batei, e vos será aberto. Pois quem pede alcança. Quem procura acha. A quem bate, será aberto".

Pedir, procurar e bater! Pedir é o pensamento e desejo. Procurar é o pensamento transformado pela vontade em projeto e objetivo. Bater é o objetivo que se transforma em ação. Assim, não basta pedir em oração. Precisamos ter como objetivo e prioridade a nossa renovação interior, como também colocarmos em ação o nosso objetivo. Assim, o nosso pedido estará integrado num contexto positivo que facilita a própria ajuda do Alto.

Referências: Lc 10:38 a 42, Lc 11:1 e 2, Mt 6:7 a 15, Lc 11:6 a 8

19

A PARÁBOLA DO BOM PASTOR
(*João*, 10:1 a 21)

Depois da estada em Betânia, Jesus dirigiu-se para Jerusalém. Estava por começar a festa dos Tabernáculos ou das Cabanas, que comemorava o período em que o povo hebreu viveu em tendas, durante os quarenta anos do êxodo, após a fuga do Egito.

Era comum os habitantes de Jerusalém, durante a festividade, improvisarem pequenas cabanas ou tendas, vivenciando a experiência dos antepassados. Destacamos mais uma vez que o Mestre seguia para Jerusalém não para participar das cerimônias regimentais, mas para aproveitar a oportunidade que se apresentava do número de peregrinos para a divulgação da Boa-Nova. Jerusalém tinha cerca de cinquenta mil habitantes, recebendo igual número de peregrinos, principalmente os judeus da diáspora.

O ambiente em Jerusalém já era hostil e confuso. O próprio povo estava dividido com relação a Jesus. Por essa razão, o Mestre entrou em Jerusalém somente no quarto dia da festa.

Quando a notícia se espalhou, os sacerdotes enviaram soldados para prendê-lo. Entretanto, não havia chegado ainda a sua hora, e a comitiva ficou intimidada com a multidão que o cercava e voltou impressionada com Jesus. Tal fato mostra a pressão intensa sobre o Salvador e seus discípulos. Jovial e destemido, Ele jamais recuou diante dos poderes do mundo.

Destacamos, a seguir, alguns acontecimentos marcantes ocorridos durante a festividade. Destacamos os vários confrontos entre Jesus e os sacerdotes fariseus, mencionados pelo evangelista João em quase três capítulos.

Inicialmente, a famosa passagem da mulher adúltera levada ao Mestre pelos sacerdotes. Perguntaram-lhe se ela devia ser apedrejada, como mandava a lei. Essa passagem, na essência, era mais uma ação dos sacerdotes para embaraçá-lo. Caso sua resposta fosse positiva, Ele estaria em acordo com a Torá e em desacordo com seus próprios ensinamentos. Se fosse negativa, Ele estaria contra as regras da lei e, talvez, dando aval para o erro. Jesus, com sabedoria, afirmou que deveria atirar a primeira pedra aquele que estivesse isento de erro. Evidentemente, devemos analisar as atitudes e ações alheias como prevenção ou mesmo para nossa experiência. Nada obstante, não devemos jamais atirar pedras de condenação, no caso do erro alheio, pois, se não erramos hoje, o fizemos no passado. Portanto, apenas uma diferença de tempo.

Outra passagem que merece destaque aconteceu quando Jesus afirmou para alguns judeus que ainda permaneciam com Ele, apesar de toda pressão que vinham vivenciando: "Eu sou a luz do mundo: quem me segue não caminha nas trevas, mas terá a luz da vida". E a seguir complementaria: "Se vós permanecerdes na minha palavra, sereis verdadeiramente meus discípulos e conhecereis a verdade, e a verdade vos libertará, pois quem comete erro é escravo do erro".

Nesse ensinamento transcendente, o Mestre apresentou uma noção única de liberdade, que é um dos valores humanos fundamentais. Por ela, os homens lutaram como também a exaltaram por meio de diferentes manifestações artísticas. Com Jesus, entretanto, sua noção é espiritual. O apóstolo Paulo, quando se encontrava preso em Roma, escreveu para os filipenses: "Nunca me senti tão livre".

No último dia da festa, após mais um debate teológico, os sacerdotes chegaram a pegar pedras para ferir Jesus, na falência dos seus argumentos.

A parábola do bom pastor (João, 10:1-21)

Protegido por simpatizantes, o Mestre se afastou pela piscina de Siloé, que ficava ao sul do monte do templo e era alimentada por uma nascente. Foi quando, então, avistando um cego de nascença, os discípulos perguntaram curiosos quem havia errado para que aquele homem assim nascesse: ele ou seus pais. Na época, os judeus tinham uma ideia incompleta da reencarnação, considerando apenas o processo da expiação, que é um decreto-lei do qual ninguém pode se evadir, isto é: errou, tem que pagar. Pensavam, enganosamente, que os filhos pagavam pelos erros dos pais.

A Doutrina Espírita esclarece que, além da expiação, podemos vivenciar uma provação, quando o Espírito está sendo provado no desenvolvimento interior dos dons de Deus.

O Mestre respondeu que ninguém errara para que aquele homem assim nascesse, mas para que a obra de Deus nele se manifestasse. Evidentemente, o homem estava em provação. Complementando a passagem, o ex-cego foi pressionado pelos sacerdotes a identificar e delatar quem o havia curado, pois era sábado, dia reservado ao descanso. O beneficiado pela interseção de Jesus, com altivez e coragem, testemunhou a ajuda recebida. Seus pais foram convocados pelos sacerdotes para deporem contra ele e, temerosos, largaram-no à própria sorte. Embora não conhecesse Jesus, o ex-cego corajosamente afirmou: "Eu era cego e agora eu vejo". Irritados, os sacerdotes expulsaram-no do templo.

Jesus tomou conhecimento do acontecido e foi ter com ele, sensibilizado por seu testemunho. O ex-cego, reconhecido, ajoelhou-se aos pés do Mestre, que, comovido, afirmou: "Eu vim a este mundo para fazer um julgamento, a fim de que os cegos vejam, e os que enxergam se tornem cegos".

A partir de Jesus, foi criado um divisor de águas entre os valores do mundo e os espirituais. Alguns fariseus que com Ele estavam, ouvindo isso, lhe disseram: "Será que também nós somos cegos?". Jesus respondeu-lhes: "Se fosseis cegos, não teríeis culpa; mas agora dizeis que enxergais;

por isso o vosso erro permanece". A culpabilidade é proporcional às luzes a que a criatura tenha acesso. A seguir, Jesus traria a parábola do bom pastor.

A PARÁBOLA

Em verdade, vos digo: quem não entra pela porta no aprisco das ovelhas, mas sobe por outra parte, esse é ladrão e salteador. Mas quem entra pela porta é o pastor das ovelhas. A ele o porteiro abre, e as ovelhas ouvem a sua voz, e ele chama as suas ovelhas por nome e as conduz para fora. Tendo-as feito sair, caminha na frente delas, e as ovelhas o seguem, porque lhe conhecem a voz. Mas não seguiriam um estranho; antes, fugiriam dele, porque não reconhecem a voz dos estranhos.

REFLEXÃO

Jesus, após o acontecimento da cura do ex-cego, procurou explicar por que alguns o seguem e a maioria não. Utilizando-se de uma comparação pastoril, que opõe a situação do pastor num redil à do ladrão que vem roubar. Segundo o costume da época, o rebanho era recolhido à noitinha num aprisco, cercado por um muro baixo de pedras, enquanto os pastores iam dormir. O porteiro fazia a vigilância. Pela manhã, vinham buscar as ovelhas, emitindo um som já conhecido por elas. Qualquer estranho teria que pular o muro, e as ovelhas não reconheceriam sua voz. As ovelhas são aqueles sintonizados com o bem e reconhecem a voz melodiosa do Evangelho.

Na sequência da parábola, o Mestre percebeu que eles não entenderam o que queria lhes dizer. Por isso continuou a lição como segue: "Em verdade, em verdade, vos digo: eu sou a porta. Se alguém entrar por mim, será salvo. Entrará e sairá e encontrará pastagem. O ladrão não, senão para roubar, matar e exterminar. Eu vim para que tenham a vida e a tenham copiosamente".

Complementando, a lição afirmaria: "Eu sou o bom pastor que dá a sua vida pelas suas ovelhas. Tenho outras ovelhas que não são deste rebanho. Também essas eu devo reunir, e elas hão de ouvir a minha voz. Então, haverá um só rebanho e um só pastor". Embora fosse discriminada na estrutura social da época, a figura do pastor era importante para os judeus. Davi, o maior herói israelita, foi um pastor. Na Galileia, os pastores iam à frente dos rebanhos, diferentemente das outras regiões, onde vai atrás.

Somente alcançaremos a espiritualização por meio de Jesus. Ele é a porta. A porta estreita. Na vida, somos defrontados por várias portas, e compete ao nosso livre-arbítrio a decisão de abrirmos a porta estreita.

Complementando, o Mestre afirmou ser o pastor da humanidade. Ele deu a vida por nós e continua a aplicar seu infinito amor a nosso favor, quando sintonizamos com o bem. A busca pelos valores do mundo dilapida nossas energias, e temos pagado um preço alto por não sermos as ovelhas do Senhor. Um dia, ouviremos sua voz e, então, haverá apenas um rebanho.

A figura do bom pastor foi muito popular nos três primeiros séculos de Cristianismo. Somente após Constantino, no século IV, é que a cruz tornou-se o principal símbolo cristão. Segundo as tradições, o imperador sonhou com o sinal da cruz e as iniciais da palavra Cristo, em grego, antes da batalha da ponte Mílvio, perto de Roma. Mandou pintar o símbolo nos escudos dos soldados e venceu a batalha. Em 313, por meio do Édito de Milão, trouxe a liberdade religiosa para o Império Romano.

Gostaríamos de fazer uma menção especial sobre a piscina de Siloé. Como já comentamos, Jerusalém tinha tanques públicos e particulares bem como piscinas para suprimento de água. Além do uso caseiro da água, os judeus utilizavam como purificação antes de entrar no templo. Considerando que Jerusalém recebia milhares de peregrinos durante as festas, eram necessárias grandes piscinas, como a de Betesda.

No final do século XIX, foi descoberto o tanque de Siloé, alimentado por um canal construído pelo governador de Judá chamado Ezequias, entre os séculos 7 e 8 a.C. O tanque é pequeno e não poderia ser utilizado pelos peregrinos, como afirmou o evangelista João. Entretanto, em dezembro de 2004, arqueólogos descobriram uma grande piscina, de formato trapezoidal, com largos degraus, exatamente no local relatado por João. Assim, seu Evangelho é espiritual, mas também histórico.

Referências: Lc 11:9 a 12, Jo 7:2 a 53, Jo 8:1 a 59, Jo 9:1 a 41, Jo 10:1 a 21

A PARÁBOLA DO RICO ESTULTO
(*Lucas*, 12:13 a 15)

Encerrada a Festa dos Tabernáculos, Jesus ainda permaneceu nas redondezas de Jerusalém, visto que logo teria início a Festa da Dedicação. Ela rememorava a reconsagração do templo a Deus, por Judas Macabeu, após ter reconquistado Jerusalém, por volta de 150 a.C., dominada, até então, pelos gregos que adoravam o deus Zeus.

Era inverno. Jesus estava no templo, sob o pórtico de Salomão, quando os sacerdotes pediram que Ele confirmasse sua condição de Messias, perguntando: "Se tu és o Cristo, dize-nos claramente". Jesus então afirmaria: "As obras que realizo em nome do meu Pai, elas que dão provas de mim. Vós, porém, não credes, porque não sois minhas ovelhas. As minhas ovelhas escutam a minha voz". O Mestre prosseguiu: "Meu Pai, que as confiou a mim, é maior que todos, e ninguém as pode tirar das mãos de meu Pai. Eu e o Pai somos um".

O discurso enfureceu os sacerdotes, que, partindo para ação, resolveram apedrejá-lo. As pedras eram sempre os últimos argumentos, como os canhões eram para os reis. Jesus manteve-se sereno e firme, perguntando-lhes por que queriam agredi-lo. Os exaltados religiosos responderam: pela blasfêmia de se fazer qual Deus. Rebateu-lhes, então, o Mestre: "Porventura não está escrito na vossa lei: Eu disse: Sois deuses?". Recordava a nossa condição de filhos de Deus. Nós fomos criados por

Deus e viemos dele. O homem encerra em si a divindade que se manifesta quando o Espírito se aperfeiçoa.

Após esse tenso momento de perigo, o Mestre deu início ao seu ministério na região da Pereia, dirigindo-se para além do rio Jordão, local onde João Batista pregara e realizara os seus batismos. Era dezembro do ano 32. Embora ainda fazendo advertências contra o farisaísmo religioso, tão comum em todas as escolas religiosas, o foco do Mestre, naquele período, foram as questões relativas à riqueza. Pela primeira vez, Jesus abordaria a temática que constantemente impactou a humanidade, porque a maioria sempre foi pobre, desde os tempos mais remotos. Na esfera cristã, algumas escolas veem a riqueza como uma recompensa de Deus pela fidelidade do homem; em outras, ensinam a opção de Jesus pelos pobres.

Os grandes filósofos gregos, cerca de quatrocentos anos antes de Cristo, foram os primeiros a estudar o tema racionalmente. Já naquela época, os ricos eram considerados protegidos pelos deuses do Olimpo. O deus da riqueza era Pluto, filho da deusa Deméter, que, segundo uma comédia de Aristófanes, do ano 388 a.C., era um velho cego. Os filósofos chegaram a conclusões bastante importantes.

Primeiro, que a riqueza não é um mal em si. O problema é que ela cria um cenário indutor para o desenvolvimento de três vícios, que resumimos a seguir:

- O luxo ocioso, em que a pessoa vive sem maiores pressões para sustentar a vida, abrindo espaço para um interesse maior pelas futilidades. No caminho evolutivo, é necessária certa pressão para têmpera do Espírito, para o manter ativo e aproveitando o tesouro das horas, principalmente das horas livres;
- A ganância é outro vício que medra com mais facilidade na riqueza. A criatura começa a vê-la como um fim em si mesmo, querendo sempre mais. O importante para o ganancioso não é o que ela pode ofertar, mas sim a própria riqueza em si;

- Por fim, a arrogância é outro vício que surge quando o rico se ilude ao imaginar que pode tudo e que está acima de todos. Na verdade, ele perde a noção de limite e de medida dos valores.

Por essa razão, entendemos por que o Mestre, assim como os grandes filósofos gregos, também alertou para as dificuldades criadas pela riqueza. Alguns comentaristas destacam que Jesus foi muito duro com os ricos. Entretanto, Ele apenas ressaltava tais dificuldades para o Espírito. A Doutrina Espírita confirmou essa visão ao considerar a riqueza uma prova mais difícil que a pobreza. Evidentemente que, à luz dos valores do mundo, a riqueza é considerada o grande objetivo a perseguir.

Ainda na Pereia, um moço rico foi ao seu encontro e perguntou-lhe, com entusiasmo juvenil, o que deveria fazer de bom para ganhar a vida. A resposta foi que ele deveria guardar os mandamentos de Moisés. O jovem retrucou que já os observava e arguiu provocativo: o que lhe faltava? O Mestre afirmou que, se ele quisesse alcançar a perfeição, deveria vender tudo o que possuía, dar aos pobres e segui-lo. Ouvindo tais palavras, o moço rico se afastou triste, porque era dono de muitos haveres. Jesus aproveitou a oportunidade para alertar sobre as dificuldades enfrentadas pelos ricos para entrarem no Reino dos Céus, afirmando: "É mais fácil um camelo passar por um buraco de agulha do que um rico entrar no Reino dos Céus".

Embora possa parecer o contrário, Jesus nunca foi contra a riqueza, mas contra o apego mental a ela. Por meio dos relatos mediúnicos, podemos constatar os efeitos negativos do apego mental à riqueza, no testemunho sofrido de vários Espíritos. O problema não é o ter, e, sim, o apegar-se.

No final de janeiro de 33, ocorreu um fato incomum. O Mestre foi convidado por um fariseu para almoçar em sua casa. Como estavam longe de Jerusalém, centro do dogmatismo religioso, os sacerdotes eram mais flexíveis. Este, em especial, ficou impressionado e desejou conversar com o Mestre. O fariseu, vendo que Ele não tinha se lavado antes do almoço, ficou intimamente surpreendido. O Senhor, porém, lhe disse: "Agora, vós, fariseus, limpais o que está por fora do corpo e do prato, mas o que há dentro de vós está cheio de rapina e maldade". E o Mestre falou muito mais.

Embora possa parecer uma indelicadeza com aqueles que o convidaram, a premência do tempo o fez abordar um tema vital para todos, que é a hipocrisia religiosa. Na sua última semana na Terra, Ele voltaria a abordar o assunto, como veremos, dentro do Templo de Jerusalém. Lembramos que, embora sejam duras as palavras faladas por Jesus, eram impregnadas pelo seu magnetismo amoroso incomparável.

Saindo do almoço e indo ao encontro da turba, o Mestre afirmou: "Guardai-vos do fermento dos fariseus, que é a hipocrisia. Nada existe de oculto que não venha a ser revelado". Como os sacerdotes eram uma classe respeitada e temível, o Mestre complementaria: "Não tenhais medo dos que matam o corpo e depois nada podem fazer". Nós temos que temer é a nossa consciência, que é implacável. Deus nos ampara, guarda e até os cabelos de nossa cabeça estão todos contados. Assim, quem reconhecer Jesus diante dos homens, o Mestre o reconhecerá perante Deus.

Nos últimos dias de janeiro, o Mestre pregava para a multidão, quando alguém lhe pediu que interviesse numa questão de herança familiar. Um problema do mundo material que fez o Mestre responder assim: "Ó homem, quem me constituiu juiz ou árbitro entre vós?". E disse a todos: "Cuidado. Defendei-vos contra toda a avareza, porque a vida de ninguém está na abundância dos bens que possui".

E contou-lhes, então, a parábola do rico estulto.

A PARÁBOLA

E contou-lhes uma parábola dizendo: O campo de certo homem rico tinha produzido muitos frutos. E ele ia pensando: Que hei de fazer se não tenho onde colocar a minha colheita? E disse: Farei o seguinte: vou derrubar os meus celeiros e fazê-los maiores para aí guardar todo o trigo e todos os meus bens e direi à minha alma: Ó minha alma, possuis muitos bens guardados por longos anos. Descansa, come, bebe, goza! Deus, porém, lhe disse: Estulto! Nessa mesma noite deves restituir tua alma. E o que ajuntaste, para quem ficará? Assim acontece com quem amontoa tesouros para si e não é rico para Deus.

REFLEXÃO

Um rico proprietário de terras vê-se surpreendido por uma grande colheita e toma uma decisão típica de um homem poderoso. Aquela colheita repentina, verdadeira bênção de Deus, a desfrutará sozinho, numa atitude bem comum ainda hoje. De forma inesperada, Deus intervém e aquele rico não desfrutará de seus "supostos" bens.

A parábola destaca a simetria dos valores espirituais e materiais. O paradigma básico da humanidade sempre foi a matéria, por estarmos ainda num planeta de provas e expiações. Jesus revelou para a humanidade os valores espirituais e começou a derrubar o sistema de valores designado como o "mundo".

A grande diferença entre os valores materiais e os espirituais é que os primeiros são transitórios. Assim, a partir de Jesus, qualquer ação pode ser avaliada, simultaneamente, segundo os valores materiais e espirituais. E, para nossa surpresa, a mesma ação pode ter significados e dimensões simétricas.

Jesus é o maior exemplo dessa simetria. Segundo o mundo, o Mestre foi um grande perdedor. Não tinha recursos financeiros e políticos, andava entre os pobres e doentes, ajudou a todos e acabou morto na cruz, entre dois ladrões. Entretanto, segundo suas próprias palavras, Ele venceu o mundo, isto é, segundo o espírito, foi invencível. Assim, muitas vezes ao realizarmos determinada ação, podemos estar ganhando segundo o espírito e, simultaneamente, perdendo segundo a matéria, e vice-versa.

O Mestre foi bastante profundo na questão, avaliando acontecimentos importantes para o homem, segundo a referência espiritual. Senão, vejamos alguns paradoxos de Jesus:

- A liberdade sempre foi um dos maiores valores humanos, inspirando lutas e revoltas, mas também foi exaltada em todos os ramos das artes. Para o mundo, liberdade significa, principalmente, liberdade de ir e vir. Segundo o espírito, ela é a isenção de erro. Jesus afirmou que o conhecimento da verdade liberta, pois quem escraviza é o erro;
- A saúde é outra preocupação humana natural. Para Jesus, saudável é a criatura que está a caminho da renovação interior;
- O maior no mundo é aquele que tem muito poder, dinheiro e influência. Para Jesus, é o servo de todos;
- A noção de morte e vida também é expandida. Vivo é quem está desperto para as realidades espirituais;
- Outro aspecto é a noção de estar bem. Para Jesus, estar bem é suportar dignamente as suas provas e expiações;
- A noção de riqueza e pobreza também pode ser diferente. Para Jesus, o rico não é o que tem, por empréstimo, muitos recursos na Terra, pois não são dele, mas concessões da vida. Rico é aquela criatura repleta dos dons de Deus.

É o que a parábola do rico estulto nos ensina, baseada na história de um rico produtor de trigo que acreditava que não teria, por muitos anos, de temer insucessos na colheita. Era um tolo, de acordo com os valores espirituais: um homem esquecido de Deus. Ele não conta com Deus e não vê a espada de Dâmocles sobre sua cabeça. Na essência, essa parábola é do juízo, um alerta para que nos tornemos ricos para Deus. Lembramo-nos de uma frase que lemos num para-choque de caminhão, que encerra grande sabedoria: "Viver sem Deus é fácil, o problema é morrer sem Ele".

Por essa razão, o Mestre complementaria a parábola com palavras já mencionadas no Sermão da Montanha: "Ajuntai nos Céus um tesouro que não diminui; aonde não chega o ladrão, nem a traça o consome. Porque onde está o vosso tesouro, aí também estará o vosso coração".

Lembramos, mais uma vez, que no Evangelho, onde lemos "coração", devemos entender "mente". Na Antiguidade, acreditava-se que o coração era sede do pensamento. Isso significa dizer que a mente fixará aquilo que valorizamos.

Referências: Jo 10:22 a 42, Mt 19:3 a 12, Mc 10:13 a 26, Mt 19:27 a 30, Lc 11:37 a 54, Lc 12:1 a 21

O MINISTÉRIO PÚBLICO DE JESUS – O ANO DA SUA MORTE

21

A PARÁBOLA DO SERVO CONSCIENCIOSO
(*Lucas*, 12:13 a 15)

O povo pobre e deserdado do mundo, a ralé que acompanhava Jesus, estava surpreso com os novos conceitos e com a sua postura. Jamais a humanidade teria outro homem igual. Para complementar os ensinamentos sobre a riqueza, propôs uma ação que ainda hoje a maioria considera extrema: vender tudo que se possui e dar aos pobres para fazer, na visão do Senhor, alforjes que não envelhecem. E complementou: "Ajuntai para vós nos Céus um tesouro que não diminui". Lição extrema, mas possível. Citamos como exemplo o grande Fabiano de Cristo, que, no século XVIII, foi um rico comerciante. Tocado no seu íntimo por Jesus, vendeu tudo o que tinha, doou aos pobres e dedicou-se integralmente ao Evangelho. Como porteiro do convento de Santo Antônio, no Rio de Janeiro, notabilizou-se no amor ao próximo e ficou conhecido como o "Portageiro da Caridade".

Longe de querermos negar a importância dos bens materiais para o sustento digno na Terra, o alerta para a atualidade é o equilíbrio no emprego das nossas energias, tanto para buscar os tesouros do Céu quanto para obter bens materiais, que muitas vezes não são tão necessários.

Abordada a questão da riqueza, o Mestre passou a ensinar a necessidade da vigilância: "Estejam cingidos os vossos rins e tende nas mãos lanternas acesas, como os homens que ficam à espera de seu patrão que retorna das núpcias, a fim de abrir-lhe logo ao chegar e bater à porta. Felizes dos servos que o patrão na chegada encontrar vigilantes! Se o pai de família soubesse a que horas chegaria o ladrão, sem dúvida ficaria vigilante e não permitiria que a casa fosse arrombada".

A vigilância é lição fundamental! A oração e a meditação nos ajudam nesse processo de domínio sobre a nossa mente, que é muito rebelde. Lembramos que temos registrado no nosso inconsciente imagens pretéritas que emergem para o consciente, trazendo mais descontrole. Manter a calma é importante, porque estamos expurgando o lixo acumulado no passado recente ou remoto. Não sabemos quando faremos a nossa passagem para o outro lado da vida e precisamos estar vigilantes. Não podemos perder mais tempo! Evidentemente que essa lição também está relacionada com o juízo. Como desconhecemos quando acontecerá, precisamos estar despertos.

Finalmente, Jesus anunciou a parábola do servo consciencioso, em resposta a Pedro, que perguntou se as lições eram para os outros ou para os discípulos.

A PARÁBOLA

Disse então Pedro: Senhor, essa comparação a dizes somente para nós ou também para todos? Respondeu o Senhor: Qual será o administrador fiel e prudente que o patrão constituiu sobre os da sua criadagem, a fim de lhes dar em tempo oportuno a porção de trigo? Feliz o tal servo se o patrão, na chegada, o encontrar agindo assim! Na verdade vos digo: há de confiar-lhe todos os bens que possui. Se o tal servo, porém, disser em seu coração: O meu senhor está demorando para chegar. E comece a bater nos criados e criadas, a comer, a beber e a embriagar--se, virá o patrão desse servo no dia em que não espera e na hora que não sabe, o porá de lado e lhe dará um lugar entre os infiéis. Contudo, o servo que conheceu a vontade do seu senhor e nada lhe preparou nem agiu conforme a vontade deste será açoitado com muitos golpes. A quem mais foi dado, muito lhe será pedido. E a quem muita coisa confiaram, mais lhe pedirão.

REFLEXÃO

A parábola é um vigoroso alerta para uma das poucas certezas que temos na vida: a morte. Realmente, não sabemos quando seremos chamados pelo Pai, isto é, quando retornaremos ao Mundo Espiritual. A volta pode se dar a qualquer momento. Por essa razão, precisamos ser como o servo consciencioso, vigilantes nas nossas atividades e tarefas. O bom senso não recomenda atitudes extremas, como o pavor refletido na posição daqueles que ficam incomodados com o simples pensamento sobre ela, ou daqueles que se sentem atraídos ou identificam nela uma rota de fuga.

O Mestre ainda complementou a parábola, afirmando que o servo será julgado de acordo com as luzes de seu entendimento. A quem muito foi dado, muito será pedido. A cobrança será diretamente proporcional às claridades que a criatura recebeu ou teve a seu dispor.

Essa referência é especial para os espíritas, visto que a Doutrina Espírita apresenta a verdade na sua maior dimensão. As religiões são cursos da revelação gradativa da verdade. Devemos registrar, entretanto, que as diferenças referem-se ao coletivo, pois, individualmente, todos têm o mesmo caminho: o amor e a caridade.

Evidentemente, essa responsabilidade não deve ser motivo para medo ou afastamento da luz. Nós seremos cobrados pelo esforço que fizemos em prol da nossa melhoria interior e não por sua realização plena ou como trabalhadores aprovados.

Por fim, destacamos que esta também é uma parábola sobre o juízo. Entretanto, sempre que retornamos ao Mundo Espiritual, por meio da morte do corpo, passamos por uma espécie de juízo realizado por nossas próprias consciências.

Referência: Lc 12:32 a 48

22

A PARÁBOLA DA FIGUEIRA ESTÉRIL
(*Lucas*, 13:6 a 9)

Iniciava o mês de fevereiro do ano 33. O Mestre, após anunciar a parábola do servo consciencioso, permaneceu na Pereia, exortando que, além da vigilância, precisamos ter ardor e heroísmo. A região era a antiga terra montanhosa de Amon e de Moab, onde somente um lavrador persistente conseguiria viver do solo ressequido. Chegou a ter cerca de vinte mil quilômetros quadrados. Viver na Pereia demandava ardor e heroísmo no labor diário.

Os grandes discípulos de Jesus sempre foram os verdadeiros heróis das lutas contra o "mundo", mas, principalmente, contra si mesmos. Por essa razão, o Mestre afirmou: "Eu vim atear fogo à Terra. Julgais que eu tenha vindo trazer a paz à Terra? Não, digo-vos eu, mas a separação". Realmente, a partir daí, manifestou-se uma separação vibracional que sempre existiu entre os que o seguiam e os que o rejeitavam. Nos três primeiros séculos do Cristianismo, essa separação foi motivo para muitas discussões. O ardor e o heroísmo foram as marcas dos verdadeiros cristãos, ao lado da caridade. Posteriormente, após o Cristianismo tornar-se religião oficial no final do século IV, os que eram perseguidos passaram a ser perseguidores daqueles que não comungavam com a interpretação oficial das verdades cristãs.

Na sequência, complementando o ensinamento sobre a necessidade da conversão, isto é, da mudança de vida e da renovação mental, diante de tantas evidências e dos sinais mostrados por Ele, disse à turba: "Quando vedes uma nuvem surgir no poente, logo dizeis: Aí vem chuva! E assim acontece. Se sopra o vento do Sul, dizeis: Fará calor! E assim acontece. Sabeis avaliar o aspecto da Terra e do céu, e como não avaliais o tempo presente?". Palavras atuais, pois os sinais da transição planetária são bastante evidentes.

Jesus, com certo desapontamento, percebia que os ensinamentos eram ouvidos, mas não entendidos, prevendo, assim, muita dor ao longo do tempo pela indiferença e pelo desconhecimento, embora alertasse que teríamos que permanecer no cárcere das reencarnações dolorosas até pagarmos o último centavo. Precisamos ouvir as lições do Mestre e iniciar a nossa renovação interior. Agora é o momento, depois sempre é mais difícil. Não devemos adiar essa decisão, pois estamos vivendo momentos de transição.

Jesus, então, ensinou a parábola da figueira estéril.

A PARÁBOLA

Dizia também esta comparação: Alguém tinha uma figueira plantada em sua vinha e foi procurar nela algum fruto e não o encontrou. Disse, então, ao vinhateiro: Eis que são já três anos que eu venho procurar fruto nesta figueira e não encontro, por isso corta-a, por que ainda fica ocupando terreno? Aquele, porém, respondeu-lhe: Senhor, deixa-a este ano ainda que eu vou cavar ao redor dela e colocar adubo. Se produzir fruto, ainda bem; se não, a cortarás no futuro.

REFLEXÃO

Essa parábola é uma das que suscitam as mais variadas interpretações. É certo ser uma parábola do juízo. Ao final do ciclo evolutivo, precisaremos ter

A parábola da figueira estéril (Lucas, 13:6-9)

iniciado e estar a caminho no processo de renovação interior. Sabemos que permanecerão na Terra os Espíritos de boa índole. A árvore boa produz bons frutos.

Nesse caminho de renovação, precisamos de proteção contra nós mesmos, esvaziando a nossa mente do lixo mental que cultivamos com nossa falta de vigilância. Por outro lado, precisamos encher nossa mente com o adubo do conhecimento. O conhecimento é fundamental e não foi por outra razão que o Espírito de Verdade exortou aos espíritas: "Instruí-vos!".

Essa modificação é inadiável, pois não sabemos quando receberemos a visita do dono da vinha. Hoje temos melhores condições do que no futuro, caso adiemos nossa decisão. Deixar para depois nunca foi uma boa prática em qualquer campo da vida.

À medida que nos sintonizamos com o bem, nossa fertilidade criativa aumenta e, por outro lado, o bem nos protege.

A interpretação alegórica tradicional da parábola considera que a figueira é Israel, e o vinhateiro, Jesus. Seu ministério público durou cerca de três anos. O Mestre teria intercedido a Deus pelos israelitas, pedindo mais um ano, ou seja, mais um tempo, quando o Evangelho seria levado para os povos ao redor, com a ajuda de Paulo de Tarso. Entretanto, os israelitas não se convenceram, e Jerusalém foi destruída pelos romanos no ano 70.

Certamente, podemos também entender os anos como eras. A primeira teve início com Moisés e os Dez Mandamentos. A segunda, iniciada com o Cristo e o Evangelho. A terceira foi o advento do Espiritismo, codificado por Allan Kardec. A partir daí, teremos mais um tempo para buscar nossa salvação e, nesse caso, podemos considerar o adubo malcheiroso como o amor que devemos levar aos mais pobres e sofridos.

Com relação às três eras, poderíamos complementar que Moisés ensinou o que não devemos fazer; Jesus, o que devemos fazer; e o Espiritismo, por que devemos fazer.

Referências: Lc 12:49 a 59, Lc 13:1 a 8

23

A PARÁBOLA DOS CONVIDADOS À CEIA
(*Lucas*, 14:15 a 24)

Jesus permaneceu na Pereia, região da Transjordânia, por mais alguns dias em fevereiro. Longe do dogmatismo religioso de Jerusalém, a região era propícia a uma convivência mais branda com os sacerdotes. Certo sábado, resolvendo ir ensinar numa sinagoga, Jesus observou uma mulher que estava, havia dezoito anos, com uma enfermidade que a deixava encurvada, provavelmente a partir da influência de um Espírito sofredor. Ao vê-la, chamou-a para perto de si e disse-lhe: "Mulher, estás livre da tua enfermidade!". No mesmo instante, a mulher ficou curada. Foi, então, que surgiu o problema recorrente. O chefe da sinagoga, que até então deixara o Mestre falar, indignou-se, pois era um sábado reservado ao descanso.

Jesus indagou, então, se ele achava justo não libertar aquela criatura apenas por ser um sábado. Evidente que a resposta foi um silêncio envergonhado. O povo, mais uma vez, ficou maravilhado com tal ação de Jesus.

Enquanto isso acontecia, Herodes Antipas, preocupado por já ter matado, talvez a contragosto, João Batista, que era muito popular, mandou um mensageiro com um recado para Jesus para que Ele saísse da Pereia, pertencente a sua tetrarquia, senão também seria morto. Herodes não queria ter que enfrentar a mesma situação novamente. O Mestre permaneceu ainda alguns dias na região quando, então, prestes a seguir viagem, recebeu um segundo convite para uma refeição na casa de outro fariseu.

Novamente num sábado, ao entrar na casa do fariseu, o Mestre se deparou com um homem que sofria de hidropisia. Como já comentamos, no Oriente, as casas são mais abertas do que as ocidentais.

Jesus, sabedor dos questionamentos que fatalmente aconteceriam depois, tomando a iniciativa, perguntou aos doutores da lei se era lícito curar num sábado ou não? No sábado, quase tudo era vedado fazer. O Mestre teve vários problemas durante o seu ministério público por causa da questão do sábado, como já comentamos. Dirigindo-se àqueles, falou: "Quem de vós, se num sábado lhe cair um filho ou um boi no poço, não o retira imediatamente?". E a isso não podiam responder. O Salvador passou à ação e curou o homem.

Após a cura, foram para os triclínicos, e o Mestre observou a pressa dos convidados para ocupar os primeiros lugares. Aproveitou para trazer, então, um ensinamento importante cujo final sintetizamos: "Porque todo aquele que se exalta será humilhado, e quem se humilha será exaltado".

Depois, conversando com quem o convidara, Jesus afirmou: "Quando oferecerdes um jantar ou um almoço, convida os necessitados porque estes não poderão lhe retribuir o convite. A sua retribuição será no futuro, com a edificação do Reino de Deus". Ao ouvir essas palavras, um dos comensais afirmou: "Feliz de quem comer pão no Reino de Deus", isto é, participar da festa do Reino. Em resposta, o Mestre ensinou a parábola sobre os convidados para a festa.

A PARÁBOLA

Ao ouvir tais coisas, disse-lhe um dos comensais: Feliz de quem comer pão no Reino dos Céus! Ele, porém, disse-lhe: Certo homem deu um grande banquete, para o qual tinha convidado muitos. Na hora do banquete, mandou seu servo dizer aos convidados: Vinde, que tudo está preparado. E todos, a uma, começaram a desculpar-se. O primeiro disse-lhe: Comprei um campo e devo sair para vê-lo; por favor, considera-me desculpado. O outro disse: Comprei cinco juntas de boi e vou experimentá-los; por favor, considere-me desculpado. Mais outro lhe disse: Casei-me, e por isso não posso ir. De volta, o servo relatou tudo isso ao patrão. Indignado, disse então o pai de família ao servo: Sai já para as praças e esquinas da cidade e introduze aqui os pobres e doentes, cegos e aleijados. E o servo disse: Senhor, foi feito como mandaste, e ainda há lugar. Disse o patrão ao servo: Sai para que a minha casa fique repleta. Pois eu vos digo que nenhum daqueles homens que foram convidados há de provar do meu banquete.

REFLEXÃO

Essa parábola é muito rica e não devemos nos perder nos detalhes.

O primeiro ensinamento é o da confiança. "Vinde a mim que tudo está preparado". Todos são convidados a participar, sem exceção, até os deserdados do mundo. Os que tinham conhecimento religioso, na época, seriam naturalmente os primeiros convidados. Ao iniciar seu ministério público, Jesus fez justamente isso. Entretanto, aqueles religiosos, na sua maioria, estavam preocupados com uma religiosidade exterior, e não atenderam ao seu convite. Assim, o Mestre convocou seus primeiros discípulos, homens simples e humildes, e, em seguida, todos em geral, principalmente os que estavam em erro. O conceito do Reino de Deus, na época, era para os israelitas isentos de erro. O Evangelho anunciado é a boa notícia, pois os portões do Reino de Deus foram abertos para todos que neles queiram entrar.

Outra visão da parábola é que, na edificação do Reino de Deus no nosso mundo interior, somos chamados a realizar diversas tarefas. Planejamo-nos no Mundo Espiritual para tanto. Entretanto, com o mergulho na carne, outros interesses e preocupações surgem, desviando nossa atenção. É o brilho das luzes de César. A parábola enumera vários motivos comuns de interesses materiais. As desculpas e os pretextos permanecem os mesmos através dos séculos: propriedades materiais, prazeres e divertimentos.

As tarefas, entretanto, devem ser realizadas. Outros menos capacitados serão chamados e o farão. Devemos considerar que somos sempre instrumentos do Pai, que é perfeito. Assim, mesmo quando o instrumento não for o mais apropriado, quem o conduz, toca e rege é perfeito, e o trabalho é executado. Podemos fazer a mesma análise para os povos. As nações também são chamadas a desempenhar papéis e missões importantes, liderando as outras. Citamos como exemplo o próprio povo hebreu, os romanos, os franceses e os americanos. Para os brasileiros, cabe a honrada missão da evangelização, pois, como os Espíritos afirmam, o Brasil é a pátria do Evangelho. Entretanto, a exemplo das demais nações que não completaram totalmente suas missões, precisamos lutar para vencer, e o Espiritismo, cuja árvore foi transplantada da França para o Brasil, terá importância fundamental.

Por fim, um comentário: a vida com Jesus é um aprendizado constante, mesmo nas situações mais corriqueiras, como um almoço.

Referências: Lc 13:10 a 17, Lc 13:22 a 33, Lc 14:1 a 24

24

A PARÁBOLA DA TORRE E A DO REI QUE PONDERA
(*Lucas*, 14:25 a 35)

Considerando o aviso de Herodes, os discípulos, atemorizados, insistiram, e o Mestre, finalmente, saiu da Pereia. Ainda não havia chegado a sua hora. Seguiram viagem para o Norte, pela margem oriental do rio Jordão, chegando à região sudeste do lago de Genesaré.

No caminho, certo dia, alguém, expressando a angústia do povo, perguntou a Jesus o que certamente gostaríamos de saber também: "Senhor, são poucos os que se salvam?". E Jesus, respondendo, afirmou: "Esforçai-vos por entrar na porta estreita, porque muitos tentarão entrar e não conseguirão".

A ansiedade pela salvação sempre foi grande para o povo judeu: o Mestre não definiu um número, mas alertou sobre as dificuldades no processo da salvação simbolizada pela porta estreita e significando o esforço para a renovação interior.

Como sempre, muita gente seguia Jesus. Então, aproveitando a oportunidade, ensinou: "Se alguém vem a mim e não desama o próprio pai e a própria mãe, a esposa e os filhos, até mesmo a sua própria vida, não pode ser meu discípulo. E quem não carrega a própria cruz e não vem atrás de mim não pode ser meu discípulo".

Já comentamos que a condição de discípulo é única. A maioria dos seguidores é constituída, no máximo, por alunos. A Doutrina Espírita nos ensina que a natureza não dá saltos, e não atingiremos essa condição de imediato. É um processo difícil e doloroso por um lado, mas extremamente venturoso por outro. É como escalar uma montanha com dificuldade e, após alcançar o cume, ficamos extasiados com a vista exuberante e felizes por vencermos as dificuldades. Todos nós somos capazes e fomos criados para a felicidade, o nosso cume.

Procurando alertar sobre tais dificuldades e perigos nas transformações rápidas motivadas pela ilusão de que o processo de renovação íntima é fácil de alcançar, o Mestre apresentou a parábola da torre e do rei que pondera.

A PARÁBOLA

Quem de vós, querendo edificar uma torre, não calcula, sentado à escrivaninha, as despesas que se fazem necessárias, se tem com que levá-las à frente, a bom termo, para que não suceda, depois de ter lançado os alicerces, e não ter podido concluí-la, todos os que veem comecem a zombar dele dizendo: Esse homem começou a edificar e não pode terminar? Ou, então, qual o rei que, estando para fazer uma guerra com outro rei, não examina calmamente se pode, com dez mil homens, enfrentar o que lhe vem ao encontro, com vinte mil? Do contrário, enquanto aquele está ainda longe, lhe envia embaixada pedindo paz. Assim, pois, qualquer um de vós que não renuncia a tudo o que tem não pode ser meu discípulo.

REFLEXÃO

Jesus deixava claro que a condição de discípulo é especial e requer todo desprendimento das demandas da personalidade. Por isso, alertava contra o entusiasmo superficial e anunciou os ditos parabólicos.

O ensinamento serve, também, para alertar aqueles que se deslumbram com as verdades espirituais e, empolgados, comprometem-se com inúmeras atividades, esquecidos de que toda hora útil no bem é conquista interior. Acabam, muitas vezes, desanimados e abandonam o trabalho. A confiança dos bons Espíritos na nossa fidelidade é um trabalho que demanda tempo.

Nessa parábola, identificamos, mais uma vez, o paradoxo nos ensinamentos de Jesus. Enquanto que na construção da torre e na preparação do exército para a guerra a necessidade é do "mais", Jesus manda reduzir a zero tudo que o homem "tem", a fim de intensificar ao máximo o seu "ser".

Para realizar em si o Reino de Deus, tem que renunciar ao seu personalismo e construir a torre da autorrealização, utilizando um exército de vontade na luta do autoaperfeiçoamento.

Por fim, gostaríamos de analisar um ponto importante para nossas vidas. Com relação aos aspectos materiais, é comum fazermos uma série de planejamentos e ficamos felizes quando conseguimos alcançar nossas metas. Entretanto, quanto ao nosso desenvolvimento espiritual, raramente fazemos um planejamento, deixando-o em segundo plano. Devemos fazer uma viagem interior e estabelecer metas anuais para nossa melhoria interior.

Referência: Lc 14:25 a 35

25

AS PARÁBOLAS DA OVELHA PERDIDA E DA DRACMA PERDIDA (*Lucas,* 15:1 a 10)

Após alertar sobre a necessidade da reflexão e do planejamento antes do comprometimento com o trabalho de espiritualização, o Mestre reforçou que não devemos hesitar e ficar apenas refletindo ou estudando. É necessário agir, e o verdadeiro cristão deve estar comprometido com o trabalho. Oportunidades é que não faltam. A seara é grande, mas os trabalhadores são poucos. Jesus então ensinaria mais uma vez: "Assim, pois, qualquer um de vós que não renuncia a tudo o que possui não pode ser meu discípulo. O sal é bom. Se, porém, até o sal se tornar insípido, com que coisa poderá ele ser temperado? Não será útil nem para a terra nem para adubo, mas será jogado fora. Quem tem ouvidos para escutar, escute".

Novamente, utilizou o símbolo do sal. Evidentemente, não são todos que estão em condições espirituais de seguir essa lição. Mas um dia, para alcançarmos a perfeição, deveremos praticá-la.

No final de fevereiro, Jesus foi cercado pelos desprezados publicanos, pelos pecadores, também preconceituados por estarem em erro, e pelos sofredores crônicos, considerados Espíritos impuros em expiação. A reação foi imediata. Os sacerdotes ficaram escandalizados e comentavam, com espírito crítico, tal convivência. A salvação, na época de Jesus, era apanágio apenas dos judeus fiéis, e os pecadores estavam excluídos.

Além disso, o Mestre percebera que a lição do sal tinha trazido certo desalento naqueles que ainda se consideravam, como nós, longe de atender às condições para o discipulato. Jesus, então, apresentou três parábolas, em sequência, que exaltam a misericórdia do Pai. Vamos, neste capítulo, comentar as duas primeiras.

A PARÁBOLA DA OVELHA PERDIDA

Todos os publicanos e pecadores estavam ao seu redor para ouvi-lo. Porém, os fariseus e escribas murmuravam, dizendo: Esse recebe os pecadores e come com eles. Contou-lhes então esta parábola: Qual de vós é o homem que, tendo cem ovelhas, se perder uma só delas, porventura não deixa noventa e nove no deserto e vai atrás da que se perdeu até encontrá-la? E quando a encontra, coloca-a sobre os ombros todo feliz e, chegando a casa, reúne amigos e vizinhos para lhes dizer: Alegrai-vos comigo, porque encontrei a minha ovelha que se havia perdido. Assim haverá, vos digo, maior alegria no Céu por um pecador arrependido, do que por noventa e nove justos que não precisam de arrependimento.

A PARÁBOLA DA DRACMA PERDIDA

Ou, qual é a mulher que, tendo dez dracmas, se perder uma, porventura não acende a lanterna, varre a casa e procura com diligência até encontrá-la? E quando encontra, reúne amigas e vizinhas para dizer-lhe: Alegrai-vos comigo, porque encontrei a dracma que havia perdido. Assim, vos digo, haverá alegria entre os anjos de Deus por um pecador arrependido.

As parábolas da ovelha perdida e da dracma perdida (LUCAS, 15:1-10)

REFLEXÃO

Conhecedor profundo da psicologia humana, Jesus procura destacar a misericórdia do Pai em duas pequenas histórias que nos falam da alegria que sentimos quando achamos algo que estava perdido. Imaginem a alegria do Pai quando um filho perdido recupera sua dignidade e retorna ao caminho da salvação.

Para muitos ouvintes, não eram parábolas muito acertadas. Como pode Jesus comparar Deus a um pastor, pertencente a um grupo desprezado socialmente, ou a uma pobre mulher de aldeia? No entanto, a imagem do pastor era muito estimada na tradição do povo, desde os tempos em que as tribos de Israel eram seminômades. Todos gostavam de imaginar Deus como um pastor que cuida do seu povo.

As duas parábolas irradiam esperança, pois nos falam da misericórdia do Pai para com os que estão em erro. Jesus anunciou a boa notícia de que a salvação é para todos e que Ele mesmo tinha vindo à Terra para os que estão doentes, e não para os saudáveis. Provavelmente, foi por essa razão que o Mestre ressurreto se apresentou, primeiramente, para Maria Madalena, marcando para a posteridade que seu Evangelho fora trazido para os que estão em erro, mas que desejam a renovação.

É muito comum as criaturas criarem para si uma ilusão de que o Pai não lhes dará atenção ou que não se preocupa com elas em virtude dos graves erros cometidos. Muitas vezes elas se escondem nessa ilusão, pois não têm forças e coragem para reparar seus erros, pois ainda se comprazem ou mesmo criam para si um complexo de culpa que as impede de avançar.

Para avançarmos, precisamos, primeiramente, do autoperdão que neutralizará a armadilha do complexo de culpa. A seguir, como o próprio Mestre ensinou, pegar no arado sem olhar para trás.

Referência: Lc 15:1 a 10

26

A PARÁBOLA DO FILHO PRÓDIGO
(*Lucas*, 15:11 a 32)

Após ensinar as parábolas da dracma e da ovelha perdida, Jesus fechou o tema com um remate de ouro, apresentando a famosa parábola do filho pródigo.

A PARÁBOLA

Disse-lhe ainda: Um homem tinha dois filhos. Disse ao pai o mais moço deles: Pai, dá-me a parte que cabe a mim do patrimônio. E aquele dividiu-lhes o patrimônio. Depois de não muitos dias, o filho mais jovem, juntando tudo, emigrou para uma região muito distante, e aí dissipou todo o seu patrimônio, vivendo luxuriosamente. Depois de haver consumido tudo, deu-se nesse país uma grande carestia, e também ele começou a passar necessidade. Foi então pôr-se a serviço de um cidadão qualquer do lugar, que o mandou para o seu campo a fim de apascentar os porcos. Ele queria saciar-se com as vagens que os porcos comiam, mas ninguém lhe dava. Entrando em si, disse: Quantos escravos na casa de meu pai têm pão de sobra, enquanto aqui morro de fome! Vou levantar-me, irei a meu pai e lhe direi: Pai, pequei contra o Céu e diante de ti!

Já não sou digno de ser chamado teu filho; trata-me como um dos teus escravos! Levantando-se, foi a seu pai. Mas, estando ainda longe, o pai o viu e ficou todo comovido, e, correndo-lhe ao encontro, atirou-se em seus braços e o beijou. Disse-lhe o filho: Pai, pequei contra o Céu e diante de ti! Já não sou digno de ser chamado teu filho! Ordenou, porém, o pai aos servos: Depressa, trazei a melhor roupa e vesti-o! Coloquem-lhe na mão o anel e calados nos pés. Trazei o novilho mais gordo e matai-o: comamos e nos alegremos, porque este meu filho estava morto e reviveu; tinha-se perdido e foi encontrado. E começaram a banquetear-se. O filho mais velho, porém, estava no campo. Tendo chegado, ao aproximar-se de casa, ouviu a música e os cantos. Chamou, então, um dos servos e perguntou-lhe o que era aquilo. E este lhe disse: Teu irmão chegou, e teu pai matou um novilho gordo, porque o recuperou com saúde. Indignou-se, então, e não queria entrar. Por isso o pai saiu e começou a insistir com ele. Mas ele respondeu ao pai: Eis que há tantos anos eu te sirvo e nunca transgredi tuas ordens, e tu nunca me deste um cabrito para eu me divertir com meus amigos. Mas logo que chegou este teu filho, que consumiu o seu patrimônio com mulheres de má vida, tu lhe mataste um novilho gordo. Aquele, porém, lhe disse: Filho, tu estás sempre comigo, e todas as minhas coisas são tuas. Mas era preciso fazer festa e alegrar-se, porque este teu irmão estava morto e reviveu, tinha-se perdido e foi encontrado.

REFLEXÃO

A parábola do filho pródigo é, sem dúvida alguma, uma das mais conhecidas e comentadas parábolas de Jesus. É de uma beleza comovente. Para falar do Pai compassivo, o Mestre utilizou as mais belas e comovedoras palavras que jamais saíram de seus lábios. A exemplo das duas anteriores, a mensagem focal é a misericórdia de Deus para com os pecadores. É a alegria sentida pelo Pai quando um filho retorna ao aprisco.

Ela conta a história de um pai que tinha dois filhos e teve um grande dissabor em vida ao ver seu filho mais novo solicitar-lhe a parte antecipada da herança, o que na época era uma verdadeira ofensa.

A parábola deve ter chamado a atenção de todos por causa dos conflitos nas famílias da Galileia: as discussões entre pais e filhos, os desejos de independência ou a rivalidade entre irmãos. O sofrimento era indizível, pois a família era tudo. Era muito difícil viver fora dela, bem como subsistir isolada das outras. A situação colocada por Jesus era extrema.

A experiência do filho mais novo é difícil e dolorosa, levando-o a retornar arrependido para casa. O pai, feliz pela volta do filho que considerava perdido, mandou preparar-lhe uma grande festa. Nisso, retorna do campo o filho mais velho, que, despeitado, reclama do pai a recepção dada para seu irmão mais novo. O pai consola o filho mais velho, afirmando que era preciso alegrar-se e fazer festa, porque esse irmão estava morto e reviveu, estava perdido e foi encontrado.

Além da mensagem da alegria de Deus com o retorno do pecador, a parábola apresenta as fases desse processo de retorno ao Pai:

1) Filho mais novo – representa a criatura que se encontra afastada do Pai ou de uma escola religiosa. Como consequência, enfraquece, sofre e, por fim, arrepende-se, caindo em si. O mesmo acontece com a brasa de carvão da lareira. Enquanto se encontra dentro da lareira, irradia energia. Ao ser retirada, a energia se dissipa rapidamente. O sofrimento e a dor nos trazem o arrependimento e decidimos, então, retornar para a casa paterna e somos recebidos com muita alegria. Nessa fase, somos o filho mais novo. Chegamos à casa do Pai, uma igreja ou Centro Espírita, andrajosos e sofridos.

2) Filho mais velho – com o passar do tempo, estudamos e temos contato com as lições renovadoras. Começamos a identificar nossos erros e conviver na casa do Pai. Entretanto, muitas vezes, não nos conscientizamos verdadeiramente da nossa condição e derrapamos numa série de atitudes melindrosas e preconceituosas. É a fase do filho mais velho.

3) O pai – precisamos nos conscientizar de que somos o filho mais velho, isto é, "pobres de espírito". A partir daí, começamos, realmente, a progredir no bem, doando o melhor de nós mesmos para o próximo. É a fase do pai, que na verdade é o grande objetivo de nossas vidas.

A parábola do filho pródigo é a mais tocante e sugestiva do amor misericordioso do Pai para com os que estão em erro. Até o grande pintor Rembrandt foi sensibilizado por ela e pintou um dos seus mais famosos quadros, *A volta do filho pródigo*, que se encontra no museu Hermitage, em São Petersburgo, na Rússia.

O grande pintor holandês do século XVII adaptou a parábola à tela, colocando na mesma cena o encontro do pai com o filho mais novo, sendo observado em segundo plano pelo filho mais velho. No famoso quadro, o pai amoroso abençoa o maltrapilho filho mais novo, que está ajoelhado num cenário luminoso. O filho mais velho observa a cena na penumbra, reflexo de seus melindres. É interessante que o grande pintor registrou no quadro uma presença feminina que, na nossa visão, pode representar a mãe desencarnada, contemplando emocionada a cena.

Por fim, uma última mensagem. Jamais fechemos as portas das nossas casas para filhos rebeldes que fugiram, erraram ou se transviaram nos caminhos ilusórios da vida.

Referência: Lc 15:11 a 32

27

A PARÁBOLA DO FEITOR DESONESTO
(*Lucas*, 16:1 a 13)

Em meados de fevereiro do ano 33, o Mestre ainda se encontrava na região sudeste do lago de Genesaré, em marcha para o Oeste. Dali, começaria a descer para a Judeia. No caminho, aproveitou para falar sobre um tema fundamental: o apego às coisas materiais. No Sermão da Montanha, já destacara que "onde estiver o seu tesouro, aí estará o seu coração". Podemos interpretar que a nossa mente (coração) sintoniza com aquilo que valorizamos (tesouro). Esta é sempre uma questão focal e importante para quem está na experiência reencarnatória.

Surgiu, então, a dúvida de como nos posicionarmos, considerando a forte atração que ainda exercem nos nossos espíritos as "luzes de César". A resposta veio com a parábola do feitor desonesto.

A PARÁBOLA

Dizia ainda a seus discípulos: Havia um homem rico que tinha um administrador. E este lhe foi denunciado por lhe haver dissipado os bens. Chamou-o e disse-lhe: O que ouço falar de ti? Presta contas de tua administração, porque já não poderás administrar. Disse então o administrador consigo mesmo: Que farei agora que meu patrão tira de mim a administração? De capinar, não sou capaz. De mendigar, tenho vergonha. Já sei bem o que fazer para me receberem em suas casas quando for removido da administração. Convocando, então, um a um os devedores de seu senhor, dizia ao primeiro: Quanto deves ao meu patrão? Respondeu ele: Cem barris de óleo. Disse-lhe: Toma os teus papéis, senta-te depressa e escreve cinquenta. Depois disse a outro: E tu, quanto deves? Respondeu: Cem sacas de trigo. Disse-lhe: Toma as tuas letras e escreve oitenta. O patrão tomou conhecimento e elogiou o administrador iníquo por ter agido com esperteza, porque os filhos deste mundo são mais espertos do que os filhos da luz no trato com seus semelhantes. E eu vos digo: granjeai para vós amigos com a falsa riqueza para que, quando ela vier a faltar, vos recebam nas tendas eternas. Quem é fiel nas coisas pequenas também é fiel nas grandes. E quem é injusto nas coisas pequenas também é injusto nas grandes. Portanto, se na riqueza falsa não fostes fiéis nas coisas alheias, quem vos dará o que é vosso? Servo nenhum pode servir a dois senhores. Porque ou odiará um e amará o outro, ou estará com um e fará pouco do outro. Não podeis servir a Deus e à riqueza.

REFLEXÃO

Embora seja uma parábola com alguns pontos aparentemente controversos quando, por exemplo, fala em granjear amigos com a riqueza vã, é muito oportuna, pois sugere uma indagação que devemos fazer às nossas consciências: a quem servimos? A Deus ou às riquezas? Jesus volta a um tema que já havia abordado no Sermão da Montanha. Servir significa atender à vontade do senhor e também simboliza apego mental. Assim, devemos decidir a quem servir ou nos apegarmos: a Deus, representado pelos valores espirituais, ou a César, simbolizando os valores do mundo? Como já vimos, muitas vezes, esses valores são simétricos e não podemos, simultaneamente, ir para o Norte e para o Sul, ou para o mais e para o menos.

Para alertar sobre a necessidade de fazermos tal opção, Jesus utilizou uma história sobre um homem rico que tinha um administrador iníquo. Certo dia, chamou-lhe às falas, visto os rumores que havia sobre a sua imprudência na administração.

O administrador, consciente de que seria dispensado por sua incúria e sem disposição para enfrentar uma vida mais dura a que seria inevitavelmente conduzido em busca da sobrevivência, saiu à procura dos devedores do seu patrão para oferecer-lhes uma liquidação vantajosa da dívida, em troca de um apoio que lhe garantisse o futuro.

O senhor, ao saber o que o seu administrador fizera, embora condenando, reconheceu a sua esperteza em granjear amigos até superiores aos filhos da luz, isto é, aos que têm conhecimento religioso e menosprezam os recursos materiais, bem como as amizades construídas a partir de favores materiais. Isso acontece com frequência no mundo. A importância é fazer amigos, pois a amizade é fundamental na vida. Na época, por exemplo, os fariseus eram um grupo religioso separado que não dava abertura para maiores emancipações no relacionamento social. Nessa pequena história, para abordar a riqueza do mundo, designou-a como a falsa riqueza ou como coisas pequenas.

Entendemos, assim, a recomendação do Mestre de granjear amigos com a falsa riqueza. Feliz daquele que utiliza a riqueza ajudando os necessitados de todas as classes sociais. Feliz daquele que utiliza a riqueza vã para ajudar seus empregados e dependentes. Esses amigos reconhecidos poderão ajudar nos dias de penúria. Além disso, afirmou: "Quem é fiel no pouco, também o será no muito. E quem não é fiel no pouco, muito menos o será no muito". Complementando o raciocínio, perguntou o Mestre: "Portanto, se na riqueza falsa não fostes fiéis, quem confiará a verdadeira?". A riqueza falsa é a material, e a verdadeira é a espiritual. A riqueza falsa é transitória e concedida por Deus, enquanto que a verdadeira riqueza é conquista individual e imutável.

Por fim, o Mestre destaca que nenhum servo pode servir a dois senhores. Porque odiará a um e amará a outro, ou estará com um e fará pouco caso do outro. Não podeis servir a Deus e à riqueza. Em algumas traduções, encontramos a palavra "mamona", que deriva do aramaico e significa "riqueza e poder".

Ao utilizar a palavra em aramaico, o Mestre procura ressaltar que o problema não é a opulência, mas o apego a ela, isto é, "mamona" significaria a idolatria à riqueza. Quantos dissipam suas energias na sua conquista, tornando-se idólatras da falsa riqueza e esquecidos da verdadeira.

A Doutrina Espírita considera a riqueza como uma prova difícil, embora muitos Espíritos tenham conseguido vencê-la, isto é, tendo a Deus como único senhor. Um exemplo marcante foi deixado pelo grande rei Luís IX ou São Luís, bastante conhecido pelos espíritas por sua participação na Codificação, ao fazer parte do grupo de Espíritos que trabalhou com Allan Kardec. Algumas respostas de *O Livro dos espíritos* são de sua autoria.

Referência: Lc 16:1 a 13

28

A PARÁBOLA DO POBRE LÁZARO E DO RICO AVARENTO (*Lucas*, 16:19 a 31)

Ao ouvirem a parábola do feitor desonesto, os fariseus, que eram avarentos em sua maioria, vestiram a carapuça e, sem alternativas ou argumentos, começaram a zombar de Jesus.

O Mestre, então, disse-lhes: "Vós sois os que passais por justos diante dos homens. Deus, porém, conhece os vossos corações, pois o que é sublime para os homens (os valores do mundo) é abominação diante de Deus". A simetria dos valores espirituais e materiais era novamente ressaltada por Jesus.

Continuando, o Mestre afirmou: "A lei e os profetas chegam até João. Daí em diante, se anuncia o Reino de Deus, e cada um faz força para nele entrar. Todavia, é mais fácil passar o Céu e a Terra do que cair da lei um só ponto de i". O Mestre ressaltava para todos e, em especial para os sacerdotes, que a fase dos ensinamentos trazidos ao longo do tempo, inicialmente por Moisés e, depois, pelos grandes profetas hebreus, encerrara-se com João Batista.

O ciclo da Primeira Revelação terminava e começava um novo. O Reino de Deus foi anunciado por João Batista e definido por Jesus. Com Ele, o entendimento era diferente do que pensavam os fariseus. Não bastava uma adoração labial dos ensinamentos, mas uma transformação interior baseada nos valores espirituais, e tal ensinamento não seria modificado jamais.

Não viriam novos profetas afirmando o contrário. Os que, por um acaso, o fizessem seriam falsos profetas. Por outro lado, Jesus confirmava que a lei anunciada por Moisés e pelos grandes profetas jamais seria derrogada.

Complementando o tema do apego à riqueza, o Mestre narrou a parábola do pobre Lázaro e do rico avarento para os sacerdotes e a multidão, desarmando-os e harmonizando o ambiente com sua doce voz.

A PARÁBOLA

Havia um homem rico que se vestia de púrpura e linho e se banqueteava esplendidamente todos os dias. E jazia prostrado junto ao seu portão um mendigo de nome Lázaro, todo coberto de chagas, que desejava matar a fome com as migalhas que caíam da mesa do rico (mas ninguém lhe dava), e os cães iam lamber-lhe as chagas. Ora, sucedeu que o mendigo veio a morrer e foi levado pelos anjos ao seio de Abraão. Morreu, também, o rico e foi sepultado. Estando no inferno entre tormentos, elevou os olhos e de longe viu Abraão e Lázaro em seu seio. Ele, então, bradando, disse: Pai Abraão, tem compaixão de mim. Manda Lázaro que molhe a ponta do dedo na água e me refresque a língua, porque sou atormentado nessa chama! Disse-lhe Abraão: Filho, lembra-te que recebeste os teus bens em tua vida, enquanto Lázaro, os males. Agora, porém, este é consolado e tu, atormentado. Além disso, está firmado entre nós e vós um grande abismo, e os que querem passar daqui para vós não o podem, nem os daí atravessar para nós. Aquele retrucou: Então eu te peço, pai, que o envies à minha casa paterna, pois tenho cinco irmãos, e os avise, a fim de que não venham também eles para este lugar de tormentos. Mas Abraão respondeu: Eles têm Moisés e os profetas: que deem ouvidos a estes. Ele, porém, disse: Não, pai Abraão, mas se alguém dentre os mortos for ter com eles, farão penitência. Respondeu-lhe, porém: Se não dão ouvidos a Moisés e aos profetas, não acreditarão nem se ressuscitar algum dentre os mortos.

REFLEXÃO

A vida itinerante aproximava Jesus dos deserdados do mundo, compartilhando as experiências daquela gente pobre. Era preciso trazer esperança para eles e nada melhor que o Reino de Deus. Uma verdadeira boa notícia. O olhar penetrante de Jesus identifica a porta que separa a classe dominante e os estratos mais oprimidos da sociedade, principalmente porque a prosperidade era um sinal da bênção de Deus, segundo um falso entendimento que sempre existiu, principalmente na atualidade.

A parábola trata do que acontece no Mundo Espiritual: a inversão total da situação. Enquanto Lázaro é acolhido no seio de Abraão, o rico fica num lugar de aflição, no Sheol. E o rico que não tivera compaixão pede-a, agora, aos gritos.

Os judeus do século I falam do "além" de maneiras diferentes. O Hades da parábola é, no hebraico, o Sheol, um lugar de sombras e morte onde vão parar todos os mortos por igual. Ao que parece, no tempo de Jesus, era considerado um lugar de espera onde se reuniam, embora separados em planos diferentes conforme as obras na Terra, tanto os justos quanto os pecadores, até que ocorresse o juízo de Deus. Essa noção é mais parecida com o Plano Espiritual da Doutrina Espírita do que a noção de céu e inferno adotados posteriormente pelo Cristianismo.

Jesus fala de um rico poderoso e sem coração. Sua túnica de linho fino, proveniente do Egito, expressa a sua vida de luxo e ostentação. A cor púrpura de suas vestes indica que pertence a círculos muito próximos ao rei. Sua vida é uma festa. Bem perto dele, jogado junto à bela porta da sua mansão, encontra-se um mendigo que nada possuía. Situação que confrontamos muitas vezes na vida. Certamente, recebia os restos de comida, senão iria para outro lugar mendigar.

A parábola tem como base a imortalidade da alma e os efeitos, na vida espiritual, das nossas atitudes na vida material. Quem era o rico e quem era o pobre, segundo o Espírito?

Mensagem mais clara não pode haver. No Plano Espiritual, o ricaço que vivia luxuosamente no seu palacete, vestindo-se com os tecidos mais finos e se banqueteando todos os dias, sem ajudar os necessitados, tem sua consciência a queimar. A consciência é o verdadeiro juiz no nosso tribunal interior. Como já comentamos, os egípcios tinham um tribunal na Sala das Duas Verdades[3] com quarenta e dois juízes, onde o Espírito era interrogado. Conforme o saldo positivo ou negativo de suas ações, o Espírito tinha seu destino lavrado. Certamente, é melhor ser julgado por quarenta e dois juízes do que por nossa própria consciência, onde estão inscritas as Leis Divinas.

Evidentemente, o Mestre adaptou o Plano Espiritual para os fins da parábola. Sabemos que os Espíritos em sofrimento não veem os Espíritos equilibrados, pois existe uma separação vibracional, não espacial. Além disso, os Espíritos equilibrados podem visitar os planos inferiores, enquanto que o contrário não é possível. O mais contém o menos, isto é, o Espírito que vibra numa frequência maior pode visitar o de menor, mas este, ao contrário, não pode fazê-lo. A física nos ensina isso.

Por outro lado, nos chama a atenção que o rico não demonstrou arrependimento. Este é o primeiro passo para a reabilitação e é a ponte

---

[3] N.E.: De acordo com as crenças do Antigo Egito, a morte física não era o fim da existência. Para poder ascender a uma vida no Além, era necessário ter levado uma vida de acordo com a *Maet*, conceito egípcio que traduz a ideia da ordem universal marcada por justiça e harmonia. A Sala das Duas Verdades era o lugar onde o destino do Espírito era selado. Ali existia uma balança. Estavam presentes na cerimônia Osíris, sentado no trono, e quarenta e dois juízes. O Espírito fazia quarenta e duas declarações de inocência – cada uma anunciada a um dos juízes –, e seu coração era pesado na balança: num dos pratos, colocava-se uma pena de avestruz (representação da leveza ou do coração da deusa Maat); no outro, o coração. Se os dois pratos se equilibrassem, o Espírito estaria absolvido, mas, em caso de ter mentido, o coração tornava-se pesado e não existiria mais a possibilidade de uma nova vida.

que consegue vencer os abismos de sombra nos quais se afundam os Espíritos sofredores.

Interessante notar que o rico, em sofrimento, pede a Abraão, o primeiro patriarca dos hebreus, uma concessão espiritual, solicitando que Lázaro fosse até a Terra e alertasse seus cinco irmãos da realidade do Mundo Espiritual, como também a perenidade dos valores espirituais. Podemos afirmar que muitos dos que despertam no Plano Espiritual na condição de sofrimento por sua incúria desejariam retornar a seus parentes e amigos para alertá-los da realidade espiritual!

Jesus responde então, com sabedoria, que eles tinham os ensinamentos de Moisés e dos grandes profetas, mas não davam atenção. Certamente, não dariam ao Espírito de Lázaro. O mesmo aconteceu com o Mestre. Quantos ouviram que Ele voltou redivivo do mundo dos mortos numa lição definitiva e não acreditaram nele? Quantos, atualmente, dizem crer nele, mas têm um comportamento indiferente à realidade espiritual? Entretanto, merece registro que foi a ressurreição de Jesus, isto é, a sua vitória sobre a morte, o catalisador da divulgação da mensagem cristã nascente. O Mundo Espiritual sempre se fez presente junto aos homens, principalmente por meio da Doutrina Espírita e, ainda hoje, uma grande parcela da humanidade não acredita na imortalidade da alma.

Considerando o cenário da época, destacamos que o conhecimento da vida espiritual, bem como da reencarnação, era superficial. A morte sempre foi uma questão importante para os antigos, mas não estava no centro das atenções dos judeus. Entretanto, o sofrimento desabou sobre o povo judeu ao longo do tempo, principalmente a deportação para a Babilônia por volta de 550 a.C. Nessa situação, o Reino de Deus estava longe de ser realizado na Terra, e as esperanças se voltaram para o Além, para outras vidas. Assim, tais conhecimentos foram trazidos paulatinamente, o que propiciou ao Mestre a oportunidade da parábola.

Por fim, lembramos que o homem é o criador do seu próprio céu ou do seu próprio inferno, e eles se encontram no seu mundo interior. O umbral é a região do espaço onde se encontram, transitoriamente domiciliados, os Espíritos que têm um "inferno" interior. De igual modo, nos orbes espirituais superiores, encontram-se aqueles com um "céu" interno.

Referências: Lc 16:14 a 17, Lc 16:19 a 31

29

A PARÁBOLA DO SERVO INÚTIL
(*Lucas*, 17:7 a 10)

Embora numa região afastada do centro de poder religioso, a pressão sobre o Mestre e seus discípulos continuava intensa, desenvolvendo um clima de dúvida interna entre eles. Será que Ele era realmente o Filho de Deus, o Messias prometido? Apesar da serena e confiante atitude de Jesus, testemunhando seu Espírito Superior, a tensão constante criava uma ambiência insuportável que fazia medrar a dúvida interior.

Assim, no meio do caminho para a Judeia e ainda a sudoeste do lago de Genesaré, em fevereiro de 33, o Mestre procurou exortar a fé aos seus companheiros, que ficavam admirados com sua postura calma e confiante. Certo dia, lhe fizeram uma solicitação inusitada, que, aliás, todos nós gostaríamos de fazer: "Aumenta-nos a fé!". Disse, então, o Senhor: "Se tiverdes fé de um grão de mostarda, direis a esta amoreira: arranca-te daí e transplanta-te no mar! E ela vos obedecerá". Uma figura de imagem vigorosa da força da fé, que nos faz refletir sobre o tamanho da nossa. Quantos têm uma fé do tamanho de um grão de mostarda?

Esta é uma expressão típica dos orientais. Em nossa linguagem, significa o poder da fé viva, que nada mais é do que o poder mental. A fé é uma posição mental de confiança inabalável nos desígnios do Pai. Nessa condição, os pensamentos são verdadeiramente poderosos.

Visitando o passado, verificamos que a mente e o pensamento sempre foram colocados de lado pela ciência dos homens. Parece-nos que a ciência considerava a mente uma entidade à parte, cuja responsabilidade era da religião. Como a religião e a ciência sempre estiveram em polos opostos, poucos se destacaram nesse campo, muitos deles leigos, e os tratamentos sempre foram os mais estranhos possíveis. Na Idade Média, a loucura era considerada uma forma de atuação do diabo.

A situação começou a mudar no início do século XX, quando, após os terríveis impactos da Primeira Guerra Mundial, os médicos começaram a desenvolver a medicina psicossomática, estudando os reflexos psíquicos no equilíbrio orgânico.

A Doutrina Espírita, ao afirmar que a sede do pensamento é a mente do Espírito, avança nessa questão e, no futuro, a medicina será fisio (corpo material) psicossomática (períspirito).

Voltando ao tema, destacamos que, numa reflexão interna, concluímos que o Evangelho é um livro diferente, pois quanto mais estudamos, mais nos consideramos reprovados. Não temos essa fé e entendemos bem o pedido dos apóstolos. É o nosso pedido, a nossa súplica ao Mestre.

A seguir, Jesus apresentaria a parábola do servo inútil, que constitui a última lição trazida antes de descer, definitivamente, para Jerusalém, na sua derradeira jornada.

A PARÁBOLA

Quem de vós, tendo um servo a guiar o arado ou a pastorear, lhe diz quando ele volta do campo: Vem logo, senta-te à mesa! Ou antes, lhe dirá: Prepara-me a ceia, cinge-te e serve-me, enquanto eu como e bebo; depois disso, tu comerás e beberás! Por acaso fica em obrigação perante tal servo porque ele fez o que lhe ordenou? Digo que não. Assim também vós, quando tiverdes feito tudo o que vos for mandado, dizei: Somos servos inúteis. Fizemos o que devíamos fazer.

REFLEXÃO

Jesus definiu como servo inútil o que faz o que tem de fazer. Certamente, o Mestre não desmereceria quem cumpre suas responsabilidades. Bem sabemos que a maioria não cumpre seus compromissos espirituais. Assim, devemos buscar outra visão para sua lição, considerando sua própria atitude durante seu ministério público.

O Mestre sabia bem da nossa condição de instrumentos da Bondade Divina e, por essa razão, jamais ficava para receber os cumprimentos e os agradecimentos pelas bênçãos espalhadas. Dentro dessa lógica, podemos entender o ensinamento do Mestre como uma orientação para que evitemos o orgulho e a vaidade nas atividades do bem, pois todo bem procede do Pai.

Poderíamos, também, num exercício, considerar a condição do servo útil, isto é, aquele que faz algo mais é um dos que excedem as próprias expectativas. Evidentemente que este algo mais dependerá sempre do nosso livre-arbítrio. Certamente, Espíritos como Teresa de Calcutá e Francisco Cândido Xavier, para destacarmos personalidades contemporâneas, realizaram muito mais do que havia sido programado para ambos. São servos úteis.

O servo útil é pródigo nos frutos. Durante a famosa ceia pascal, que comentaremos adiante, Jesus afirmou: "Quem permanece em mim e eu nele, esse produz muito fruto, porque sem mim nada podeis fazer". Considerando tal lição, não pode ser chamado de servo aquele que não cumpre suas obrigações. Até no mundo, quem não as cumpre é dispensado.

À semelhança do Evangelho, atualmente, no mundo da gestão empresarial corporativa, são desenvolvidas técnicas para tornar os funcionários servos úteis, isto é, que fazem mais que suas obrigações.

Referência: Lc 17:5 a 10

30

A PARÁBOLA DA VIÚVA INSISTENTE
(*Lucas*, 18:1 a 8)

No final de fevereiro do ano 33, Jesus iniciou sua última e decisiva jornada em direção à região da Judeia, finalizando em Jerusalém. Estava se aproximando o momento dramático da sua crucificação, um testemunho de amor insuperável que aceleraria o progresso moral da humanidade.

Seguindo uma rota tradicional pela Samaria, mas não utilizada pelos judeus, na margem ocidental do rio Jordão, Jesus chegou à aldeia de Genin, onde aconteceu um fato marcante. Um grupo de dez leprosos, na entrada da aldeia, clamou por misericórdia e compaixão. Naquela época em especial, os leprosos eram preconceituados ao extremo. Primeiro, pelo problema físico em si. A lepra designava toda doença na pele, inclusive o Mal de Hansen. Os doentes viviam em comunidades afastadas das cidades e utilizavam sinos para alertar, sonoramente, os saudáveis para se afastarem. Além desse preconceito, havia o espiritual. Com um entendimento incompleto e simples das questões que envolvem a reencarnação, os judeus identificavam nessa situação a expiação, isto é, um Espírito impuro em processo de castigo. Nesse cenário, medrava, então, outro preconceito daqueles que se consideravam puros. Eles desconheciam a provação, isto é, a situação em que o Espírito é testado para demonstrar a aquisição dos dons de Deus.

O grupo de leprosos gritou para o Mestre, a fim de não constrangê-lo com uma proximidade inconveniente, o que certamente era desnecessário para Jesus. Após alguns instantes de expectativa, Ele falou ao grupo, pedindo-lhes que se apresentassem ao sacerdote, como rezava a lei. Jesus, de forma indireta, trazia a notícia da cura para os leprosos, pois não era do seu feitio gritar que eles estavam curados. E eles, então, foram, felizes, em direção à sinagoga de Genin atender à prescrição legal.

Um deles, porém, lembrando-se de algo importante, retornou ao Mestre, ajoelhou-se e, com o rosto no chão, agradeceu a bênção recebida. Esse leproso, em especial, era o mais desprezado, porque, além de tudo, era samaritano. Jesus, então, fez a famosa pergunta: "E os outros nove, onde estão?". Depois recordou mais uma vez: "Levanta-te e vai. A tua fé te salvou". Certamente, Ele não queria o agradecimento para si. Jamais permaneceu num local para receber os cumprimentos ou reverências, pois toda glória é para Deus. Jesus tinha a plena consciência da sua condição de instrumento do Pai. Assim, todo e qualquer agradecimento deve ser para Deus.

Reparem que apenas um dos dez agradeceu, isto é, dez por cento. O percentual reflete nosso comportamento, pois, normalmente, reclamamos mais do que agradecemos. Entretanto, quantas bênçãos recebemos diariamente da bondade divina e não agradecemos! Paulo de Tarso afirmava que devemos agradecer a Deus por tudo, até por nossas provações. Lição que não deve ser jamais esquecida. Quantas dádivas ocultas recebemos? Quanto mal evitado? E mesmo o mal recebido nos serve de aprendizado. Hoje, a ciência reconhece a importância do agradecimento.

De Genin, o Mestre continuou sua marcha para Jerusalém, fazendo uma derivação para Sudeste, atravessando novamente o rio Jordão e chegando às terras da Betânia da Transjordânia. O clima continuava tenso, embora a cura dos dez leprosos já tivesse contribuído para aumentar a confiança dos discípulos em Jesus.

Ao chegar, os fariseus se aproximaram, perguntando sobre quando viria o Reino de Deus. A longa espera trazia ansiedade para todos. A resposta de Jesus foi definitiva: "O Reino de Deus não vem com aparato, nem dirão: Ei-lo aqui! Ou: Ei-lo ali! Porque, vede bem: o Reino de Deus já está dentro de vós".

Vasculhamos nosso mundo interior e não encontramos esse Reino, pois, no nosso caso, encontra-se enterrado e somente com nossa evolução espiritual ele se manifestará. Entendemos as palavras do Mestre como uma afirmativa de que o Reino está, potencialmente, dentro de nós, aguardando nosso esforço para se manifestar.

A seguir, o Mestre falou da chegada do Filho do Homem, que há de vir no juízo, conforme as promessas do grande profeta Daniel. Jesus afirmou:

> Porque assim como o relâmpago brilha de um extremo a outro do céu, assim há de fazer o Filho do Homem no seu dia. Antes ele deve sofrer muito e ser rejeitado por esta geração. E como aconteceu nos dias de Noé, há de ser também nos dias do Filho do Homem: comiam e bebiam, casavam-se e davam-se em casamento, até o dia em que Noé entrou na arca. Veio então o dilúvio e consumiu a todos. Igualmente como sucedeu nos dias de Lot: bebiam e comiam, vendiam e compravam, plantavam e edificavam, mas no dia em que Lot saiu de Sodoma, choveu do céu fogo e enxofre e todos morreram. Igualmente, assim há de ser no dia em que o Filho do Homem se manifestar. Nesse dia, quem estiver no terraço e seus pertences em casa não desça para pegá-los. Do mesmo modo, quem estiver no campo não volte atrás. Lembrai-vos da mulher de Lot.

Recordemos que ela virou uma pedra de sal ao olhar para trás. Temos que olhar para frente sempre, sem medo de fazermos as revisões necessárias nas nossas vidas.

E Jesus continuou a falar:

Quem procurar pôr a salvo a própria vida a perderá. E quem quiser perdê-la a conservará. Digo-vos que, naquela noite, estarão dois em uma cama: um será tomado, e o outro será deixado. Duas estarão juntas a moer: uma será tomada, e a outra, abandonada. Dois estarão no campo: um será tomado, e o outro será deixado.

Tomando a palavra, disseram-lhe: "Onde, Senhor?". Respondeu-lhes: "Onde estiver o cadáver, aí também se ajuntarão as águias". Realmente, as águias do mundo estarão sempre cercando os mortos para matéria, mas vivos para o espírito.

Muitos consideram que, nesse momento, Jesus estaria falando de uma segunda vinda. Essa esperança animou parte da comunidade cristã até meados do século II. Interpretamos o texto como um alerta sobre a transição planetária e os momentos futuros da mudança da condição espiritual da Terra, quando, então, acontecerá a separação vibracional dos Espíritos. Essa separação foi comentada pelo Mestre simbolicamente no texto acima.

É fato que, ao falar do juízo, o Mestre tinha que falar sobre a confiança em Deus, porque fica difícil iniciar o processo da salvação sem ter a fé de que contaremos sempre com a justiça e, principalmente, com a misericórdia de Deus.

Evidentemente que, nesse processo, a oração é de fundamental importância, e o Mestre trouxe a parábola da viúva insistente especialmente para seus discípulos de todos os tempos.

A PARÁBOLA

Havia numa cidade um juiz que não temia a Deus e não respeitava homem nenhum. Havia, também, nessa mesma cidade, uma viúva que ia ter com ele, dizendo: Faze-me justiça contra o meu adversário. E ele, por muito tempo, não o queria fazer. Mas depois disse consigo mesmo:

A parábola da viúva insistente (Lucas, 18:1-8)

Embora eu não tema a Deus nem respeite homem algum, todavia, já que essa viúva me incomoda, vou fazer-lhe justiça para que ela, no fim, não venha a me difamar. E concluiu o Senhor: Escutai o que diz esse juiz iníquo! E Deus não haverá de fazer justiça aos seus eleitos que o chamam dia e noite, embora suporte pacientemente por eles? Digo-vos que bem depressa lhes fará justiça. Todavia, o Filho do Homem, quando vier, encontrará porventura a fé sobre a Terra?

REFLEXÃO

Devemos ter confiança no Pai, a certeza de que as nossas preces sinceras serão ouvidas e de que teremos sempre uma resposta da Misericórdia Divina. Ela pode ser diferente da que pedimos, mas, certamente, é aquela de que precisamos.

Para melhor exemplificar, o Mestre nos apresenta a história da viúva insistente. Ora, se um juiz iníquo atende aos apelos da viúva por sua insistência, quanto mais o nosso Pai Celestial.

Encontramos na viúva uma virtude essencial, que é a perseverança. Sem ela, não podemos desenvolver as outras virtudes. Como desenvolver a tolerância, a caridade, o perdão, a paciência e a misericórdia no nosso mundo interior sem a perseverança? Com a perseverança podemos vencer dois inimigos íntimos que estão sempre alertas, como águias no campo das nossas almas, para atacarem as nossas melhores intenções: a preguiça, que surge no momento das nossas tarefas espirituais, já que estamos renunciando a horas de lazer ou descanso.

Como o jejum à época de Jesus era um sacrifício realizado duas vezes na semana, nós também temos que fazer um "jejum" dos nossos interesses e das nossas horas livres a favor do próximo. Aliás, uma boa medida para quantificarmos nosso interesse nas questões espirituais é avaliar o que fazemos com nossas horas livres. Evidentemente que a oferta delas é uma conquista a ser feita paulatinamente, como toda conquista espiritual.

    O outro inimigo íntimo que a perseverança nos ajuda a vencer é a consciência culpada. A queda é natural na nossa condição evolutiva. Assim, não é porque passamos a frequentar um Centro Espírita ou qualquer igreja que vamos evitar o erro, pois, na nossa condição evolutiva, é comum. O que não é ou o que não podemos fazer é permanecer caídos. A perseverança nos faz levantar envergonhados interiormente, mas retomando a caminhada ascensional e de modo que venhamos a vencer um complexo de culpa que nasce no nosso íntimo e onde nos escondemos. O remorso é um processo negativo se for contínuo. Entretanto, se transformado em arrependimento, a criatura inicia a reparação de suas faltas. É claro que não basta o arrependimento, que é um processo de transição ou de mudança de direção. O autoperdão e a reparação nos fazem seguir adiante, transformando o erro em experiência.

    Essa parábola exalta, fundamentalmente, a misericórdia de Deus. Perseverem e sejam fiéis, porque Deus é misericordioso. Se um juiz iníquo atende, quanto mais Deus, que é nosso Pai Amoroso!

    Jesus voltou a abordar o tema da parábola do amigo inoportuno: orar sempre. Para destacar a lição, trouxe uma comparação exagerada: Deus não fica importunado por nossos pedidos, nem nos atende para se ver livre da nossa importunação. A comparação ilustra, drasticamente, a ideia central da parábola: o homem deve orar, pedir, buscar e bater tão impetuosamente como se incomodasse a Deus.

    Por fim, perguntamos: por que há necessidade de pedir, se Deus é onisciente e sabe tudo de que necessitamos? A finalidade é que possamos estar em sintonia com o Pai e, assim, recebermos a ajuda. Com a prece, aumentamos nossas possibilidades, pois diz um velho adágio: "o recebido está no recipiente segundo a capacidade do recipiente".

Referências: Lc 17:11 a 37, Lc 18:1 a 8

31

A PARÁBOLA DO FARISEU E DO PUBLICANO
(*Lucas*, 18:9 a 14)

Após exortar a necessidade da perseverança na prece, baseando seus argumentos na misericórdia do Pai, Jesus voltou sua atenção para os fariseus, que ainda discutiam a lição do Reino de Deus. Observando os comentários soberbos de alguns deles, o Mestre, ainda falando da oração, alertou sobre um vírus que se desenvolve com muita facilidade nas comunidades religiosas: a vaidade. Daí surge outro problema, que é o preconceito direcionado àqueles que consideramos em erro.

A Doutrina Espírita ensina que a diferença entre aquele que está errando hoje e aquele que não está é apenas um posicionamento no tempo. Podemos até não estar errando hoje, mas certamente já erramos no passado.

Assim, o Mestre apresentaria a parábola do fariseu e do publicano.

A PARÁBOLA

Para alguns que confiavam em si mesmos como se fossem justos e desprezavam os outros, disse ainda esta parábola: Dois homens subiram ao templo para rezar: um fariseu e um publicano. O fariseu, de pé, assim rezava no seu íntimo: Ó Deus, eu te agradeço porque não sou como os demais homens: ladrões, injustos, adúlteros, nem como esse publicano. Jejuo duas vezes por semana, pago os dízimos de tudo que adquiro. E o publicano, parando ao longe, nem queria levantar os olhos aos Céus, mas batia no peito, dizendo: Ó Deus, tem compaixão de mim, pecador! Digo-vos que este voltou para casa justificado, ao contrário do outro. Porque todo aquele que se exalta será humilhado. E quem se humilha será exaltado.

REFLEXÃO

A parábola deve ter despertado a atenção dos ouvintes, porque comparou a atitude e o sentimento de dois homens, supostamente bem diferentes perante Deus, segundo o entendimento religioso da época. Os fariseus seguiam um "código de pureza" de ações exteriores, e Jesus anunciava um "código de compaixão" de sentimentos interiores. A parábola foi direcionada, principalmente, para os que se julgam justificados perante Deus apenas por professarem determinado credo ou por atenderem rituais e prescrições externas. O fariseu achava que estava cumprindo fielmente a vontade de Deus.

Devemos estar alertas contra o espírito farisaico. No caso, o fariseu orava de pé, seguro, sem nenhum temor. Sua consciência não o acusava de nada e se sentia justificado e purificado por jejuar duas vezes por semana, nas segundas e quintas-feiras, e por pagar o dízimo devido. Se fossem essas as exigências para garantirmos nossa evolução, seria ótimo. Entretanto, bem sabemos, não são.

O "código de pureza" diferenciava coisas e pessoas em puras e impuras, sendo excludente. O "código da compaixão" de Jesus, ao contrário, era eminentemente includente, pois era aberto a todos.

A parábola, mais uma vez, destaca a misericórdia do Pai para com os pecadores. Os publicanos eram os que cobravam impostos nos campos e

A parábola do fariseu e do publicano (Lucas, 18:9-14)

cidades, a serviço dos coletores chefes regionais ligados às grandes famílias, e, por essa razão, eram odiados e excluídos da salvação, Normalmente, o trabalho sujo e desgastante era feito por servos ou escravos.

Quanto à oração, ela não é apenas movimento labial de palavras bonitas. Quem aumenta a frequência das nossas ondas mentais é o nosso sentimento. Quanto mais amor, mais alta a frequência da onda mental irradiada, atingindo as esferas espirituais superiores.

Numa época em que o sacrifício era mais importante do que a prece, a parábola do fariseu e do publicano procurou complementar as orientações sobre nosso comportamento durante a prece.

A postura interior durante a prece é fundamental. Muitas vezes nos voltamos ao Pai na condição de vítima, esperando que Deus nos justifique ou, até mesmo, nos vingue. Outras vezes, cobramos benesses por nos considerarmos religiosos e, muitas vezes, nos revoltamos interiormente quando não somos atendidos. De certa maneira, ficamos "de mal" com Deus.

No caso da parábola, o Mestre utilizou o proceder de um fariseu que se considerava justo, isto é, ajustado à lei, que num extremo de vaidade se compara com um publicano para ressaltar virtudes e merecimento dos favores solicitados. Embora desprezados socialmente, a categoria forneceu duas personalidades importantes no ministério público de Jesus: Levi, o publicano de Cafarnaum, que nos trouxe o exemplo da adesão mais rápida e incondicional ao Evangelho. O outro foi Zaqueu, que morava em Jericó, como veremos adiante.

Na parábola, há um dado importante: o cobrador de impostos apelou para a misericórdia de Deus. Quando alguém se sente bem consigo mesmo e diante dos outros, quando se apoia na sua própria vida, não parece precisar de mais nada. Mas, quando a consciência o declara culpado e desaparece sua segurança, a criatura sente necessidade de refugiar-se na misericórdia de Deus.

Entretanto, a parábola está direcionada, repetimos, principalmente aos religiosos de todos os tempos que se acham justificados por frequentarem determinada escola religiosa e atenderem às suas prescrições regimentais ou a seus rituais. Muitas vezes, aos gritos, pronunciam sentenças condenatórias, quais tresloucados, e estão envolvidos pela vaidade desequilibrante.

A preocupação com as manifestações religiosas exteriores pode levar à hipocrisia e, como consequência, a criatura se achar superior aos que estão em erro.

Ressaltamos que o espírito farisaico ainda permanece ativo nas escolas religiosas de todas as denominações, o que leva seus seguidores ao esquecimento de que o Evangelho é um livro diferente, pois quanto mais estudamos, mais nos conscientizamos de que estamos reprovados.

Por fim, gostaríamos de falar um pouco sobre os preconceitos.

Preconceituar é conceituar antes, é a avaliação antecipada de determinado fato ou pessoa. Uma das características do ser humano é sua capacidade de análise, e o fazemos constantemente. Entretanto, precisamos nos acautelar das avaliações precipitadas que nos levam ao engano. Muitas vezes, somos iludidos pelas aparências exteriores, isto é, pela cor da pele, pela profissão ou pela fé religiosa diversa da nossa e lavramos uma sentença precipitada.

Tal qual o Mestre ensinou no Sermão da Montanha, devemos avaliar as criaturas pelos frutos. Como o fruto representa a essência da árvore, devemos reconhecer, isto é, avaliar pelo espírito, por seus valores espirituais.

Outra questão que surge com frequência, após a análise, é a condenação. O julgamento interno dos fatos e das pessoas é uma condição inerente à nossa capacidade de raciocinar até para evitarmos seguir um caminho inadequado. Entretanto, o Evangelho nos recomenda que, feita a análise, não condenemos as criaturas em erro. Se possível, ajudemos sempre em qualquer situação.

Referência: Lc 18:9 a 14

32

A PARÁBOLA DOS OPERÁRIOS
(*Mateus*, 20:1 a 16)

As ruínas de Betânia ficam numa região de um país que leva o nome do rio Jordão e conhecida como Wadi-Kharrar, que significa "vale melodioso", em referência ao ruído das águas do rio. Sons da natureza reveladora da presença divina, na qual temos que confiar.

Após falar da confiança em Deus e recomendar vigilância contra o espírito farisaico, que se desenvolve em qualquer escola religiosa, Jesus voltou a exortar a misericórdia do Pai. Acostumados por séculos a um Deus de justiça, que se solidificou no inconsciente coletivo, era necessário enfatizar a visão da misericórdia, principalmente para os pecadores.

Na verdade, o grande alicerce da confiança em Deus é sua misericórdia. Mais do que sua justiça. Assim, o Mestre apresentaria a famosa parábola dos operários ou dos trabalhadores da última hora.

A PARÁBOLA

O Reino dos Céus é semelhante a um pai de família que, ao romper da aurora, saiu para assalariar trabalhadores para sua vinha. E contratando com os operários um denário por dia, mandou-os para a sua vinha.

Saindo depois, aí pela hora terça, viu na praça outros sem trabalho e lhes disse: Ide também vós para a minha vinha, e vos darei o que for justo. E eles foram. Saindo novamente pela hora sexta e nona, fez o mesmo. Quase à undécima hora tornou a sair e encontrou ainda outros que lá estavam, e lhes disse: Por que ficais aqui o dia todo sem fazer nada? Responderam-lhe: Porque ninguém nos contratou. Disse-lhes ele: Ide também vós para minha vinha. Ao entardecer, o dono da vinha disse ao feitor: Chama os trabalhadores e paga-lhes o salário, começando pelos últimos até os primeiros. Ao chegarem os da undécima hora, receberam um denário cada um. Vindo em seguida os primeiros, julgaram que haviam de receber mais. No entanto, também eles receberam um denário cada um. Ao receberem, murmuravam contra o pai de família, dizendo: Esses que vieram por último não trabalharam senão uma hora, e tu os igualastes a nós que suportamos o peso do dia e do calor! Mas ele, respondendo a um, disse: Amigo, eu não te faço injustiça. Por acaso não combinaste comigo um denário? Toma o que te pertence e vai-te embora. Eu, porém, quero dar a esse último tanto como a ti. Porventura, não me é lícito fazer o que quero do que me pertence? Ou então, o teu olho é perverso, porque eu sou bom? Assim, também, os últimos serão os primeiros, e os primeiros serão os últimos. Porque são muitos os chamados e poucos os escolhidos.

REFLEXÃO

Os grandes proprietários pertenciam à classe poderosa e dominante. Em geral, não viviam nas aldeias, mas em alguma cidade, e gerenciavam suas terras por meio de algum administrador. Só durante a vindima ou no recolhimento da colheita se aproximavam de sua propriedade para acompanhar de perto o trabalho.

A parábola dos operários (Mateus, 20:1-16)

A parábola é baseada numa situação comum e preocupante em todas as épocas, que é o fantasma da falta de trabalho. Alguns eruditos consideram que existiam textos rabínicos semelhantes na época. Os trabalhadores diaristas ficavam aguardando que alguém os contratasse nas praças. Ainda é assim em muitos lugares onde predomina a agricultura.

Na hora de pagar os operários, o dono ordena que o pagamento se faça a começar pelos que acabam de chegar, ou os da undécima hora (17 horas). Até então, tranquilos, os diaristas da primeira hora (6 horas) ficam decepcionados ao verem que todos recebem um denário. Não é injusto? O senso de justiça fala alto e eles reclamam, ajudados pelos da hora terça (9 horas), sexta e nona.

A resposta do dono é firme e prática: "Amigo, eu não te faço injustiça. Por acaso não combinaste comigo um denário? O teu olho é perverso porque eu sou bom?". Os que se queixam pensam num sistema de estrita justiça, que é rompido pela bondade que não prejudica ninguém.

De qualquer maneira, a exemplo dos trabalhadores da primeira hora que reclamaram, nós também temos dificuldade de entender o posicionamento do chefe de família. Assim, surgem interpretações que buscam sentido na justiça e no mérito. O trabalhador da última hora trabalhou menos, no entanto, foi mais eficiente e, por essa razão, teria recebido o mesmo dos que vinham trabalhando desde cedo.

Acima de qualquer interpretação, devemos buscar a essência da mensagem: Deus é bom e misericordioso. É certo que transitamos com mais desenvoltura e entendemos melhor os aspectos da justiça e, por essa razão, temos dificuldades de entender a misericórdia do Pai. Os ensinamentos de Jesus sobre o tema são, geralmente, os que temos maiores obstáculos para entender e praticar. De fato, gostamos muito da misericórdia para nós, deixando a justiça para o nosso próximo.

Como entender o amor ao inimigo? Como entender perdoar setenta vezes sete vezes? São lições drásticas da misericórdia e, como temos dificuldades de entender e, principalmente, praticar, elaboramos interpretações intelectuais para lições claras e objetivas que justifiquem o nosso afastamento do amor divino, aplacando o desconforto da consciência culpada.

Na verdade, ao longo do tempo, nós sempre fomos mais acostumados à justiça do que à misericórdia. A visão do Deus de justiça é bem mais antiga, é o Deus do Velho Testamento, o Deus de Moisés. Assim, muitas vezes, interpretamos a parábola supondo que o trabalhador da última hora foi tão eficiente quanto os primeiros, embora tenha trabalhado apenas uma hora. Sabemos que devemos obrar com qualidade e eficiência, mas essa visão se baseia na justiça, e não na misericórdia.

Como já destacamos, a lente da misericórdia foi enfatizada por Jesus, embora não fosse nova, pois toda transformação no pensamento humano, em especial no religioso, é sempre precedido por vários missionários que lhes preparam o terreno.

Ora, sendo a Lei de Deus de justiça, mas também de misericórdia, e considerando que somos seus instrumentos, concluímos que, quando ignorantes, normalmente, somos instrumentos da justiça; quando evoluímos, somos instrumentos da misericórdia.

A misericórdia do Pai é atemporal, não existindo antiguidade na realização interna do Reino de Deus. O Reino é o mesmo para todos. Não há diferenças, pois o objetivo final é semelhante, mesmo para aqueles que se encontrem no erro. Deus age como aquele patrão que se apiedou dos que não tinham trabalho, bem como de suas famílias. Este é o modo de agir do Pai, que inclui todos na salvação: pecadores, publicanos, leprosos, doentes e deserdados do mundo na salvação. Assim é o Deus compassivo e a mensagem da Boa-Nova.

Não era fácil aceitar a mensagem de Jesus, pois seria necessário mudar as atitudes. Deus é acolhedor e compreensivo, e quem quisesse participar do Reino de Deus deveria seguir o mesmo caminho.

A parábola dos operários (MATEUS, 20:1-16)

Por fim, destacamos que Deus nos ama pelo que Ele é, e não por aquilo que fazemos. Deus é amor!

Referência: Mt 20:1 a 16

33

A PARÁBOLA DAS MINAS
(*Lucas*, 19:11 a 27)

Jesus permaneceu poucos dias na Betânia da Transjordânia, pois, nos primeiros dias de março, recebeu informações preocupantes sobre Lázaro, que estava precisando de ajuda. Lembramos que ele vivia na Betânia da Judeia. Convocou, então, os discípulos de imediato para seguirem viagem, o que causou receio diante do clima de hostilidade crescente. Disseram os discípulos: "Mestre, agora mesmo os judeus procuravam apedrejar-te e voltas novamente para lá?". Compreendendo o momento, Jesus respondeu: "Não são doze horas do dia? Se alguém caminha de dia, não tropeça, porque vê a luz do mundo; porém, se caminha de noite, tropeça porque lhe falta luz?".

Ao chegar a Betânia, Jesus tomou conhecimento de que Lázaro já estava sepultado havia quatro dias. Pela proximidade de Jerusalém, que distava cerca de quinze estádios (aproximadamente três quilômetros), alguns judeus amigos de Marta e Maria lá se encontravam para prestarem solidariedade. Emocionado, o Mestre chorou junto com Maria e, resolvendo agir, afirmou: "Eu sou a ressurreição e vida. Quem crê em mim, ainda que morra, viverá. E todo aquele que vive e crê em mim não morrerá jamais". Passando à ação, o Mestre ressuscitou Lázaro.

Esse momento foi rico de sentimentos humanos: dor, emoção e saudade. Jesus chorou, pela primeira vez, envolvido profundamente pela família humana de Lázaro.

Devemos registrar que esse acontecimento foi crucial e importante dentro da missão de Jesus. Os judeus que lá estavam e testemunharam a ação retornaram impressionados a Jerusalém. Os próprios discípulos, que desde a saída da Galileia viviam num cenário de pressão, já questionavam interiormente e em conversas íntimas se realmente Jesus era o Messias esperado. Começava a surgir o fantasma da dúvida. Agora, entretanto, tiveram o ânimo renovado. A ressurreição de Lázaro havia confirmado as qualidades únicas de Jesus. O grupo reviveu e a esperança voltou.

A informação rapidamente se espalhou em Jerusalém, surpreendendo a todos. Era o assunto do momento nas rodas de conversas. Foi, então, que o Sinédrio, preocupado, reuniu o seu Conselho imediatamente, decidindo pela sentença de morte de Jesus. Temia-se que milagres dessa natureza induzissem o povo a seguir o caminho da rebelião e provocassem a intervenção dos romanos. Como manifestou o sumo sacerdote Caifás, "é preferível que morra um só homem pelo povo a deixar morrer a nação inteira". Os argumentos contra Jesus foram os mais variados.

Como não havia ainda chegado a sua hora, o Mestre saiu de Betânia para ganhar tempo, dirigindo-se para o Norte, na região montanhosa de Efraim, uma cidade isolada num monte, vinte quilômetros a nordeste de Jerusalém, e onde, no passado, existiu a antiga capital do reino de Israel, chamada Silo, permanecendo lá até a chegada da proximidade da Páscoa. Ele era o Cordeiro de Deus e deveria ser imolado na grande festividade.

Ao se aproximar o início da Páscoa, isto é, meados de março de 33, o Mestre iniciou sua derradeira caminhada rumo a Jerusalém. Chegara, finalmente, o momento do grande testemunho. No caminho, o Mestre chamou os discípulos e falou da sua paixão: "Eis que subimos a Jerusalém, e o Filho do Homem será entregue aos grandes sacerdotes e escribas que o condenarão à morte e o entregarão aos gentios. E escarnecerão e lhe hão de cuspir, o flagelarão, e lhe darão à morte, mas ele ressuscitará depois de três dias".

Os discípulos não entenderam o recado. Foi quando, então, os irmãos Tiago e João pediram: "Mestre, concede-nos que, na tua glória, nos sentemos um a tua direita e outro a tua esquerda". O Mestre respondeu enternecido, principalmente para o jovem João, o discípulo amado: "Não compete a mim concedê-lo, mas é daqueles para quem está preparado".

Os outros discípulos indignaram-se, fazendo com que o Mestre ensinasse seu maior paradoxo: "E quem dentre vós quiser ser o primeiro será o servo de todos. Porque nem mesmo o Filho do Homem veio para que o servissem, mas para servir e para dar a própria vida em redenção de muitos". Aos olhos dos homens, trata-se de uma aberração, uma subversão dos valores.

Após passarem pela planície de Jericó, chegaram a uma cidade que era um importante ponto de parada de caravanas de peregrinos. Por ser um renomado e belo oásis, Herodes, o Grande, construiu suntuosos palácios ao sul da cidade. Ao sair da parte velha para a nova, o Mestre escutou uma súplica feita quase aos gritos: "Jesus, filho de Davi, tem compaixão de mim!". Um cego chamado Bartimeu, sentado à beira do caminho, começou a gritar para chamar a atenção do Mestre, que se comoveu e o curou. É interessante que o cego chamou Jesus de "filho de Davi", isto é, descendente do segundo rei judeu, conforme a profecia de Natã. Ao entrar na parte nova e mais rica, Jesus teve o famoso encontro com o publicano Zaqueu.

Jericó é a mais antiga cidade continuamente habitada do mundo, com assentamentos desde 5.000 a.C., no mínimo, além de ser o lugar onde os israelitas pisaram pela primeira vez na Terra Prometida. Situava-se a vinte e cinco quilômetros de Jerusalém. Nos últimos anos, havia crescido uma nova Jericó, a cerca de oitocentos metros ao sul da antiga cidade, que foi aos poucos abandonada. Era uma cidade rica e, provavelmente, por meio de Levi, que também era publicano, Zaqueu ficou sabendo de Jesus.

Alertado sobre a chegada do Mestre em Jericó, Zaqueu, apressadamente, foi ao seu encontro. Entretanto, a multidão se comprimia na entrada da cidade e, devido a sua baixa estatura, resolveu subir num sicômoro. Para sua surpresa, ao passar, Jesus olhou para ele e disse-lhe: "Zaqueu, desce depressa, porque hoje eu devo ficar em sua casa". O povo surpreendeu-se da mesma maneira quando, no início do seu ministério público, Jesus entrara na casa de Levi, em Cafarnaum. O momento era propício à repetição do ensinamento: "O Filho do Homem veio procurar e salvar o que estava perdido". O que mais provocou escândalo e hostilidade contra Jesus foi sua amizade com os pecadores. Nunca havia acontecido algo parecido na história de Israel. Nenhum profeta jamais agira como Ele.

Foi um momento de grande alegria. Com a ressurreição de Lázaro, as dúvidas ficaram para trás, deixando aberto o espaço para um clima de esperança e confiança. Parecia que o Reino de Deus se manifestaria brevemente. E foi nesse clima que Jesus trouxe a parábola das minas.

A PARÁBOLA

Certo homem nobre partiu para um país muito distante a fim de tomar posse do reino e depois regressar. Chamando, então, dez de seus servos, deu-lhes dez moedas e disse-lhes: Negociai até que eu volte. Seus concidadãos, porém, o odiavam e enviaram atrás dele uma embaixada para dizer: Não queremos que este reine sobre nós. Aconteceu que ele voltou empossado no reino e mandou chamar os servos a quem dera o dinheiro, a fim de saber quanto cada um havia lucrado. Chegou o primeiro, dizendo: Senhor, a tua moeda rendeu dez moedas. Respondeu-lhe: Muito bem, servo bom, já que foste fiel no pouco, terás poder sobre dez cidades. Chegou o segundo, dizendo: Senhor, a tua moeda produziu cinco moedas. Igualmente a esse, replicou: Também tu tenhas poder sobre cinco cidades. Outro, porém veio dizendo: Senhor, eis aqui a tua moeda, que guardei num lenço, pois tive medo de ti, que és um homem severo: tomas o que não depositaste e colhes o que não semeaste. Disse-lhe o patrão: Pela tua mesma boca eu te julgo, servo mau! Sabias que sou homem severo, que tiro o que não depositei e colho o que não semeei. Então, por que não depositaste o meu dinheiro no banco, para que eu, vindo, o exigisse com os juros? E disse aos presentes: Tirai dele a moeda e dai para aquele que tem dez moedas. Disseram-lhe: Senhor, aquele já tem dez moedas. Digo-vos, contudo: A quem já tem lhe será dado ainda mais. Mas a quem nada possui, lhe será tirado até o que tem. Quanto àqueles meus inimigos que não me queriam como rei, sobre eles, arraste-os aqui e matai-os na minha presença.

REFLEXÃO

Como estavam perto de Jerusalém, o Mestre traz uma parábola baseada numa famosa história acontecida depois que o rei Herodes morreu. A Palestina fora dividida em tetrarquias e distribuída entre seus filhos. A Judeia coube a Arquelau, que foi a Roma pedir a bênção do imperador Augusto. Entretanto, uma delegação de judeus que não gostava dele foi a Roma pedir que a Judeia não lhe fosse concedida. Porém, o imperador não atendeu ao pedido, e Arquelau acabou perseguindo aqueles que tramaram contra ele. Posteriormente, os romanos iam destituí-lo por sua administração maldosa, e a Judeia passaria a ser administrada por procuradores romanos. Nessa época, o procurador romano era Pôncio Pilatos.

Diante da alegria reinante que criava um cenário no imaginário das pessoas com a chegada eminente do Reino de Deus, Jesus aproveitou para falar do momento do juízo, da transição planetária, de modo que ficarão aqui na Terra apenas os Espíritos que souberem desenvolver e dar provimento às bênçãos que nos são concedidas, por empréstimo, a cada reencarnação. Esse tema será retomado na parábola dos talentos.

O ensinamento básico da parábola só pode ser compreendido pela reencarnação. O Espírito, ao reencarnar, recebe uma série de empréstimos, possibilidades ou concessões divinas e, ao final da experiência carnal, o Espírito será cobrado por aquilo que fez dos empréstimos. Assim, se não soubermos dar provimento ou fim útil ao que nos foi emprestado, numa próxima reencarnação, aquele empréstimo será retirado para que possamos valorizá-lo.

Por fim, a parábola também ensina que o aproveitamento das concessões e oportunidades divinas depende do nosso livre-arbítrio. O princípio inteligente, ao se manifestar no reino hominal com os implementos intelectivos adequados, tem a capacidade de discernir entre o certo e o errado, entrando de posse do livre-arbítrio. Evidentemente, nesse caso, o homem passa a ser o responsável por suas ações e estará sob o jugo da Lei de Causa e Efeito.

> Referências: Jo 11:1 a 57, Mc 10:32 a 34, Mc 10:35 a 52, Lc 19:1 a 10, Lc 19:11 a 27

34

A PARÁBOLA DOS DOIS FILHOS ENVIADOS PARA O TRABALHO (*Mateus, 21:28 a 32*)

Finalmente, após a íngreme subida pela estrada sinuosa das montanhas, Jesus aproximou-se de Jerusalém pelo leste, depois de um dia de jornada vindo de Jericó. À sua frente ficava o maciço montanhoso conhecido como monte das Oliveiras, com os vilarejos de Betfagé e Betânia, para onde o Mestre se dirigiu no final de março do ano 33, seis dias antes da Páscoa. A pequena aldeia representava amizade, segurança e tranquilidade, enquanto pesadas nuvens de perturbação se formavam em Jerusalém. A prioridade era recuperar as forças antes dos terríveis acontecimentos que teriam início na semana seguinte.

Jesus se hospedou na casa de Simão, o leproso, e contou com as presenças amigas de Lázaro, Marta e Maria. Provavelmente, em Betânia, havia uma colônia de leprosos e, escolhendo a casa de Simão, Jesus esperava descansar do assédio da multidão. Betânia foi o quartel general de Jesus durante a semana da Páscoa.

Entretanto, a notícia da sua chegada a Betânia espalhou-se rapidamente em Jerusalém, e alguns populares dirigiram-se para lá, de certa maneira, perturbando o descanso de Jesus. A ressurreição de Lázaro ainda repercutia de forma intensa. O evangelista João relatou que os sacerdotes pensavam até em matar Lázaro, pois vivo ele representava o poder de Jesus.

No domingo, dirigiu-se para Jerusalém, dando início aos acontecimentos que levariam à sua crucificação, pois Judas Iscariotes já negociava com o chefe dos sacerdotes. Passou pelo cume do monte das Oliveiras, a mais alta colina que circundava Jerusalém, onde existia uma pequena aldeia chamada Betfagé. Dali, a visão do templo era a melhor possível. Jesus enviou dois de seus discípulos à frente, dizendo-lhes: "Ide à aldeia que está diante de vós e logo encontrareis presa uma jumenta e um jumentinho com ela. Desatai-a e trazei-a para mim".

É a única referência, nos Evangelhos, de Jesus montado num animal. Talvez quisesse confirmar as palavras do profeta Zacarias, que vivera cerca de quinhentos anos antes, quando apresentara ao povo a figura do Messias: "O rei vem a ti cheio de mansidão montado num jumentinho". Esse foi um ato verdadeiramente messiânico, com Jesus mostrando ser o Ungido tão intensamente aguardado, aquele que governaria a Terra.

Descendo o monte das Oliveiras, a beleza de Jerusalém se espalhava diante dele. A cidade se estendia por algumas colinas e era cercada por altas muralhas. A multidão demonstrava grande alegria. Em contraste, enquanto todos sorriam, Jesus chorava. Observando de cima as atividades realizadas pelo povo no templo judaico, ricamente adornado, fazendo-o brilhar, pelos raios do sol refletidos, o Mestre emocionou-se e, provavelmente, teve uma visão do futuro. Na sua tela mental, viu o grande templo destruído pelos romanos, chefiados por Tito, no ano 70. Simbolizando Jerusalém como o mundo, o Mestre lamentou o quanto a humanidade sofreria pelo descaso com sua mensagem absorvida com as atividades mundanas.

Em termos topográficos, Jerusalém foi construída sobre colinas irregulares, principalmente a colina oriental e a colina ocidental. O coração da cidade data, pelo menos, de uns mil anos antes da época de Jesus e ficava na colina oriental, área conhecida como Cidade de Davi, pois ali o rei Davi construíra seu palácio e a fortaleza de Sião. Essa colina, na época de Jesus, era conhecida como Cidade Baixa. O monte Moriá se conectava ao norte da Cidade

A parábola dos dois filhos enviados para o trabalho (MATEUS, 21:28-32)

de Davi por uma selada natural e foi em seu topo que Salomão construiu o templo de Deus. A colina ocidental, que abrange o monte Sião, era conhecida como Cidade Alta e tornou-se notável com o palácio real de Herodes.

Nas partes noroeste e nordeste da cidade, situavam-se as colinas menores do Gólgota e Bezeta. Circundando a cidade pelo oeste, sul e leste, havia dois desfiladeiros principais: o vale de Hinom e o vale do Cédron. O monte das Oliveiras ficava de frente ao templo, separados pelo Cédron.

Os fariseus, despeitados e irritados com as manifestações de alegria do povo, disseram-lhe: "Mestre, repreende os teus discípulos". Jesus, então, respondeu: "Eu vos digo que, se estes se calarem, as pedras clamarão". Tal afirmativa é de um simbolismo muito profundo.

No século XIX, historiadores e arqueólogos iniciaram pesquisas, no Oriente Médio, em busca da história do homem. Até então, a única fonte era a *Bíblia*. As descobertas foram se sucedendo e, atualmente, existem mais de cem mil peças relacionadas com os textos antigos. A criação do Estado de Israel em 1948 favoreceu as descobertas. Assim, se os homens não acreditarem nas palavras do Mestre, as pedras clamarão e testemunharão por Ele no futuro, como realmente vem acontecendo.

Com a chegada de Jesus, Jerusalém se transformou. A ressurreição de Lázaro havia confirmado suas qualidades de Filho de Deus e a maioria das conversas era sobre Ele. Evidentemente que, junto com a alegria, medravam o rancor e a inveja da classe sacerdotal, iniciando o processo que culminaria com sua crucificação na sexta-feira.

Devemos registrar, também, que outra delegação entrava na cidade ao mesmo tempo. Vindo de Cesareia Marítima, noventa quilômetros a oeste, enquanto Jesus viera do leste, Pôncio Pilatos desfilava triunfal, no lado oposto da cidade. Os dois cortejos representavam o conflito central que culminaria com a crucificação de Jesus. O cortejo de Jesus proclamava o Reino de Deus, e a parada militar de Pilatos, o poder do mundo. Poderíamos refletir: de qual cortejo queremos participar?

Jerusalém recebia um reforço militar para cuidar da segurança durante a festa da Páscoa. Pôncio Pilatos já era o prefeito da Judeia havia sete anos e ficaria mais três, quando seria destituído pelo imperador Calígula.

Após a conhecida "entrada triunfal" no Domingo de Ramos, o Mestre seguiu para o templo, onde realizou diversas curas. Os últimos dias de Jesus foram especiais. Parece-nos que aproveitou ao máximo os poucos dias que lhe restavam para trazer uma série de ensinamentos. Entretanto, encontrou, mais uma vez, o comércio no átrio dos gentios e, derrubando as mesas dos cambistas e lançando para fora os vendedores, disse-lhes: "A minha casa é casa de oração, e vós fazeis dela um covil de ladrões". Dessa maneira, Jesus mandou um recado para a classe sacerdotal dominante: "Eu estou em Jerusalém".

Ao final do dia, o Mestre retornou a Betânia para dormir na casa de Marta, Maria e Lázaro. No dia seguinte, segunda-feira pela manhã, Ele retornou para Jerusalém. No caminho, aconteceu a famosa passagem da figueira. Jesus, vendo-a ao longe, foi procurar frutos por estar com fome. Ao chegar, nada encontrou, pois não era época de figos. Disse então: "Nunca mais, para sempre, alguém coma fruto de ti!". Alguns estudiosos ligam essa passagem à expulsão dos vendilhões do templo, pois, como a figueira, ele não dera frutos espirituais e fora transformado num "covil de ladrões".

Os discípulos ouviram, mas não ousaram fazer-lhe perguntas. Continuaram o caminho e chegaram a Jerusalém. Uma multidão acorreu ao templo para ouvi-lo e até os pagãos interessavam-se em ver Jesus. Os judeus da diáspora, que compareciam em grande número, queriam saber quem era aquele homem, foco das atenções gerais. Lá, entre outros ensinamentos, o Mestre falaria da sua morte próxima. "É chegada a hora em que o Filho do Homem vai ser glorificado. Em verdade, vos digo: se o grão de trigo, caindo por terra, não morre, fica sozinho; porém, se morre, produz muito fruto".

Jesus procurava orientar aqueles que o ouviam e a humanidade nos tempos vindouros quanto à crucificação, que seria um dos pontos altos da

A parábola dos dois filhos enviados para o trabalho (Mateus, 21:28-32)

sua missão. Embora naquela época fosse uma morte infamante, o Mestre alertava que ela era necessária para que a mensagem cristã crescesse. Sem a crucificação, não teríamos Cristianismo. Mesmo falando da sua morte próxima, os ouvintes não captaram a mensagem e não a ligaram aos fatos que aconteceriam no final da semana.

A comoção era geral. Jesus também se emocionou com o momento e afirmou: "Se alguém deseja servir-me, siga-me, e onde eu estiver, aí estará o meu servo. Se alguém me prestar serviços, meu Pai o honrará. Minha alma está perturbada. E que direi? Pai, livra-me dessa hora! Mas exatamente para isso é que eu cheguei a esta hora! Ó Pai, glorifica o teu nome!". Nesse instante, ouviu-se uma voz do Céu, a exemplo do que acontecera quando fora batizado por João Batista, exclamando: "Já o glorifiquei e ainda hei de glorificá-lo".

A multidão ficou mais excitada, e a notícia se espalhou rapidamente pela cidade. As autoridades religiosas ficaram muito preocupadas. O Mestre resolveu, então, retornar a Betânia para pernoitar na casa de Marta e Maria.

Na terça-feira, pela manhã, o Mestre retornou para Jerusalém. Essa terça seria o seu dia mais longo. O evangelista Marcos dedicou-lhe três capítulos e cerca de cento e quinze versículos, sendo que setenta por cento dos quais são dedicados aos diálogos que ocorreram com os fariseus sobre uma questão fundamental nos meios religiosos: a hipocrisia.

Passando novamente pelo local onde estava a figueira, aconteceu um diálogo muito conhecido, visto que ela havia secado desde as raízes. Lembrando-se do que ocorrera no dia anterior, Pedro perguntou-lhe: "Mestre, veja só: a figueira que amaldiçoaste secou!". Jesus disse-lhe: "Tende fé em Deus. Na verdade, vos digo que, se alguém disser a este monte: Ergue-te e lança-te ao mar! e não hesitar no próprio coração, mas acreditar que aconteça o que diz, isso lhe será feito. Por isso vos digo: tudo o que pedirdes na oração, crede como já alcançado e vos será concedido. Quando estais de pé a rezar, se tiverdes alguma coisa contra alguém, perdoai-lhe, para que também o vosso Pai que está nos Céus vos perdoe os vossos pecados".

Essa passagem é uma das mais controversas do Evangelho. Por que Jesus amaldiçoou a figueira, se não era época de figos? Como Ele sentira fome, saindo da casa da cuidadosa Marta? Uns afirmam que foi para demonstrar poder. Ora, para tanto, seria melhor fazer a figueira dar frutos. Pela lição completa, em que o Mestre terminou falando do poder da oração, entendemos que Jesus falava com os discípulos sobre o poder do pensamento. Assim considerando, o Mestre não realizou algo verdadeiramente notável, visto que criaturas ainda imaturas espiritualmente, ao falarem, são mentalmente capazes de secar plantas e até matar passarinhos.

Quando pensamos, nós irradiamos ondas mentais cuja frequência depende da qualidade do nosso pensamento. Essas ondas mentais são ativas e permeiam nossa psicosfera. A Doutrina Espírita ensina que, se a mente irradia, ela também recebe ondas mentais, isto é, nossa mente é um receptor e um emissor de ondas. Daí decorre a importância da vigilância sobre aquilo que pensamos. Outro importante aspecto é identificarmos os tipos de pensamentos que mentalizamos. Existem os autoritários, que sempre começam da forma: "Eu tenho que."... Os exagerados, que dão importância para um fato que não tem. E os de fuga, que normalmente são expressos como: "Eu não vou mais me importar" ou "Quero que tudo se destrua". Esses tipos de pensamentos catalisam o desequilíbrio.

Chegando ao templo, encontrou, além da multidão, uma delegação especial constituída pelos principais sacerdotes, comandados pelo próprio sumo sacerdote Caifás, que foi questioná-lo, audaciosamente, sobre sua autoridade em fazer as Vozes do Céu clamarem, como acontecera no dia anterior. Sem demonstrar receio, num cenário de muita tensão, Jesus afirmou que só falaria caso eles respondessem a seguinte pergunta: o batismo de João Batista era dos homens ou de Deus? A questão deixou os sacerdotes sem ação, pois, se respondessem "dos homens", enfrentariam uma reação popular, porque João Batista era famoso e respeitado pelo povo de Jerusalém. Por outro lado, caso afirmassem ser de Deus, seria um desacerto, o Batista fora morto por uma autoridade judaica, Herodes Antipas. Calados diante da pergunta, o Mestre afirmou que também não responderia à deles. Envergonhados diante da multidão e humilhados pela própria arrogância, saíram raivosos do local com a certeza íntima de que a morte de Jesus deveria ser executada, assim que possível.

Comparando o comportamento deles, que tinham o conhecimento religioso, com o do povo pobre e simples que o ouvia, entre admirado e temeroso, o Mestre, então, falou a parábola dos dois filhos enviados ao trabalho.

A PARÁBOLA

Que vos parece? Um homem tinha dois filhos. Indo ter com o primeiro, disse-lhe: Filho, vai hoje trabalhar na minha vinha. E ele respondeu: Vou, senhor. Mas não foi. Indo ter com o outro, falou-lhe do mesmo modo. E este respondeu: Não quero. Todavia, depois, tocado de arrependimento, foi. Qual dos dois fez a vontade do Pai?". Responderam eles: "O último". Disse-lhes, então, Jesus: "Em verdade, vos digo que os publicanos e meretrizes entrarão antes de vós no Reino de Deus.

REFLEXÃO

A misericórdia do Pai é a mensagem principal da parábola falada diretamente para os membros do Sinédrio, que se consideravam virtuosos por cumprirem exigências e prescrições externas. Com certa arrogância, menosprezavam os pecadores. Na verdade, a dura lição é mais um alerta para os religiosos não serem preconceituosos, não devendo considerar os que estão em erro fora dos planos de Deus. A conclusão da parábola é bastante forte: "Em verdade, vos digo que os publicanos e as meretrizes entrarão antes deles no Reino de Deus". Se os pecadores falaram "não" ao chamado no primeiro momento, nada está perdido. Basta se conscientizarem da sua pobreza espiritual e lutarem pela renovação e, nessa condição, abrem o caminho para o Reino de Deus. Jesus procurou alertar seus críticos para se precaverem contra a postura preconceituosa, por meio da parábola dos dois filhos.

O preconceito da falsa virtude com aqueles que estão em erro sempre existiu. É de todos os tempos, porque é mais fácil considerar-se bom religioso com o cumprimento de mandamentos e preceitos exteriores, que faz medrar um "Espírito" de falsa virtude, que na época de Jesus, quando a expressão máxima era representada pelos fariseus. Não devemos condenar quem está em erro, como também não podemos cair no outro extremo, de sermos coniventes com ele.

A parábola ainda encerra outros tesouros nos seus ensinamentos. Ela representa o grande desafio dos cristãos, formulado pelo convite do Pai a seus filhos para trabalharem "hoje" na vinha. Cada um de nós tem o seu hoje, isto é, cada um tem o seu tempo. O importante é que, quando esse tempo acontecer, nós não hesitemos, pois a situação pode mudar e as condições para o trabalho se tornam mais difíceis no futuro. Não adiemos nosso hoje, vencendo a inércia e o comodismo que surgem como barreiras internas. Avancemos no bem e peguemos no arado sem olhar para trás.

Como cada um tem seu "hoje", igualmente tem sua vinha, isto é, seu campo de trabalho, seu grupo de convivência. Evidentemente que o tamanho da vinha depende da nossa condição espiritual.

A parábola transmite também um grande conselho. Devemos sempre analisar nossos propósitos e avaliar nossas chances de sucesso diante dos obstáculos a enfrentar. O arrependimento, referenciado na parábola, significa a reflexão que devemos sempre fazer sobre nossas atitudes diárias, que propiciarão sempre uma mudança de atitude. Doutrina Espírita é reflexão, pois, por meio dela, transformamos o conhecimento intelectual em comportamental.

Essa reflexão diária, já citada anteriormente, era a técnica utilizada por Santo Agostinho, como ele relatou na condição de Espírito na pergunta número 919a de *O livro dos espíritos,* de Allan Kardec.

Finalmente, gostaríamos de falar sobre o "hoje" ou o "agora". As pessoas vivem o agora pensando no passado ou no futuro. Quando nos excedemos, nos tornamos angustiados pelo passado ou ansiosos pelo futuro, o que nos desequilibra.

Referências: Jo 12:1 a 11, Mt 21:1 a 9, Lc 19:39 a 44, Mt 21:10 a 17, Mc 11:12 a 14, Lc 4:37 e 38, Jo 12:20 a 36, Mc 11:20 a 33, Mt 21:28 a 32

35

A PARÁBOLA DOS VINHATEIROS HOMICIDAS
(*Mateus*, 21:33 a 46)

Ao afirmar que as meretrizes e os publicanos entrariam no Reino de Deus precedendo alguns sacerdotes, o Mestre percebeu a reação geral. Um cenário que misturava admiração, temor e raiva. Jesus externava o que muitos pensavam, mas não tinham condições de falar. A ousadia e a coragem do Mestre, ao fazer tal afirmação dentro do templo, revelavam sua grandeza moral e, em continuidade, Ele trouxe um exemplo para sustentar sua tese. Afirmou que, durante o ministério público de João Batista, meretrizes e publicanos creram nele, mas nenhum sacerdote. De igual maneira acontecia com Ele, pois seu convite fora rejeitado.

Pela reação, o Mestre percebeu que precisava ser mais enfático e profundo sobre o tema abordado na parábola dos dois irmãos. Jesus também sabia que não eram apenas aqueles religiosos que precisavam ouvir tal lição, mas também os cristãos de todos os tempos, especialmente as lideranças.

O Mestre olhava a atitude daqueles religiosos com decepção e tristeza. Eles tinham o patrimônio espiritual de Moisés, de Isaías e de outros grandes profetas e se perdiam na religiosidade exterior. Jesus conhecia bem essa atitude e, durante todo o seu ministério público, procurou combatê-la, inclusive utilizando esse proceder como contraponto das suas lições. Sabia que não seriam aceitas e que, por elas, seria crucificado.

Assim, o Mestre resolveu apresentar a parábola dos vinhateiros homicidas, quando falaria da rejeição da sua mensagem, da proposta de uma nova filosofia de vida e de sua morte iminente.

A PARÁBOLA

Escutai outra parábola: Havia um pai de família que plantou uma vinha e a circundou com uma cerca viva, cavou nela um lagar, edificou uma torre e arrendou-a para alguns lavradores. E partiu para longe. Aproximando-se o tempo dos frutos, enviou seus servos aos lavradores para receber os que lhe pertenciam. Os lavradores, porém, lançando mão dos servos dele, feriram a uns, a outros mataram, e a outros apedrejaram. Tornou a enviar ainda outros servos em maior número do que os primeiros, mas também a esses fizeram o mesmo. Por último, enviou-lhes o seu próprio filho, dizendo: Respeitarão o meu filho. Os lavradores, porém, vendo o filho, disseram entre si: Esse é o herdeiro! Vinde, vamos matá-lo e ficaremos donos de sua herança! E o prenderam, o lançaram fora da vinha, e o mataram. Quando, pois, voltar o dono da vinha, que fará contra esses lavradores? Responderam-lhe: Matará sem piedade esses malvados e arrendará a sua vinha a outros lavradores que lhe paguem o fruto no tempo devido. Jesus disse-lhes: Nunca lestes nas escrituras: A pedra que os construtores rejeitaram tornou-se cabeça de ângulo: pelo senhor foi feito isso, e é algo maravilhoso aos nossos olhos? Por isso eu vos digo que será tirado de vós o Reino de Deus e será dado a um povo que produza frutos dele. Quem cair sobre essa pedra se despedaçará, e sobre quem ela cair ficará esmagado.

A parábola dos vinhateiros homicidas (Mateus, 21:33-46)

REFLEXÃO

Essa parábola é comum aos três Evangelhos Sinópticos e é única por seu caráter alegórico: a vinha é manifestamente Israel, os empreiteiros são seus chefes e líderes, o dono do campo é Deus, os enviados são os profetas, o filho é o Cristo, a punição dos vinhateiros figura a rejeição a Israel, e os outros lavradores, os cristãos. Vamos fazer uma análise mais detalhada.

Evidentemente, por falar em temas complexos e perigosos dentro do Templo de Jerusalém, o Mestre falou em linguagem alegórica.

Um homem plantou uma vinha e, uma vez plantada, providenciou as defesas e as utilidades: a paliçada em volta, um lagar (que consistia numa pedra com inclinação, cavando-se em planos mais baixos locais para onde escorria o vinho) e torre para vigilância. Tudo preparado, o homem entregou a vinha a um grupo de lavradores e fez longa viagem para fora do país. Na época da vindima, mandou buscar "sua parte nos frutos". Ocorreu que todos os servos que enviou foram mal recebidos, espancados e até mortos. Realmente, os profetas enviados pelo dono da vinha regressaram de mãos vazias e, muitas vezes, sofreram ofensas e até morte. Daí o Mestre passou a falar de si: por último, mandou seu filho querido, dizendo: "A este respeitarão". Somente na alegoria pode admitir-se tal fato, pois ninguém enviaria seu filho querido, sozinho, numa situação dessas, num entendimento material. Mas foi o que Deus fez, enviando Jesus.

Os lavradores que já se supunham donos da vinha (como qualquer clero ou dirigente espírita que se julgue dono da igreja, templo ou do Centro Espírita) decidiram matar o herdeiro.

Esta foi a primeira vez que Jesus falou de seu sacrifício perante o público e fora do círculo restrito dos discípulos. O Mestre perguntou, então, aos ouvintes: "Que fará o dono da vinha?". A resposta foi óbvia: "O dono da vinha castigará aqueles lavradores e entregará a vinha a outros honestos".

Jesus não parou aí. Prosseguiu na lição com um adendo que confirmou a parábola. Indagou, com certa ironia, se eles nunca tinham lido as palavras do *Salmos,* 117:22 e 23: "Uma pedra que os construtores recusaram, essa se transformou em cabeça de ângulo (pedra angular)". A pedra colocada na parte superior que une o prédio e lhe dá forma.

Na sequência, Jesus continuou citando as Escrituras, conforme *Isaías* 8:14 e 15 e 28:15 e Daniel 2:32 a 35: "O que cai sobre essa pedra será contundido, e sobre quem ela cair, ela o esmagará". Finalmente, o Mestre afirmou: "Por isso será tirado de vós o Reino de Deus e será dado a um povo que faz os frutos dele".

A alegoria foi tão clara que logo os fariseus perceberam que se referia a eles, embora não compreendessem o sentido daquele filho assassinado, pois jamais aceitariam que fosse Jesus. É muito difícil o clero (que significa "escolhido") de qualquer religião aceitar como enviados aqueles que não fazem parte do grupo.

Por fim, podemos interpretar a vinha como sabedoria espiritual. Assim, no próprio seio do Cristianismo, a partir do século XII, muitos cristãos também receberam todas as agressões possíveis do Tribunal da Santa Inquisição. Quantos emissários foram enviados, mas acabaram perseguidos e mortos. Poderíamos citar como exemplo: Giordano Bruno, Tomásio Campanella e Jan Huss, entre tantos outros.

Referência: Mt 21:33 a 48

////
36

A PARÁBOLA DO BANQUETE NUPCIAL
(*Mateus*, 22:1 a 14)

Ao perceberem que a parábola dos vinhateiros homicidas era uma alegoria direcionada a eles, os fariseus foram aos grandes sacerdotes saduceus reclamarem do que estava acontecendo dentro da sua própria casa. Discutiram a oportunidade de prender Jesus imediatamente, antes que Ele causasse maior estrago. Entretanto, avaliaram a influência do Mestre sobre a multidão e resolveram adiar, por prudência, a sua prisão.

Decidiram continuar observando e vigiando o Mestre. Voltaram para onde Ele se encontrava. Jesus permanecia no templo, ensinando. Quando percebeu a presença dos fariseus, trouxe a parábola do banquete nupcial, sobre o mesmo tema.

A PARÁBOLA

Tornou Jesus a falar-lhes em parábolas, dizendo: O Reino dos Céus é semelhante a um rei que fez o casamento do seu filho. E ordenou aos seus servos que chamassem os convidados para as núpcias. Estes, porém, recusaram ir. Enviou de novo outros servos, dizendo: Falai aos convidados: Eis que o meu banquete está preparado, os meus touros e animais cevados já estão mortos e tudo está pronto. Vinde às núpcias. Eles, porém, desprezaram e se foram, um para sua casa de campo; outro, para seus negócios; outros ainda lançaram mão dos seus servos e, depois de os terem ultrajado, os mataram. O rei, então, ouvindo isso, exasperou-se. E tendo feito marchar os seus exércitos, liquidou com esses homicidas e ateou fogo à cidade deles. Disse depois a seus servos: As núpcias estão, de fato, preparadas, porém os que tinham sido convidados não eram dignos. Ide, pois, às encruzilhadas dos caminhos e convidai para as núpcias todos os que encontrardes. Tendo os servos saído pelos caminhos, reuniram quantos encontraram, maus e bons. E a sala do banquete para as núpcias ficou repleta de convidados. Entrou em seguida o rei para cear com os que estavam à mesa e viu aí um homem que não trajava a veste nupcial. E disse-lhe: Amigo, como entraste aqui sem ter a veste nupcial? Este, porém, ficou calado. Então o rei disse a seus ministros: Atai-o de pés e mãos e lançai-o fora nas trevas: aí haverá choro e ranger de dentes. Muitos de fato são os chamados, porém, poucos os escolhidos.

REFLEXÃO

A parábola volta ao tema da parábola dos convidados à ceia, já estudada no capítulo 23. Na sua imensa sabedoria, Jesus repete uma situação recorrente no proceder religioso da humanidade.

Na visão de Mateus, o homem é um rei, e a ceia, um grande banquete. Numa interpretação alegórica, podemos identificar o esforço da salvação desde o surgimento dos profetas no Velho Testamento. Jesus compara o Reino dos Céus a uma festa de núpcias. Tudo será alegria quando manifestarmos o cristo interno.

Os primeiros convidados foram, merecidamente, os judeus. Os servos, os grandes profetas, portadores do convite do Céu. O segundo grupo convidado para a ceia já preparada, Jesus e seus apóstolos. Nesse caso, os servos não são apenas rejeitados, são maltratados e até assassinados. Pelo envio às ruas, a missão aos pagãos de todas as regiões. Destacaram-se nesse esforço Paulo de Tarso, ao levar o Evangelho aos gentios, no século I, e Justino, o Mártir, no século seguinte. A ceia é o tempo da salvação. Posteriormente, o Evangelho se espalhou em todo o Império Romano, como também entre os povos bárbaros (aqueles que não falavam o grego ou o latim).

Deus jamais nos abandonou. Em todas as épocas, a humanidade recebeu enviados e missionários com o objetivo de convidar as criaturas para a festa nupcial. Entretanto, não basta ser convidado, como não basta declarar-se cristão. É necessário o ajustamento às Leis Divinas, isto é, vestir a túnica nupcial.

Um detalhe importante que nunca é demais repetirmos: Deus nos convida, continuamente, para a realização do esforço da salvação. Entretanto, os interesses materiais e imediatistas falam mais alto. Estamos sempre a colocar esse esforço num plano secundário, em face dos valores do mundo. Quantos convites desperdiçados! Evidentemente que eles se renovam continuamente, mas não temos mais tempo a perder. As mudanças planetárias já estão em curso na transformação da Terra num planeta de regeneração.

Referência: Mt 22:1 a 14

37

A PARÁBOLA DOS PROFETAS
(*Mateus*, 23:37 a 39)

Após os embates que culminaram com as três últimas parábolas, os sacerdotes se retiraram bastante irritados para arquitetarem um novo ataque ao Mestre. Um recuo estratégico. Até então, não haviam obtido êxito no campo das ideias. Estavam preocupados com o acentuado interesse do povo por Jesus. Planejaram, então, uma ação para colocá-lo numa posição difícil. Para tanto, precisavam da participação dos herodianos, isto é, os judeus que faziam parte da administração romana. Eles e os fariseus se odiavam, mas a causa era maior que as desavenças. Juntos, foram até Jesus e lhe propuseram: "Mestre, sabemos que tu és franco e que ensinas o caminho de Deus na verdade, e não tens receio de ninguém, porque não fazes distinção das pessoas. Dize-nos, portanto, qual é a tua opinião: é lícito dar tributo a César ou não?".

A passagem destila hipocrisia. Quantos falsos elogios. Até o chamaram de Mestre! Ora, os judeus odiavam pagar o tributo aos romanos. Daí a delegação mista, pois uma resposta afirmativa desagradaria os fariseus e, em caso negativo, aos herodianos.

O Mestre, acostumado à rapacidade dos fariseus, transformou a armadilha em oportunidade, frustrando suas intenções maldosas ao afirmar: "Devemos dar a César o que é de César, e a Deus o que é de Deus".

Lição maravilhosa e muito popular, pois exorta-nos a atender às exigências e obrigações do mundo, sem esquecer nossas responsabilidades perante Deus.

Frustrados nas suas intenções, embora surpreendidos com a sabedoria do Mestre, os fariseus se afastaram e deram lugar para os saduceus. Mesmo não acreditando na continuidade da vida, eles perguntaram sobre como seriam os homens depois da morte. Sem se alongar no complexo tema que seria explicado futuramente pela Doutrina Espírita, Jesus respondeu que não seriam iguais a homens e mulheres, e sim a anjos do Céu, deixando claro que os Espíritos não têm sexo, como manifestado na Terra. E finalizou, afirmando que, segundo as Escrituras, Deus é dos viventes e não dos mortos, buscando reforçar a vitória da vida sobre a morte.

Observando no meio da multidão a realeza do Mestre, um escriba não se conteve e perguntou: "Qual é o maior de todos os mandamentos?". A pergunta tinha uma razão, pois era grande a discussão entre os israelitas sobre o maior dos mandamentos, visto existirem seiscentos e treze, incluindo os dez mandamentos de Moisés.

Jesus respondeu, então, que o primeiro mandamento é amar a Deus sobre todas as coisas, e o segundo, semelhante ao primeiro, é amar o próximo como a si mesmo. Este ensinamento foi o grande diferencial de Jesus. Certamente, o amor a Deus era bastante conhecido por qualquer israelita.

Nada obstante, o amor ao próximo não era um conceito novo, entretanto, era secundário e a ele não se dava grande importância. Podemos citar como exemplo a lei áurea judaica conhecida na época: "Não fazer ao próximo aquilo que não gostaríamos que nos fizessem". Essa frase na negativa corre o risco de interpretar-se como causar dolo. A de Jesus é afirmativa, não permitindo tal brecha.

Com Jesus, porém, o próximo ganhou nova dimensão. Os mandamentos são equivalentes. Essa é a visão do amor, com o perfume da misericórdia. O próximo assume posição vital no nosso caminho evolutivo. Jesus testemunhou um novo comportamento frente ao próximo e por isso foi criticado. Necessitamos entender essa verdade urgentemente.

O escriba ficou impressionado e, concordando com a resposta de Jesus, exclamou feliz: "Amar o próximo como a si mesmo vale mais que todos os sacrifícios e holocaustos". Ora, como já comentamos, os sacrifícios aos deuses eram realizados em todo o mundo antigo e, na época do Mestre, praticados pelos romanos, hebreus e gregos. A mensagem do Mestre, entretanto, sempre enfatizou a misericórdia em detrimento do sacrifício.

Distanciados no tempo, o sacrifício, atualmente, causa-nos perplexidade e repulsa. Entretanto, naquela época, era um ritual natural em que a criatura se aproximava e se reconciliava com Deus. O odor de carne queimada impregnava o Templo de Jerusalém pelo número de sacrifícios diários ali realizados.

Ainda na terça-feira, percebendo o impacto das suas palavras nos fariseus, o Mestre resolveu adverti-los com mais firmeza nos famosos "Ai de vós!", que é, certamente, um dos discursos mais contundentes do Evangelho, porque representam lições importantes para os religiosos de todos os tempos. Os "Ai de vós!". são um contraponto às bem-aventuranças e, por essa razão, não são convenientemente conhecidos. É muito melhor ouvir "bem-aventuranças" do que "Ai de vós!". Não sendo estudadas normalmente, apresentaremos as advertências do Mestre. Um réquiem de Jesus para a hipocrisia religiosa:

> Sobre a cátedra de Moisés, tomaram assento os escribas e os fariseus. Por isso, fazei e observai tudo o que eles vos disserem, mas não quereis imitar suas ações, porque ensinam, mas não fazem. Atam pesos grandes e insuportáveis, e os impõem nos ombros dos homens; eles, porém, nem com o dedo querem mover. Fazem todas as obras para serem vistos pelos homens: de fato, alongam suas faixas e ampliam suas franjas. Gostam de ocupar as primeiras cadeiras na sinagoga e os primeiros lugares em banquetes, que os saúdem nas praças, e que os homens só os chamem de mestres. Vós, porém, não queiras ser chamados mestres,

porque um só é vosso Mestre, e todos vós sois irmãos. A ninguém chameis pai na Terra, porque um só é vosso Pai: Aquele que está nos Céus. Quem dentre vós for o maior, seja vosso servidor. Quem se exaltar será humilhado, e quem se humilhar será exaltado.

Mas, ai de vós, escribas e fariseus hipócritas, que fechais diante dos homens o Reino dos Céus! Porque vós não entrais, nem deixais que entrem os que desejam entrar! Ai de vós, escribas e fariseus hipócritas! Porque devorais as casas das viúvas a pretexto de longas orações. Por causa disso sereis julgados com maior rigor. Ai de vós, fariseus e escribas hipócritas! Porque percorreis mar e terra, para fazerdes um prosélito e, quando o fazeis, o tornais duas vezes mais filho do inferno do que vós! Ai de vós, escribas e fariseus hipócritas! Vós pagais o dízimo de hortelã, da erva-doce e do cominho, e abandonastes o que há de mais grave na lei: a justiça, a misericórdia e a fé. Essas coisas era preciso fazer, sem omitir aquelas. Condutores cegos, que coais um mosquito e engolis um camelo! Ai de vós, fariseus e escribas hipócritas! Porque limpais o que está fora do copo e do prato; dentro, porém, estão cheios de rapina e glutonaria. Fariseu cego! Limpa primeiro o que está dentro do copo, para que fique limpo o que está por fora. Ai de vós, escribas e fariseus hipócritas! Porque sois semelhantes a sepulcros caiados, que por fora parecem formosos diante dos homens; dentro, porém, estão cheios de ossos de defuntos e de toda podridão. Assim também vós, por fora, pareceis justos diante dos homens; dentro, porém, estais repletos de hipocrisia e iniquidade. Ai de vós, escribas e fariseus hipócritas, que edificais os sepulcros dos profetas e enfeitais as tumbas dos justos. Dizeis: se tivéssemos vivido nos dias de nossos pais, não teríamos sido seus cúmplices no sangue dos profetas. Portanto, por vós mesmo provais que sois filhos daqueles que mataram os profetas. Pois bem, contemplai a medida de vossos pais! Serpentes, raça de víboras! Como escapareis da condenação do inferno?

O povo ouvia o discurso espantado e com medo. Admiravam a coragem de Jesus e, certamente, concordavam com suas palavras. O golpe que Ele desferira na máscara dos fariseus a destroçara e, desnudados, ficara claro o vazio espiritual deles. Destacamos, mais uma vez, que Jesus falava para a posteridade, tomando como exemplo religiosos relapsos que, certamente, não eram todos.

Jamais Jesus falara com tanta austeridade. Aliás, ele sempre se compadecera de quem pecara e se desviara do caminho reto. Entretanto, contra o espírito farisaico religioso, o Mestre foi bastante enérgico e crítico. É assim que temos de nos comportar: benevolentes com as faltas alheias, mas rigorosos com nossa hipocrisia religiosa.

Se substituirmos o fariseu por um seguidor de qualquer denominação religiosa, veremos que o discurso do Mestre é bastante atual. Na sequência, o Mestre apresentou a parábola dos profetas.

A PARÁBOLA

Jerusalém, Jerusalém! Que matas os profetas e apedrejas aqueles que são enviados a ti! Quantas vezes eu quis reunir os teus filhos do mesmo modo como a galinha recolhe debaixo das asas os seus pintinhos! E vós não o quisestes! Eis que a vossa casa ficará deserta. Porque eu vos digo: doravante não me tornareis a ver, até que digais: Bendito Aquele que vem em nome do Senhor!

REFLEXÃO

O golpe foi definitivo. O Mestre sabia que o tom do seu discurso era intolerável, principalmente dentro do Templo de Jerusalém, para a insolente atitude dos governantes religiosos. Entretanto, a coragem de Jesus era invencível. Sabedor de que sua hora aproximava-se, o Mestre recordou o sacrifício dos vários profetas hebreus, maiores e menores, que foram seus enviados e precursores da mensagem cristã (um profeta é considerado maior ou menor, segundo a quantidade de textos escritos).

Os profetas judeus, acima da moderna visão de intermediários ou médiuns trazendo mensagens para a humanidade, foram, na essência, fiscais da aliança daquele povo com Deus. Assim, não tinham participação na governança política para que tivessem liberdade de expressão e, com isso, poderem criticar até os reis que não honravam a aliança. Evidentemente, criticar reis era uma atividade arriscada, e muitos profetas foram perseguidos.

Simbolizando Jerusalém como o mundo, alertou sobre as violências sofridas por todos que, ao longo do tempo, tentaram transformar e mudar esse conjunto de valores. O "mundo" é um paradigma muito forte no exterior, com graves reflexos interiores. Na imaturidade espiritual humana, os valores do mundo ainda seduzem a muitos. Todos os grandes discípulos do Cristo foram perseguidos pelo mundo, pois, como afirmou Paulo de Tarso na sua *Primeira epístola aos coríntios*: "A sabedoria de Deus é loucura para o mundo".

Sabemos bem que o mergulho na matéria é uma grande barreira para adotarmos os valores espirituais. Além das lutas pela sobrevivência e das fragilidades humanas, a renovação interior demanda esforço e perseverança, como já ensinado por Jesus nas lições anteriores. Entretanto, esta é a grande batalha de cada um.

O símbolo da galinha é interessante. De todos os animais, ela é considerada a mãe perfeita pela peculiar característica de tratar como verdadeiramente seus quaisquer filhotinhos que forem colocados sob suas asas, quando ela está dormindo.

Por outro lado, lembramos que o grande Templo de Jerusalém, a casa espiritual dos judeus, foi reduzido a ruínas cerca de quarenta anos depois.

Referências: Mt 22:15 a 33, Mc 12:28 a 34, Mt 22:41 a 46, Mt 23:1 a 39

38

A PARÁBOLA DA FIGUEIRA BROTANDO
(*Marcos*, 13:28 a 31)

Ficamos a imaginar a preocupação dos discípulos com os discursos de Jesus. A ruptura com os sacerdotes era visível e sem oportunidade de reconciliação. Destacamos que o problema não era o Judaísmo ou os judeus, mas o sistema de dominação religioso e seu proceder equivocado.

À tarde, o Mestre retornou ao templo e apareceu na praça interna, denominada de "pátio das mulheres". Dali podia observar o que acontecia no gasofilácio, local onde era guardado o tesouro e onde faziam a coleta das ofertas. Nos dias da Páscoa, o movimento era maior. Apesar de muita gente depositar altas somas de dinheiro, a atenção de todos foi voltada para uma mulher viúva e pobre que depositou duas pequenas moedas.

Os discípulos fizeram comentários críticos sobre a pequena doação. A tese de que a medida da caridade é a quantia monetária sempre existiu. O Mestre, observando os discípulos, resolveu esclarecê-los, dizendo: "Em verdade, vos digo: essa viúva deixou no tesouro mais do que todos. Porque todos lançaram do que lhes sobrava, enquanto esta, mesmo na pobreza, lançou tudo o que tinha, todo o seu sustento".

Lição profunda do Mestre, ensinando que o valor da doação depende do esforço para realizá-la. A caridade amoedada, embora importante, normalmente é mais fácil de fazer do que aquela que exige o sacrifício interior.

Nesse critério, todos podem doar. Somente com Jesus, o mais pobre foi quem deu mais. Mais um paradoxo do Evangelho.

Ainda refletiam sobre a lição da viúva, quando o apóstolo Felipe chegou com um grupo de gregos que estava na festa e queria conhecer Jesus. Após a confraternização, Jesus trouxe mais um aviso sobre sua morte, dizendo: "É chegada a hora do Filho do Homem ser glorificado. Em verdade, em verdade, vos digo: se o grão de trigo, caindo na terra, não morrer, fica ele só, mas, se morrer, dá muito fruto. Quem ama a sua vida perdê-la-á, e quem neste mundo odeia a sua vida guardá-la-á para a vida eterna. Se alguém quiser servir, siga-me". O convite de Jesus permanece o mesmo.

Ao entardecer, o Mestre resolveu sair da agitação do templo, cansado de ver o andar solene e majestoso dos arrogantes teólogos, os doutores da lei que respondiam com ostentosa indulgência aos salamaleques que o povo lhes fazia. Quão pouco as aparências correspondiam a sua verdadeira condição espiritual!

Enquanto saíam, talvez expressando as dúvidas que lhes atormentavam o íntimo de como um Messias não dominaria Jerusalém e seu templo e, se assim não fosse, por que Jesus teria ido para Jerusalém, um dos discípulos, talvez esperando uma resposta, afirmou: "Mestre, olha que pedras e que construções!". As grandes pedras (de três a cinco toneladas) causavam admiração pelo corte e empilhamento perfeitos. Respondeu-lhe Jesus: "Vês todas essas grandes construções? Não será deixada pedra sobre pedra que não seja destruída".

Os apóstolos devem ter ficado espantados: uma resposta como esta, certamente, não esperavam. Abatidos, saíram quietos, acompanhando Jesus. O que lhes passava nas mentes naquele momento? Por certo a dúvida surgiu, pois como podia um Messias falar da destruição do templo, que era o centro de toda a religiosidade da época? Durante o dia, já havia questionado as autoridades com os "Ai de vós!". A colisão era iminente. Naquele momento, o que seria deles? Paralelamente, Judas resolveu se afastar do grupo para dar andamento ao plano que culminaria com a prisão de Jesus.

Enquanto isso, Jesus subia lentamente o monte das Oliveiras. Ao longo do caminho, parou e sentou-se na encosta. Os discípulos também sentaram espalhados. Apenas Pedro, Tiago, João e André ficaram mais próximos. Em silêncio, o Mestre fitava a cidade. A calma da tarde já reinava no vale do Cédron. Finalmente, os apóstolos não aguentaram a curiosidade e quebraram o silêncio, perguntando-lhe quando isso se daria. Foi quando Jesus realizou um dos mais profundos discursos sobre o final dos tempos ou a mudança no ciclo evolutivo, que tem causado grande impacto na humanidade ao longo do tempo. O relato, em *Marcos* 13:5 a 37, é comumente chamado de "pequeno apocalipse".

Inúmeras seitas têm pregado o juízo universal e o fim dos tempos com hora marcada. No decorrer do tempo, muitas calamidades foram vistas como sinais. Certamente, ocorrerão e funcionarão qual uma peneira, mas nada que o espírito humano não possa vencer e sair melhorado.

Embora não tenha definido exatamente quando se daria a transição planetária, Jesus anunciou os sinais precursores e, principalmente, ressaltou a necessidade de a criatura estar preparada espiritualmente para quando o momento acontecer, e trouxe a parábola da figueira brotando.

A PARÁBOLA

Lembrai-vos do exemplo da figueira. Quando os ramos ficam tenros e brotam as primeiras vergônteas, sabeis que o verão está próximo. Surgiram muitos falsos profetas e falsos Messias seduzindo muita gente. Vós ouvireis falar de guerras e revoltas, mas não vos alarmeis, pois é preciso que isso aconteça. Os negligentes e preguiçosos serão surpreendidos quando menos esperarem.

REFLEXÃO

A humanidade tem evoluído, principalmente, no campo intelectual, e todos concordam com isso. Entretanto, ainda identificamos uma boa parcela de Espíritos que parece não acompanhar tal evolução, criando obstáculos ao bem comum.

A Doutrina Espírita ensina que o planeta Terra encontra-se em fase de transição, da condição de provas e expiações para um mundo de regeneração. Quando esse processo se completa, não sabemos, mas temos certeza de que está em curso. As luzes de César, talvez por saberem intimamente que não mais atrairão o homem como faziam, brilham de forma intensa, utilizando suas últimas energias. Por esta razão, muitas vezes, duvidamos que isso aconteça. Entretanto, precisamos ter os olhos abertos para vermos os sinais da mudança. Com essa certeza, façamos o bem possível e busquemos a renovação interna, sem negligência ou preguiça. Recordamos que os anciãos de Israel não reconheceram em Jesus o tão aguardado Messias, apesar de todos os sinais manifestados. A mente polarizada em qualquer assunto não identifica os sinais a sua volta.

Ao tratar desse tema, o Mestre não recomendou vigilância futura ou inconstante, mas para todos os momentos: "Estai de sobreaviso vós mesmos para que os nossos corações não fiquem pesados pela devassidão, pelos vícios e preocupações da vida, e que o dia do juízo não vos pegue de surpresa".

A orientação é para que a criatura esteja sempre pronta e preparada para se apresentar diante de Deus. Será que estamos? Não estamos falando de santificação, mas de esforço e luta na busca da renovação interior. A separação vibracional será inevitável: "Então, de dois homens que estiverem no campo, um será tomado, e o outro deixado. Duas mulheres estarão trabalhando no moinho: uma será tomada, e a outra será deixada. Vigiai, portanto, porque não sabeis em que dia o nosso senhor há de vir".

A parábola da figueira brotando (MARCOS, 13:28-31)

Continuando, o Mestre ensinou: "Tende cuidado de vós mesmos, que não se tornem pesados os vossos corações no excesso de comer e na embriaguez e nas preocupações desta vida e aquele dia vos apanhe de surpresa. Vigiai, portanto, todo o tempo, orando para vos encontrardes em condições de escapar a tudo isso que vai acontecer".

Referências: Mc 12:41 a 44, Mc 13:1 a 3

AS PARÁBOLAS DO LADRÃO NOTURNO E DO DONO DA CASA (*Mateus*, 24:43 e 44)

Os quatro discípulos ouviam tudo com grande interesse, embora não conseguissem entender com clareza o que era dito, porque Jesus falava para as gerações futuras. O que eles entenderam é que o julgamento chegaria, como todos os judeus acreditavam na época, e se preocuparam em saber quando aconteceria. Ainda hoje, a humanidade pergunta quando e como ocorrerão as transformações. Entretanto, isso é um dos mistérios de Deus. Assim, compete ao homem estar preparado para quando acontecer, e a vigilância é fundamental.

A vigilância é um daqueles temas que, quanto mais se fala, nunca é o bastante. Tópico fundamental nas nossas vidas. É importante na vida material, quanto mais na espiritual. Por essa razão, o Mestre apresentou cinco parábolas. Iniciaremos com a do ladrão noturno e a do dono da casa.

A PARÁBOLA DO LADRÃO NOTURNO

Ficai cientes de uma coisa: se o pai de família soubesse a hora da noite em que o ladrão haveria de vir, sem dúvida que estaria vigilante e não deixaria que lhe arrombassem a casa. Por isso, ficai preparados vós também, porque na hora em que não pensais virá o Filho do Homem.

A PARÁBOLA DO DONO DA CASA

É como se um homem, devendo viajar, ao deixar a sua casa, desse autoridade aos seus servos, a cada um o seu trabalho, e ordenasse também ao porteiro que vigiasse. Vigiai, pois, porque não sabeis quando virá o senhor da casa: se à tarde, se à meia-noite, se ao cantar do galo, se pela manhã. Para que, vindo de improviso, não vos ache dormindo. O que vos digo a vós, a todos o digo: vigiai!

REFLEXÃO

As duas primeiras de uma sequência de parábolas sobre o juízo ensinam que são insondáveis os desígnios do Pai, e não sabemos quando se dará a grande transição. O que sabemos da literatura espírita mais recente é que as transformações para um mundo de regeneração já tiveram início. O importante, portanto, é estarmos vigilantes para que não sejamos pegos de surpresa. Para tanto, o Mestre se utilizou da figura do pai de família que não sabe quando será atacado pelo ladrão noturno. Exemplo bastante atual.

Podemos extrapolar o ensinamento da vigilância da parábola como uma advertência quanto ao momento da nossa desencarnação, que seria uma transição menor ou uma espécie de pequeno juízo. Não sabemos quando se dará, mas precisamos estar preparados para esse momento, ao nos defrontarmos com nossa consciência, sem o disfarce da matéria e das inúmeras ilusões que normalmente criamos e alimentamos durante a romagem na matéria.

É fato que muitos desejariam ter uma passagem rápida, entretanto, quanto mais rápida, mais difícil é a ambientação na nova vida, requerendo grande equilíbrio mental.

Por fim, também podemos considerar a nossa casa como a nossa mente. Se não vigiarmos os pensamentos, nossa mente será assaltada por ladrões noturnos, isto é, pensamentos negativos que nos roubam a paz e que podem gerar muitos problemas nas nossas vidas. Tais pensamentos podem ser oriundos do nosso inconsciente ou originados pela interferência espiritual.

Na pergunta 459 de *O livro dos espíritos*, o Espírito de Verdade respondeu a Kardec que os Espíritos influem em nossos pensamentos muito mais que imaginamos, a tal ponto que, de ordinário, são eles que nos dirigem. A oração é fundamental no processo de vigilância mental. Orar continuadamente nos leva a um "estado de prece" que nos imuniza das influências infelizes dos Espíritos que se ligam a nós como consequência da Lei de Causa e Efeito.

Referências: Mt 24:29 a 44, Lc 21:34 a 36

A PARÁBOLA DO SERVO FIEL
(*Mateus*, 24:45 a 51)

A orientação para estarmos sempre preparados e prontos para a inevitável apresentação diante de Deus, na nossa consciência, precisava ser ressaltada para a humanidade. Olhando a atividade, ainda em curso na cidade, Jesus avaliava as dificuldades dos homens para manter um padrão mental de vigilância.

As luzes de César sempre atraíram a humanidade, levando o homem a esquecer, distraído, a luta e a conquista da verdadeira luz. As luzes do mundo, brilhantes como o ouro, criam ilusões que, ao se dissiparem, levam-nos à escuridão do sofrimento.

Voltando-se para os seus quatro apóstolos, falou-lhes a parábola do servo fiel e do infiel.

A PARÁBOLA

Quem pensas tu que seja o servo fiel e prudente que o patrão constituiu como chefe sobre os seus familiares, para que lhes dê o alimento na hora oportuna? Feliz desse servo se o patrão, quando vier, o encontrar agindo assim! Na verdade vos digo que o constituirá chefe sobre todos os seus bens. Se, porém, o tal servo malvado disser em seu coração: O meu patrão está demorando a chegar. E comece a surrar companheiros, a comer e beber com os beberrões, virá o patrão desse servo no dia em que não espera, e na hora que não sabe, e o porá de lado, e lhe dará um lugar entre os hipócritas. Aí haverá choro e ranger de dentes.

REFLEXÃO

O cristão deve ser como o servo fiel, que age enquanto o patrão está fora, mas, quando retorna, encontra tudo preparado. Assim será no dia do juízo. Assim será no dia do nosso desencarne.

A história contada por Jesus revelou um comportamento muito usual entre nós. Muitas vezes, o servo só é fiel quando está sendo fiscalizado. Isso vale para qualquer tipo de trabalho e serviço.

O servo cumpre e atende a vontade do seu senhor, em qualquer situação, mesmo que não esteja sendo vigiado por olhos físicos ou câmeras de televisão. Isso porque somos acompanhados por muitas testemunhas invisíveis, os Espíritos. A hipocrisia surge quando, nas nossas comunidades religiosas, temos um comportamento e, quando delas saímos, temos outro proceder. Certamente, muitas vezes, somos acompanhados pelos Espíritos que se decepcionam com nossas atitudes.

A fidelidade é uma das primeiras virtudes que devemos desenvolver. Sem ela, não conseguimos desenvolver as outras. Com ela, perseveramos na estrada da reforma íntima. Caímos, mas levantamos. Caímos novamente, e novamente nos levantamos. Este é o processo da renovação interior, como definido por Allan Kardec. O verdadeiro espírita é reconhecido pelo esforço que faz em se renovar interiormente e, sem a fidelidade, não é possível empreendê-lo.

A parábola do servo fiel (Mateus, 24:45-51)

Certamente, seremos cobrados quando o patrão chegar, que é a nossa própria consciência sem as ilusões da matéria. Não pelas virtudes que possivelmente desenvolvemos, mas pela nossa fidelidade. Ressaltamos que nossa consciência é um patrão severo. À medida que evoluímos, nossa consciência se expande, tornando-se cada vez mais severa com seu servo.

Referência: Mt 24:45 a 51

41

A PARÁBOLA DAS DEZ VIRGENS
(*Mateus*, 25:1 a 13)

Pedro, André, João e Tiago continuavam a ouvir Jesus. Estavam cansados, mas enlevados, entretanto sem terem toda a compreensão dos ensinamentos expostos pelo Mestre. A parábola do servo fiel, falada com o magnetismo do Salvador Celeste, havia tranquilizado seus espíritos, como também lhes chamou a atenção para um fato. Como eles se comportariam quando o Mestre retornasse ao Mundo Espiritual? Permaneceriam alertas e vigilantes sem a força inigualável de Jesus? Preocupação muito natural, pois quem não ficaria?

Não imaginavam que isso aconteceria em três dias. Ao final da tarde, a natureza ajudava, era repousante. Distante das dependências do templo, sem as conturbadas vibrações de antagonismo e a busca inquietante das turbas pelo Mestre, o grupo vivenciava paz e descanso. Voltando-se para os quatro, o Mestre ensinou: "Tende cuidado de vós mesmos, que não se tornem pesados os vossos corações no excesso de comer, na embriaguez e nas preocupações desta vida, e aquele dia vos apanhe de surpresa. Vigiai, portanto, todo o tempo, orando para vos encontrardes em condições de escapar a tudo isso que vai acontecer". E complementou: "Bem-aventurados aqueles servos aos quais o Senhor, quando vier, achar vigiando!".

Complementando e aproveitando o momento, Jesus anunciou a parábola das dez virgens, que nos fala da vigilância, mas também tem outras riquezas espirituais que devemos explorar.

A PARÁBOLA

O Reino dos Céus será, então, semelhante a dez virgens que tomaram os seus lampiões e saíram ao encontro do esposo. Porém, cinco delas eram estultas, e cinco prudentes. As cinco estultas, tendo tomado os lampiões, não levaram consigo o óleo; as prudentes, porém, levaram vasos de óleo, juntamente com os lampiões. Tardando a chegar o esposo, começaram todas a cochilar e dormiram. À meia-noite, ouviu-se um brado: Eis que vem o esposo! Eis que vem o esposo! Ide ao seu encontro! Levantaram-se, então, todas essas virgens e prepararam os seus lampiões. E as estultas disseram às prudentes: Dai-nos do vosso óleo, porque os nossos lampiões se apagaram. Responderam as prudentes: Talvez não seja suficiente para nós e para vós. Ide, então, aos vendedores e comprai-o para vós. Enquanto, porém, foram comprá-lo, chegou o esposo, e as que estavam preparadas entraram com ele para as núpcias. E fechou-se a porta. Por fim, chegaram também as outras virgens e disseram: Senhor, senhor, abre-nos a porta! Mas ele, respondendo, disse-lhes: Na verdade vos digo: não vos conheço. Vigiai, portanto, porque não sabeis nem o dia nem a hora.

REFLEXÃO

A parábola das dez virgens é uma das que começam comparando o Reino de Deus com um casamento. O Mestre contou uma história baseada num cenário tradicional das núpcias na Palestina. Ainda hoje, as notícias dos casamentos árabes na região registram elementos encontrados na parábola.

Embora tenha utilizado um cenário real das núpcias na Palestina, a parábola é uma alegoria e tem sido interpretada como um retorno do Cristo, o esposo celeste: as dez virgens representam a comunidade que espera, o tardar do esposo é uma referência que essa mudança demoraria, a sua vinda imprevista é a irrupção inesperada do reino e a rejeição do apelo das virgens insensatas, o juízo.

Novamente, a orientação quanto à necessidade de estarmos preparados. Para tanto, devemos priorizar em nossas vidas a edificação do Reino dos Céus, como orientado no Sermão da Montanha.

O final da parábola ressaltou a necessidade da vigilância, embora todas as virgens, tanto as prudentes quanto as loucas, estivessem dormindo. As cinco virgens tolas foram cobradas por não terem óleo para acender os lampiões. A sapiência consiste na presença do óleo que fornece energia irradiante.

Simbolicamente, podemos interpretar o óleo como amor, pois como o óleo gera a energia e a luz, também o amor é energia e luz. Assim, seremos medidos no juízo pelo amor e pela misericórdia que tenhamos praticado e armazenado em forma de luz no nosso espírito. E esta é uma tarefa individual que não podemos transferir ou pedir emprestado, como também não adianta o arrependimento tardio das oportunidades perdidas.

Podemos, também, levar a parábola para a nossa desencarnação. Precisaremos do óleo armazenado na matéria para que possamos clarear nossas vidas no Mundo Espiritual O amor é o caminho da sensatez que nos levará à salvação. Assim, façamos brilhar a nossa luz que precisa apenas da energia do amor para ser acesa, como exortou o Mestre: "Brilhe a vossa luz".

Convém destacar que as cinco virgens retardatárias não estão excluídas do Reino dos Céus, apenas entrarão em outro ciclo evolutivo, pois na casa do Pai há muitas moradas.

Referência: Mt 25:1 a 13

42

A PARÁBOLA DOS TALENTOS
(*Mateus*, 25:14 a 30)

Embora fosse uma alegoria, os quatro discípulos devem ter entendido a parábola das dez virgens, pois era baseada numa festa bastante tradicional e a lição da vigilância era clara. Entretanto, observando já ao final da tarde as atividades do templo e da própria cidade de Jerusalém, surgiu a dúvida quanto às possibilidades de cada um na obtenção do óleo para os lampiões. Parecia que as possibilidades eram diferentes para cada um. A diversidade de oportunidades é grande, principalmente ao observarem o destaque dos religiosos, que agiam com desenvoltura no grande templo. Realmente, as posições no mundo confundem e parece que as lições trazidas pelo Mestre no óbolo da viúva ainda não tinham sido assimiladas totalmente.

O Mestre, sondando-lhes o íntimo e bastante conhecedor dos seus mais importantes e próximos discípulos, encontrou a oportunidade para falar de uma maneira clara sobre um tema importante: as concessões ou os empréstimos de Deus. Anunciou, então, a parábola dos talentos.

A PARÁBOLA

Sucederá, de fato, como um homem que, estando de partida para o estrangeiro, chamou os seus servos e confiou-lhes os seus bens. A um deu cinco talentos. A outro deu dois. E a outro, um; a cada um, conforme a capacidade. E partiu. Saiu imediatamente aquele que recebera os cinco talentos e negociou com eles, vindo a lucrar outros cinco. De igual maneira, o que recebera dois lucrou outros dois. Aquele, porém, que recebera um só, indo-se, fez uma cova na terra e aí escondeu o dinheiro de seu patrão. Após muito tempo, voltou o senhor de seus servos e pediu as contas. Chegando o que recebera os cinco talentos, apresentou os outros cinco talentos dizendo: Senhor, tu me confiaste cinco talentos. Eis que eu lucrei com eles outros cinco talentos. Disse-lhe o patrão: Muito bem, servo bom e fiel! Já que foste fiel em poucas coisas, dar-te-ei poder sobre muitas: entra no gozo do teu senhor. Chegou também aquele que recebera os dois talentos e disse: Senhor, tu me confiaste dois talentos. Eis aqui, eu lucrei outros dois talentos. Disse-lhe o seu senhor: Muito bem, servo bom e fiel! Já que foste fiel em poucas coisas, dar-te-ei poder sobre muitas: entra no gozo do teu senhor. Mas, chegando também aquele que recebera um só talento, disse: Senhor, eu sabia que és homem severo: colhes onde não semeaste e ajuntas onde não espalhaste. E eu, com medo, saí e fui esconder o teu talento na terra. Eis aqui o que é teu. Respondendo, porém, o seu senhor, disse-lhe: Servo mau e preguiçoso, sabias que colho onde não semeei e ajunto onde não espalhei. Devias, portanto, confiar o meu dinheiro aos banqueiros, e eu, ao voltar, teria recebido certamente com juros o que é meu. Por isso tirai dele o talento e dai àquele que tem dez talentos. Porque a quem tem, será dado, e terá em abundância. Mas a quem não tem, lhe será tirado até o que parece possuir. E ao servo inútil, lançai-o fora nas trevas: aí haverá choro e ranger de dentes.

REFLEXÃO

Certamente, uma das parábolas mais ricas em ensinamentos. A história relata uma prestação de contas, sendo, portanto, uma parábola do juízo. Um homem, ao partir para um país longínquo, confiou a três empregados diferentes quantias de dinheiro. Dois deles, investindo, conseguiram frutificar o capital recebido. O terceiro, com medo de perder tudo, enterrou o dinheiro que lhe fora confiado. Voltando à cidade, o homem ouviu o relato dos dois administradores empreendedores e os recompensou, ao mesmo tempo em que mandou punir o negligente.

Somos levados a interpretar o talento como uma quantia e refletimos que a história parece um pouco injusta, pois tira daquele que menos recebeu para dar aos que mais receberam. Entretanto, nesta, como também em outras parábolas, a reencarnação nos ajuda a interpretar melhor os ensinamentos do Mestre.

Ao retornar à matéria, o Espírito, como um peregrino, traz consigo uma bagagem espiritual, uma mala com dois compartimentos. Um, com os valores e dons espirituais já adquiridos; no outro, os vícios que ainda precisam ser extirpados. Evidente que precisamos, nessa viagem, aumentar a bagagem dos dons espirituais e diminuir a dos vícios. Essa bagagem é individual e intransferível. Os dons de Deus desenvolvidos pelo Espírito na sua marcha evolutiva representam conquista que jamais será tirada, nem mesmo por Deus.

Além dos nossos dons em cada reencarnação, recebemos, por empréstimo e concessão do Alto, oportunidades e possibilidades de vida. Muitos são os nossos talentos. Poderíamos fazer uma lista dos talentos que nos são emprestados.

Evidentemente que, diferente dos dons que são conquistas internas, os talentos emprestados podem ser aumentados ou suprimidos. Assim, se numa reencarnação não soubermos dar proveito aos empréstimos concedidos, na próxima, eles serão retirados. Quando na vida reclamamos da ausência de algum talento, significa muitas vezes que já o tivemos numa reencarnação anterior e não soubemos utilizá-lo adequadamente. Podemos citar como exemplo de talentos: o estudo, o trabalho, a família, a riqueza e até o corpo, entre outros.

Não podemos jamais ter um comportamento como o servo da história, que enterrou seus talentos e suas possibilidades. Quantos invejam as possibilidades dos outros e, comparando com as suas, reclamam. Entretanto, como a própria história ensina, recebemos dentro das nossas possibilidades, visando sempre ao nosso aprimoramento espiritual.

Recebemos, também, por empréstimo a cada encarnação, um pacote energético, uma carga vital que anima nossas células orgânicas. Essas energias nos são concedidas na quantidade necessária para o cumprimento do nosso mandato terreno. Com o nosso proceder desequilibrado, podemos dissipar essas energias, como também utilizá-las equilibradamente e até em casos especiais, em que o Espírito, por seu livre-arbítrio, tem um desempenho superior ao que estava programado, receber do Alto energias complementares para estender nossa permanência na Terra. A cada momento, estamos construindo nosso destino na colheita obrigatória da nossa semeadura. Aproveitar as concessões depende, basicamente, da nossa vontade, pois temos liberdade de escolha!

Referência: Mt 25:14 a 30

43

A PARÁBOLA DO JUÍZO
(*Mateus*, 25:31 a 46)

Após elucidar os discípulos, em especial os quatro que estavam mais próximos, sobre as possibilidades e concessões ofertadas por Deus para as criaturas a cada encarnação, o Mestre complementou o ensinamento falando do critério a ser adotado no juízo e encerrou o seu discurso mais contundente sobre o tema.

Como já comentamos, a salvação, conceito religioso encontrado em todas as religiões, teve no seio do povo judeu uma importância fundamental, como consequência natural da conscientização de ter sido escolhido por Deus como testemunha do monoteísmo. Considerando-se o povo eleito, o guardião da promessa e testemunha de Deus, os judeus contavam com a retribuição divina da salvação.

Entretanto, não era uma salvação para todos. Os pagãos e, principalmente, os pecadores estavam alijados do programa salvítico. Ao apresentar uma visão completa de Deus e sua misericórdia, o Mestre abre e aponta o caminho da salvação para todos. Por essa razão, o Evangelho é a mensagem da Boa-Nova ou da boa notícia.

Além de ofertar e incentivar a salvação para todos, o Mestre estabeleceu o critério a ser adotado na famosa parábola do juízo.

A PARÁBOLA

Quando vier O Filho do Homem na sua glória, e com ele todos os seus anjos, sentar-se-á, então, no trono da sua glória. E serão reunidos diante dele todos os povos. E ele separará uns dos outros, como o pastor separa as ovelhas dos cabritos. À sua direita, colocará as ovelhas e, à esquerda, os cabritos. Dirá, então, o rei aos que estiverem à sua direita: Vinde benditos de meu Pai, tomai posse do reino que está preparado para vós desde a criação do mundo. Porque tive fome, e me destes de comer. Tive sede, e me destes de beber. Eu era peregrino, e me acolhestes. Estava nu, e me vestistes. Enfermo, e me visitastes. Estava no cárcere, e fostes ver-me. Então lhe responderão os justos: Senhor, quando é que te vimos com fome e te demos de comer, com sede e te demos de beber? Quando é que te vimos peregrino e te acolhemos? Ou nu e te vestimos? Ou quando é que te vimos enfermo, ou no cárcere, e fomos visitar-te? Respondendo, o rei lhe dirá: Na verdade eu vos digo: sempre que isso fizer a um só dentre os menores desses meus irmãos, a mim o fizestes. Em seguida, dirá também aos que lhe estiverem à esquerda: Afastai-vos de mim, malditos, para o fogo eterno que está preparado para o demônio e para os seus anjos! Porque tive fome, e não me destes de comer. Tive sede, e não me destes de beber. Eu era peregrino, e não me recebestes. Estava nu, e não me visitastes. Então responderão também eles: Senhor, quando é que te vimos com fome ou com sede, ou peregrino, ou nu, ou enfermo, ou no cárcere, e não te demos assistência? Então lhes responderá: Na verdade eu vos digo: sempre que isso não fizestes ao menor destes, nem a mim o fizestes. E estes irão para o suplício eterno. E os justos para a vida eterna.

REFLEXÃO

O critério do juízo definido por Jesus é claro: a misericórdia. Certamente, a criatura não será salva apenas por ostentar uma adesão a uma escola religiosa, por acreditar nas suas verdades, atender aos seus rituais ou frequentar suas reuniões e atividades. Evidente que são fatores importantes e necessários, mas não são suficientes para garantir a salvação.

Allan Kardec, com sua sabedoria, transformou essa parábola num pilar da Doutrina Espírita e pelo qual é muito conhecida: "Fora da caridade não há salvação!". Esse lema é uma bandeira não só para os espíritas, mas para todos os cristãos e crentes de diferentes denominações.

Parece-nos que essa parábola resume todo o mistério do Cristo com muita simplicidade. Aqueles que identificam no necessitado o Mestre desvendam esse mistério. Ao longo do tempo, os verdadeiros discípulos de Jesus tomaram essa parábola como lema e guia para suas vidas, vendo nos sofredores o próprio Cristo.

Martinho de Tours, oficial romano e cristão, voltou ao entardecer para sua guarnição, no início do século IV, em Amiens, na Gália, após fiscalizar as obras de construção de estradas. Ele era um oficial circuitor. No portão, um pobre desnudo, tremendo de frio, esperava as sobras da cozinha. Era inverno. Resoluto, desmontou do cavalo e foi até o miserável. Notou que sua bolsa estava vazia. Martinho não hesitou. Desembainhou sua espada e dividiu seu magnífico manto de oficial romano, sendo ridicularizado por seus companheiros de farda. À noite, sonhou com o Cristo que vestia a metade do manto que dera ao pobre sofredor.

Referência: Mt 25:31 a 46

44

A PARÁBOLA DAS MORADAS
(*João*, 14:1 a 4)

Como vimos, a terça-feira, quarto dia antes da crucificação, foi o mais intenso do seu ministério. Quantas emoções, embates e ensinamentos! Na quarta-feira, Judas entrou escondido no palácio de Caifás para encontrar-se com os representantes do Sinédrio e arquitetaram o plano para prender o Mestre à noite, fora da cidade, evitando, assim, atrair a atenção do povo. Naturalmente, Judas deve ter dado todas as indicações importantes para o sucesso do plano sinistro. Ele os guiaria no momento adequado até o Mestre. Jesus já havia falado aos discípulos sobre o sofrimento e a glória que o aguardavam naquela Páscoa. Talvez Judas tenha ressaltado essa data para as autoridades, como uma referência a um possível anúncio da proclamação do Reino de Deus. Por isso, era preciso agir o quanto antes.

Não sabemos quais foram as reais motivações de Judas, que tantos debates têm gerado ao longo do tempo. Talvez sua atitude fosse consequência da desilusão com o comportamento de Jesus, bem diferente do esperado pelo povo de um Messias. O que temos certeza é de que ele foi o instrumento do escândalo necessário.

O movimento de protesto realizado por Jesus, principalmente quando expulsou os vendilhões do templo, fez os hierarcas temerem novas demonstrações, levando-os a não mais adiar o plano cruel. O enfrentamento com os poderosos dirigentes do templo era muito mais temível do que as disputas teológicas com escribas e fariseus. Nada podia perturbar o sistema imposto por Roma, do qual a classe dominante se aproveitava. Recordemos que eles já haviam tentado prender o Mestre sem sucesso. Entretanto, com as informações privilegiadas de Judas, o êxito estaria garantido. Após receber as moedas dos sacerdotes que pagaram com desprezo, Judas voltou para se encontrar com Jesus, fazendo de conta que nada tinha acontecido. Ele enganava os discípulos, mas não ao Mestre.

Enquanto isso acontecia, o Mestre encontrava-se no templo e faria seu último discurso público. O sentimento dele era marcado por pequena dose de decepção, porque, embora tivesse operado muitos sinais, a maioria não acreditava nele. Recordou-se, então, das profecias de Isaías: "Senhor, quem creu em nossa pregação? E a quem foi revelado o braço do Senhor? Por isso não podiam crer. Cegou-lhes os olhos e endureceu-lhes o coração para que não vejam com os olhos e entendam com o coração e se convertam e eu os cure".

Assim, levantando a voz, o Mestre fez seu último discurso público, exortando a luta contra a incredulidade, que é um bacilo íntimo a ser derrotado: "Quem crê em mim crê não em mim, mas naquele que me enviou. Eu, que sou a luz, vim ao mundo para que todo aquele que crê em mim não permaneça nas trevas. E se alguém ouvir as minhas palavras, e não as guardar, eu não o julgo, porque eu não vim ao mundo para julgar o mundo, mas para salvá-lo".

Na manhã de quinta-feira, considerando os acontecimentos dramáticos do dia seguinte, Jesus decidiu não ir ao templo e recomendou aos apóstolos que se preparassem para o "seder", o banquete pascal. Ele tinha poucas horas, e o tempo corria. Segundo as tradições, essa refeição devia ser feita na noite do 14 do mês primaveril de Nisan, que naquele ano caiu na sexta-feira. Entretanto, considerando a traição e, principalmente, o processo que estava em curso, decidiu fazer a ceia pascal na quinta-feira à noite. Jesus queria ter um momento tranquilo e festivo junto aos discípulos antes da sua partida: "Como desejo comer esta Páscoa convosco, antes que comecem as minhas dores!", confidenciou aos apóstolos. Este foi o último desejo de Jesus antes de morrer. Aliás, bem humano, porque Ele convivera com aqueles homens por mais de dois anos.

Jesus não se escondeu ou fugiu. Em vez disso, quis prepará-los para o golpe duro que sofreriam, compartilhando com eles sua total confiança no Pai. Pediu, então, a Pedro e a João que fossem à cidade procurar o dono de uma casa para arranjar os preparativos para a ceia. Ninguém sabe onde ela ocorreu. Provavelmente, era alguém com condição social superior, pois apenas os abastados tinham casas de dois andares e um cenáculo. Certamente, em algum lugar na encosta oeste, a região mais próspera da cidade.

Outra curiosidade foi a senha do cântaro. Jesus recomendou que os discípulos procurassem um homem que carregava um cântaro e que seria facilmente reconhecido, porque era uma atividade reservada para as mulheres. Parece-nos que Jesus guardava discrição nos preparativos da última ceia, pois as autoridades religiosas estavam esperando uma oportunidade para prendê-lo.

Durante o dia, o Mestre permaneceu em Betânia, recuperando as energias e preparando-se, mentalmente, para os momentos dolorosos que enfrentaria e porque também seria mais seguro, dirigindo-se para a cidade somente ao entardecer, no momento da ceia. Os discípulos, embora alertados no dia anterior do que estava por acontecer, não tinham ainda se conscientizado do significado daqueles momentos.

Assim, ao final da tarde, na hora do crepúsculo, o Mestre rumou para a cidade com seus discípulos. Era a primeira vez que o Mestre passaria a noite em Jerusalém.

A famosa ceia pascal foi um acontecimento único e, por sua importância, é um dos momentos mais representados artisticamente, inclusive pelos grandes mestres da pintura, tais como Giotto, Dionísio e Leonardo da

Vinci. Foi um encontro especial com seus discípulos, quando poderia confraternizar e, intimamente, trazer-lhes as últimas lições. João dedicou-lhe cinco capítulos, enquanto os Sinóticos foram mais sucintos. Aquela noite ficaria profundamente gravada na memória dos apóstolos e ajudaria imensamente a humanidade. Cada palavra e ação foram importantes nas últimas horas tranquilas de Jesus.

O dono da casa, provavelmente, já aguardava os hóspedes com a mesa em forma de "U" e os leitos pequenos e baixos de três lugares (triclínio), arrumados segundo as tradições. Logo no início, ocorreu uma discussão entre os discípulos sobre quem era o maior e ia sentar-se próximo a Jesus. Ora, sendo uma discussão recorrente, o Mestre resolveu trazer uma lição definitiva: "Os reis das nações são quem as governam, e os que têm poder sobre elas são chamados benfeitores. Entre vós, porém, não deve ser assim, mas quem dentre vós é o maior se torne como o mais jovem (que deve dar seu lugar na mesa para os mais antigos), quem precede seja como um servidor".

Na sequência, o Mestre ainda perguntou: "Pois qual é o maior: quem está sentado à mesa ou quem serve? Não é porventura quem está sentado à mesa? No entanto eu estou como um que serve".

Passando do discurso para a ação, Jesus levantou-se da mesa, tirou o manto e, tomando uma toalha, cingiu-se com ela. A seguir, começou a lavar os pés dos surpresos e envergonhados apóstolos. Terminada a ação marcante, onde brilhou como nunca a sua realeza, o Mestre disse-lhes: "Compreendeis o que acabo de fazer? Vós me chamais de Mestre e Senhor, e dizeis bem, porque eu sou realmente. Portanto, se eu, o Senhor e o Mestre, vos lavei os pés, também vós deveis lavar os pés uns dos outros. Pois eu vos dei o exemplo, para que, assim como eu vos fiz, o façais vós também. Sabendo essas coisas, sereis felizes se as praticardes".

É difícil, realmente, entender a lógica do Cristo, em contraponto à lógica do mundo. Quem quiser ser o maior torne-se o servo de todos. Entretanto, foi uma das únicas lições trazidas por Jesus em que ele destaca que quem a praticar encontrará a felicidade. O serviço é o caminho para a felicidade e a essência do Evangelho.

Caiu a noite. Na sala, acenderam-se as lamparinas. Os discípulos notaram que o Mestre tinha a fisionomia entristecida quando ele pronunciou as palavras do salmo 40: "Aquele que come comigo ergueu o calcanhar contra mim".

O Mestre falou às claras e comentou a traição em andamento e, em voz firme, olhando diretamente para Judas, embora sem mencioná-lo: "O que fazes, faze-o depressa". Ninguém entendia o que estava acontecendo. Judas se retirou envolvido pelas trevas da noite. Talvez os discípulos pensassem que Judas estivesse saindo para alguma outra missão, já que ele era responsável pela bolsa.

Jesus, de certa maneira, sentiu-se aliviado e trouxe, então, uma parábola dramatizada do pão e do vinho, referenciada apenas nos Evangelhos Sinóticos. Talvez a mais misteriosa de todas. Enquanto ceavam, Jesus tomou o pão, benzeu, partiu e deu a seus discípulos. Parecia apenas gentileza, entretanto o Mestre afirmou: "Tomai e comei, porque isto é o meu corpo". E tomando o cálice, deu graças e o apresentou a eles, dizendo: "Bebei dele todos. Porque este é o meu sangue da nova aliança, que é derramado em favor de muitos para remissão dos pecados".

Esta parábola dramatizada é vista como um sacramento que perpetua o sacrifício de sua morte na cruz, além de apontar para uma morte violenta, pois, quando alguém morre assim, falamos da separação de corpo e sangue. Na igreja, o Sacramento da Eucaristia é do corpo e do sangue de Jesus, sob as espécies de pão e vinho, sendo a Santa Missa a renovação sacramental do sacrifício na cruz. A Eucaristia, na nossa visão, é também um banquete sagrado, no qual recebemos o Cristo como alimento de nossas almas. Até Jesus, a aliança fora firmada por Moisés no monte Sinai. Agora, a aliança era com o sacrifício de Jesus na cruz.

Precisamos ver o símbolo espiritual nesse sacramento, e não o símbolo material do corpo do Jesus humano, como se ele pudesse espiritualizar a alma. O que alimenta e sustenta nossa alma é o cristo interno que se manifesta com a morte ou redução do nosso personalismo. Para tanto, devemos nos lembrar, constantemente, dos martírios de Jesus na cruz que será sempre o caminho para a manifestação do Cristo.

Certamente, os discípulos não entenderam o simbolismo. O Mestre começou, então, a anunciar uma série de lições importantes, de forma a confortar os discípulos: "Filhinhos, ainda pouco tempo permaneço convosco. Aonde eu vou, vós não podeis ir. Um novo mandamento vos dou: Que vos ameis uns aos outros! Assim como eu vos tenho amado, também vós amai-vos uns aos outros. Nisto todos hão de reconhecer que sois meus discípulos: se tiverdes amor uns aos outros".

Com sua generosa impulsividade, Pedro perguntou a Jesus: "Senhor, para onde vais?". Respondeu Jesus: "Aonde eu vou, tu não podes seguir-me por enquanto; mais tarde, havereis de seguir-me". Segundo as tradições, Pedro seria crucificado de cabeça para baixo em Roma. Entretanto, o grande apóstolo não aceitou a orientação do Mestre, afirmando: Por que não posso seguir-te agora? Eu darei minha vida por Ti!".

Tem início um dos episódios mais controversos do Evangelho e conhecido como a "negação de Pedro". Na nossa visão, o grande apóstolo, talvez influenciado por sua condição de liderança dentro do grupo, reconhecida por Jesus em diversas passagens e testificada pela mudança de nome e por sua impetuosidade, não ouviu as palavras do Mestre. Segundo o testemunho de Jesus, Pedro estava influenciado pelo mal. Talvez senhor de si. Para trazer-lhe uma lição fundamental, considerando que passaria de ovelha para pastor nos primeiros momentos do Cristianismo, Jesus respondeu: "Darás a vida por mim? Em verdade, vos digo: não cantará o galo antes que me tenhas renegado três vezes". Para ser uma verdadeira ovelha, é necessário escutar a voz do pastor. O que não aconteceu".

A parábola das moradas (João, 14:1-4)

Sabedor do que aconteceria a partir do dia seguinte e das perseguições dos três primeiros séculos do Cristianismo, o Mestre procurou consolar e animar os discípulos, trazendo a parábola das moradas.

A PARÁBOLA

Não se turbe o vosso coração. Credes em Deus, pois crede em mim também. Na casa de meu Pai, há muitas moradas: se assim não fosse, eu vos teria dito, porque vou preparar-vos o lugar. E quando eu tiver ido e preparado um lugar para vós, então virei novamente e vos tomarei comigo, a fim de que também vós estejais onde eu estou. E vós bem conheceis o caminho para o lugar aonde eu vou.

REFLEXÃO

Depois de trazer o mandamento do amor para seus discípulos e percebendo que eles, com a saída de Judas, começavam a sentir que algo de estranho estava acontecendo, gerando uma expectativa interior que os amedrontava, o Mestre procurou acalmá-los, principalmente diante dos momentos dolorosos e angustiantes das próximas horas que culminariam com sua crucificação.

Inicialmente, o Mestre exortou o equilíbrio mental decorrente da confiança em Deus e nele próprio para os discípulos enfrentarem as horas difíceis, vencendo o temor. Na verdade, essa lição é fundamental para todos nós. Precisamos cuidar da nossa mente, da nossa casa mental. Pela vigilância dos nossos pensamentos, da oração constante, da alegria e do agradecimento ao Pai por tudo que recebemos.

Equilíbrio mental é tarefa que exige esforço e perseverança. É esforço inadiável. Uma mente em desalinho gera uma série de problemas, inclusive somáticos e que são cadastrados pela moderna medicina. A tensão mental ulcera as estruturas celulares, gerando vários problemas de saúde.

O Espírito de Verdade afirmou a Allan Kardec, em *O livro dos espíritos*, que, muitas vezes, os Espíritos desencarnados interferem nas nossas mentes, trazendo, assim, o componente espiritual presente na nossa casa mental. Evidentemente, existem as influências positivas e as negativas. Além da interferência espiritual, temos também o registro das nossas ações realizadas no pretérito no nosso inconsciente, que acabam emergindo no nosso consciente. De qualquer maneira, ressaltamos que a responsabilidade da decisão ou escolha é nossa e não podemos creditar aos Espíritos tudo aquilo de bom ou ruim que fazemos.

Além de todas essas considerações, o cérebro que registra os pensamentos emanados pelo Espírito os elabora e materializa ainda é desconhecido do homem. No final do século XX, os anos 1990 foram declarados a década do cérebro para incentivar a ciência a explorá-lo e conhecê-lo melhor.

Pautando esse equilíbrio na confiança em Deus e nele próprio, Jesus traz uma informação para aumentar essa confiança: "Na casa de meu Pai, existem muitas moradas". Podemos interpretar essa afirmação de duas maneiras. A primeira, relacionada aos diferentes mundos habitados, que servem de base para a progressão dos Espíritos. A segunda, as diversas moradas espirituais, cujo princípio formador está baseado na frequência vibracional dos Espíritos que lá convivem. Assim, à medida que o Espírito se purifica, ele alçará voo para as altas estâncias espirituais.

Encontramos também diversas moradas de Deus na Terra, nos templos de diversas denominações. Nesses templos, temos diferentes escolas religiosas que se constituem em verdadeiros cursos da revelação gradativa da verdade. Entretanto, se coletivamente as expressões são diferentes, individualmente é sempre o mesmo: o amor.

Ao final, o Mestre ainda afirma que os discípulos sabem qual é o caminho da sua morada. Ao longo do seu ministério público, o Mestre sempre

A parábola das moradas (João, 14:1-4)

exemplificou, em todas as situações, o amor que transcende todas as medidas e todas as conjecturas. O amor, muito além do amor, para todos, inclusive para os inimigos. Um amor que transcende nossas maiores expectativas e nossos valores mais caros. Paulo de Tarso conseguiu captar esse amor e transpôs para palavras no famoso hino à caridade que se encontra na *Primeira epístola aos coríntios*.

    Referências: Mt 26:1 a 5, Mt 26:14 a 16, Jo 12:37 a 50, Lc 22:7 a 30, Jo 13:1 a 38, Mt 26:31 a 34, Lc 22:31 a 38, Jo 14:1 a 4.

45

A PARÁBOLA DA VINHA
(*João*, 15:1 a 11)

O silêncio da noite envolvia Jerusalém. No cenáculo, Jesus continuava a ensinar na última ceia. Tomé, ao ouvir do Mestre que eles sabiam o caminho para a sua morada, não resistiu à curiosidade e perguntou: "Mestre, nem sabemos para onde vais, como podemos conhecer o caminho?". Tomé, provavelmente ligado sempre à necessidade tão comum do "ver para crer", pensava num caminho material, esquecido de toda a essência dos ensinamentos do Mestre. Foi quando, então, o Mestre trouxe uma máxima muito conhecida: "Eu sou o caminho para a verdade e a vida! Ninguém pode chegar ao Pai, senão por mim". É na manifestação do cristo interno que jaz dentro de todos nós enterrado, à espera apenas do nosso aprimoramento espiritual, da nossa renovação interior é que desbravamos o caminho para encontrarmos a verdade e a vida, que é Deus.

Felipe, ao ouvir a lição, fez um dos pedidos mais surpreendentes para Jesus: "Senhor, mostra-nos o Pai e isso nos basta!". O Mestre, de certa forma decepcionado com a solicitação do apóstolo, respondeu-lhe: "Há muito tempo estou convosco e não me conheces ainda, Felipe? Quem me vê, vê também meu Pai. Então, como dizes tu: Mostra-nos o Pai? Não crês que eu estou no Pai e que o Pai está em mim? Crede-me: eu estou no Pai, e o

Pai está em mim. Se não acreditas por outro motivo, crede por causa das obras que realizo".

Devemos fazer, nesse momento, uma reflexão importante, pois esse texto vem influenciando de forma marcante a cristandade. A partir dele e de outras citações, foi elaborada a crença de que Jesus é um homem-Deus, uma das pessoas da Trindade. Este foi um tema focal das discussões na comunidade cristã em formação, principalmente a partir do século IV d.C., e que, ainda hoje, repercute junto à grande parte dos cristãos.

Jesus apresentava um sistema novo de ideias e era natural que acontecesse a formação de grupos liderados por homens com mentes mais afeitas ao raciocínio e ao estudo, gerando diferentes correntes interpretativas das palavras e da vida do Mestre. Essas escolas acabaram lutando entre si na busca da imposição das suas verdades. Até o século IV, as divergências conceituais eram abafadas pela perseguição romana.

Quando o imperador Constantino alcançou o poder e decretou o Édito de Milão em 313, estabelecendo a liberdade religiosa para o Império Romano, as divergências ficaram mais agudas em busca da supremacia da verdade. Os perseguidos tornaram-se perseguidores. A partir do século XII, as heresias passaram a ser eclesiásticas e as perseguições foram maiores, levando à instituição do Tribunal da Inquisição.

Um dos temas mais discutidos, sem dúvida, foi a natureza do Cristo. Constantino se envolveu na questão teológica e depois se arrependeu. No primeiro concílio convocado por ele e realizado na sua casa de campo em Niceia, em 325 d.C., todos os principais bispos do Oriente e do Ocidente foram convocados e muitos participaram do evento. Para as criaturas que até então tinham sido perseguidas e sofreram todos os tipos de violência, a casa de campo do imperador parecia o Reino de Deus na Terra.

Em Niceia, com o aval do próprio Constantino, a tese da divindade do Cristo foi estabelecida como verdadeira. O único bispo com firme e corajosa posição contrária foi Ario. Ele sustentava que Jesus não era Deus, mas seu Filho. Ario e seus seguidores foram perseguidos violentamente. O Deus uno, mas trino, definido pela Trindade, seria confirmado no Concílio de Constantinopla no ano 381.

A Doutrina Espírita nos esclarece que Jesus é um Espírito perfeito criado por Deus e, por causa da sua condição evolutiva, é o governador espiritual da humanidade, manifestando a divindade que jaz dentro de todos nós. Por essa razão, realizou tudo aquilo registrado no Novo Testamento.

Continuando o ensinamento sobre a manifestação do cristo interno e a consequente capacidade de criação em nome do Pai, Jesus afirmaria: "Quem crê em mim, também esse fará as obras que eu faço, e as fará ainda maiores e, nesta condição, tudo que me pedirdes em meu nome, eu vos farei".

Como entender a manifestação do cristo interno, que é um atributo do Espírito, sem poder falar claramente sobre o Espírito? Por essa razão, Jesus prometeu que, no futuro, enviaria uma doutrina que apresentaria o Espírito e o Mundo Espiritual para a humanidade. Afirmou o Mestre: "Se me amais, observai os meus mandamentos. Então eu pedirei ao Pai, e Ele vos dará outro Consolador, que permaneça convosco para sempre: o Espírito da Verdade, a quem o mundo não pode receber, porque não o vê nem o conhece. Vós, porém, o conheceis, porque ele permanece junto de vós e estará em vós". E completaria depois: "Essas coisas eu vos tenho falado enquanto permaneço convosco. Porém, o Consolador, o Espírito que o Pai enviará em meu nome, ele vos ensinará tudo, e vos fará lembrar tudo o que vos tenho falado. Eu vos deixo a paz, dou-vos a minha paz. Eu vos dou, mas não como o mundo vos dá. Não se perturbe o vosso coração, nem se amedronte".

O Consolador é o Espírito Imortal anunciado pela Doutrina Espírita. Consola porque nos mostra a imortalidade da alma, que a morte é uma mudança de plano e que se restringe ao corpo material. As lutas e os sofrimentos materiais um dia serão transformados em bênçãos de alegria, mas principalmente, na vida, o acaso não existe e ninguém sofre injustamente.

Somente no século dezenove, a visão do Espírito Imortal e Consolador seria trazida à humanidade graças aos esforços sobre-humanos do notável Allan Kardec, que estruturou uma doutrina espiritualista sem paralelo no mundo, em apenas doze anos, e sem os recursos tecnológicos de que atualmente dispomos. Por isso, o Espiritismo é conhecido como o Consolador Prometido.

Jesus anunciou que enviaria outro Consolador, porque Ele é o consolador emocional de todas as religiões cristãs. O Espiritismo veio explicar o que na época do Mestre era impossível, consolando as criaturas com os porquês da vida.

Após anunciar o Consolador prometido, o Mestre resolveu sair da casa de forma quase abrupta, transgredindo uma tradição de que era proibido deixar a casa na ceia pascal. O Mestre ganhava tempo, pois certamente Judas levaria a comitiva do Sinédrio para prendê-lo na casa. Ao chegar, não encontrando ninguém, a sinistra comitiva perderia algum tempo tentando adivinhar para onde teriam ido.

A caminho do monte das Oliveiras, o Mestre aproveitou para conversar mais com seus discípulos. O tempo voava, era preciso aproveitá-lo. Jesus fala, então, a parábola da videira.

A PARÁBOLA

Eu sou a verdadeira videira, e meu Pai, o agricultor. Todo ramo que não produz fruto em mim, ele o cortará. E todo ramo que produz fruto, o podará para que produza mais fruto. Vós já estais limpos por causa da palavra que eu vos disse. Permanecei em mim, e eu em vós. Assim como o ramo não pode produzir fruto por si mesmo, se não permanece na videira, assim também vós, se não permaneceis em mim. Eu sou a videira, vós sois os ramos. Quem permanece em mim e eu nele, esse produz muito fruto, porque sem mim nada podeis fazer. Se alguém não permanece em mim, é atirado fora como um ramo e seca: são depois recolhidos e lançados ao fogo e se queimam.

REFLEXÃO

A alegoria da videira é bem expressiva para significar a fecundidade da criação de quem está em sintonia com o seu cristo interno. Quem o manifesta produz muito fruto. Em túmulos do século II, foi encontrado o símbolo da videira que representa a nossa divinização.

No estágio atual, somos cocriadores com o Pai, em plano menor. No futuro, alçaremos à condição de cooperadores em plano maior e, a exemplo de Jesus, todos nós também poderemos realizar obras maravilhosas. Parece-nos, num primeiro momento, que distanciados no tempo dessa condição crística e, ainda considerando o nosso atual estágio evolutivo, ficamos incrédulos diante da grandeza que nos é reservada por Deus.

Entretanto, devemos ter confiança e acreditar nas promessas do Mestre, porque suas palavras não deixam margens para dúvidas. Em outro momento do seu ministério público, Jesus repetiu as palavras do Velho Testamento: "Vós sois deuses". Sim, todos nós, sem exceção. Até mesmo aqueles irmãos sitiados pelas sombras internas.

No texto, ainda encontramos uma referência sobre o juízo, na afirmação de que os ramos que são jogados fora secam, são recolhidos e queimados.

O significado do fogo no Evangelho, já citado por Jesus no Sermão da Montanha, utilizando como símbolo o vale do Hinom, que ficava a sudoeste de Jerusalém, onde, no passado, havia um santuário para sacrifício de animais e, à época do Mestre, era como um lixão com fogo constante queimando as impurezas. Esse fogo não representa o inferno, mas são as encarnações dolorosas que os Espíritos terão como oportunidade para se redimirem perante si mesmos e perante Deus. No caso do juízo, os Espíritos recalcitrantes serão transferidos para outro planeta a fim de darem prosseguimento ao caminho evolutivo, onde reencarnarão.

"Eu sou a videira", afirmou Jesus. Recordemos a pergunta feita por Ele aos discípulos: "Que dizem os homens quem sou eu?". O Mestre respondeu com sete "Eu sou" durante o seu ministério público, conforme o *Evangelho de João*. Vida é uma palavra-chave em João, e, acima do ter ou estar, Jesus enfatizou o verbo "ser". Listamos, a seguir, os outros seis:

- "Eu sou o pão da vida. Quem vier a mim não terá mais fome". Declarado pelo Mestre para os moradores de Cafarnaum que, após a primeira multiplicação de pães e peixes, procuraram Jesus na manhã do dia seguinte em busca de pão;
- "Eu sou a luz do mundo: quem me segue, não caminha nas trevas, mas terá a luz da vida". Trazido durante a festa dos Tabernáculos, após o episódio da mulher adúltera;
- "Eu sou a porta: se alguém entrar por mim, será salvo". Anunciado após a cura do cego da piscina de Silóe, em Jerusalém, na festa dos Tabernáculos;
- "Eu sou o bom pastor: o bom pastor dá a vida pelas suas ovelhas". Anunciado logo após a declaração da porta;
- "Eu sou a ressurreição e a vida: quem crê em mim, ainda que morra, viverá". Anunciado por ocasião da ressurreição de Lázaro;
- "Eu sou o caminho para a verdade e a vida". Anunciado na ceia pascal.

Referências: Jo 14:5 a 31, Jo 15:1 a 11

46

A PARÁBOLA DA MULHER QUE DÁ À LUZ
(*João*, 16:16 a 24)

Em Jerusalém, ainda existem os degraus desgastados de uma antiga escada de pedra. Ela conduzia do Cenáculo à piscina de Siloé e, dali, ao vale do Cédron, margeando os muros do templo. Caminhando nas sombras da noite, por volta das vinte e três horas, em meio à inquietação dos apóstolos e às próprias expectativas pela proximidade do seu supremo sacrifício, o Mestre, naquele momento difícil, falou na alegria: "Se observardes os meus mandamentos, permanecereis no meu amor, assim como também eu observei os mandamentos de meu Pai, e permaneço no seu amor. Isso vos tenho falado para que a minha alegria esteja em vós, e a vossa alegria se torne completa".

O mundo sempre viu no Evangelho um conjunto de notícias tristes. O seu líder nada tinha no mundo, ajudou a todos e morreu crucificado entre dois ladrões. Entretanto, diferentemente da alegria do mundo que se alicerça em fundações transitórias, a alegria do Cristo é verdadeira, imutável e completa.

O verdadeiro cristão é repleto de alegria e não pode dar lugar à tristeza. Quanto maior a sintonia com o Cristo, mais alegres seremos. A alegria é contagiante, e o sorriso renova as criaturas. A grande Teresa de Calcutá, nas suas atividades rotineiras junto aos necessitados nas ruas, só levava consigo as irmãs que estivessem alegres. Certa vez, um grupo de professores americanos foi visitá-la e, ao final do encontro, pediram-lhe um conselho. Teresa recomendou que sorrissem sempre uns para com os outros.

Por fim, o Mestre incentivou-os quanto à missão que cada um teria na difusão do Cristianismo nascente: "Não fostes vós que me escolhestes, mas eu é que vos escolhi, e vos constituí, a fim de que possais ir e produzir frutos e os vossos frutos sejam duradouros". Certamente, Espíritos escolhidos para a missão de cuidar da planta tenra do Cristianismo.

A voz calma de Jesus era bem ouvida por todos os discípulos, porque as pequenas ruas estavam quase desertas. Olhando para aqueles homens assustados que o seguiam, enterneceu-se. Eles, apesar das dificuldades, estiveram com o Mestre por mais de dois anos.

Eles eram agora amigos. O Salvador, então, afirmou como último testamento seu para eles: "Ninguém tem maior amor do que este: de dar alguém a sua vida pelos seus amigos. Já não vos chamo de servos, mas de amigos, pois o servo não sabe o que faz o seu Senhor. Vós sereis meus amigos se fizerdes o que eu vos mando". E finalizando a mensagem, trouxe uma ordem: "Que vos ameis uns aos outros!".

Esta é uma grande questão. Sabemos que o Mestre é o Amigo incondicional de todas as horas. Entretanto, precisamos saber se nós, também, somos amigos de Jesus.

A seguir, o Mestre falou do ódio do mundo, isto é, do antagonismo entre o sistema de valores materiais designado pelo "mundo" e os valores espirituais. Nesse conflito, os discípulos deveriam estar preparados até para a perseguição dos próprios religiosos, interessados nos valores do mundo. Não havia melhor momento para tal lição, pois ela seria vivenciada a seguir.

A hora derradeira se aproximava, e Jesus resolveu, então, falar claramente: "Ainda um pouco e já não me vereis; e outra vez um pouco e ver-me-eis". Alguns discípulos caíram em si, percebendo a gravidade do que estava para acontecer, e o Mestre falou a parábola da mulher que dá à luz.

A parábola da mulher que dá à luz (João, 16:16-24)

A PARÁBOLA

Acontecerá o seguinte: vós gemereis e vos afligireis, enquanto o mundo se alegrará. Ficareis tristes, mas a vossa tristeza se converterá em alegria. Quando uma mulher dá à luz, ela sofre por causa das dores; aquela é a sua hora. Mas quando o filho nasce, não se lembra mais da sua aflição pela alegria de ter dado ao mundo um novo ser humano. Assim também agora vós estais na tristeza, mas nós nos veremos e o vosso coração encherá de alegria de novo.

REFLEXÃO

A alegria referida por Jesus era a sua ressurreição, a sua vitória sobre a morte. Lição divina que sustentaria o desenvolvimento da mensagem cristã e de grande importância para as nossas vidas. A coroa alcançada pelas lutas em busca da espiritualização é a plena felicidade. Jesus utilizou a figura da mulher que dá à luz um filho para ilustrar a situação. As dores do parto são logo esquecidas com a alegria do nascimento e da maternidade.

Precisamos carregar nossas cruzes sem reclamações, certos de que não há injustiças na vida, pois colhemos hoje a semeadura do passado. Também existem as causas atuais para as nossas aflições.

Jesus é nosso modelo supremo!

Voltando à narrativa do Evangelho, os apóstolos começaram a entender a situação e declararam para Jesus: "Eis que agora falas claramente e não usas de parábolas. Agora vemos que sabes tudo e por isso cremos que vieste de Deus". Jesus, então, lhes respondeu: "Tu dizes que agora credes. Pois bem, eu te digo que virá a hora, e ela já chegou, em que vós dispersareis cada qual para o seu lado e me deixareis sozinho. Mas eu nunca estou só, porque o Pai está comigo". Jesus fazia referência à dispersão que ocorreria durante e após a crucificação.

Aquelas não eram palavras para repreender, mas para incutir firmeza e determinação aos discípulos: "Nesse mundo, experimentareis a dor. Mas tende confiança, eu venci o mundo".

Certamente, após a crucificação, aqueles discípulos lembrar-se-iam da última conversa com o Mestre e nela encontrariam forças para continuar o apostolado. A certeza da imortalidade da alma transforma as vidas dos corações de boa vontade.

Referências: Jo 15:12 a 27, Jo 16:16 a 24

47

A PARÁBOLA DO LENHO SECO
(*Lucas*, 23:27 a 32)

A grandeza negra do templo erguia-se majestosa na calada da noite fria de primavera. Na manhã seguinte, estaria fervilhando de pessoas levando o seu cordeiro até o altar. Àquela hora da noite, entretanto, a população dormia e não fazia ideia de que, aos pés da sua muralha, Jesus, o Salvador da humanidade, cercado de onze galileus, começava a orar em favor daquele reduzido grupo de discípulos, seu pequeno rebanho. Ele também se preparava mentalmente para o processo doloroso que começaria em poucos instantes.

Essa oração é conhecida como "a sacerdotal" e é uma das mais belas páginas do Evangelho. É a mais longa efusão do Filho para com o Pai e, ao mesmo tempo, a mais alta revelação que Jesus faz de si mesmo.

Inicialmente, o Mestre orou por si mesmo, elevando os olhos para o céu estrelado:

> Pai, é chegada a hora! Glorifica o teu filho, para que o teu filho glorifique a ti, conforme o poder que lhe deste sobre todo o homem, para que ele conceda vida eterna a todos os que lhe confiaste. Eu te glorifiquei na Terra, concluí a obra que me deste para fazer. Agora, glorifica-me tu, ó Pai, junto de ti, com a glória que eu tinha junto de ti antes que o mundo existisse.

Na sequência, o Mestre pediu pelos discípulos:

Manifestei o teu nome aos homens que me deste, tirando-os do mundo. Eles guardaram a tua palavra e conheceram verdadeiramente que tu me enviaste. Em favor deles, eu peço. Não peço pelo mundo, mas por aqueles que me deste, porque são teus. E neles eu sou glorificado. Eu já não estou no mundo e eles continuam no mundo, enquanto eu vou para ti. Pai, em teu nome, protege os que me deste, a fim de que sejam uma só coisa, como nós. Quando estava com eles, eu os protegia no teu nome e ninguém se perdeu, a não ser o filho da perdição para que as Escrituras sejam cumpridas. Agora, porém, eu vou para ti, e essas coisas digo estando no mundo para que eles tenham em si mesmos a minha alegria completa. Eu lhes dei a tua palavra, e o mundo os odiou, porque não são do mundo, assim como também eu não sou do mundo. Não peço que os tire do mundo, mas que os guardes do mal. Assim como tu me enviaste ao mundo, eu também os enviei ao mundo.

Por fim, Jesus orou pela futura comunidade cristã:

Não é somente por eles que eu peço, mas também por aqueles que vão acreditar em mim, mediante a palavra deles. A fim de que todos sejam uma coisa só. Assim como tu, Pai, estás em mim e eu em ti, assim também eles sejam em nós uma só coisa, a fim de que o mundo creia que tu me enviaste. Pai justo, o mundo de fato não te conheceu. Mas eu te conheci, e estes conheceram que tu me enviaste. Eu lhes manifestei o teu nome e o manifestarei ainda, para que o amor, com que me amaste, esteja neles, e também eu esteja neles.

A parábola do lenho seco (Lucas, 23:27-32)

É interessante mencionar que Jesus orava elevando o olhar para os Céus. Em várias outras passagens semelhantes, o Mestre adotou a mesma postura. O Céu é a manifestação da grandeza divina.

Após as orações, com tranquilidade, o Mestre saiu com seu pequeno grupo. Depois de atravessar a baixada do Cédron, em vez de seguir para Betânia, resolveu pernoitar no jardim de Getsêmani, que significa lagar de óleo, uma propriedade particular cercada por um muro onde havia um olival.

A lua cheia projetava reflexos sobre os troncos retorcidos das oliveiras. Tendo entrado no jardim, os discípulos se dispersaram em busca de um canto para repousar. "Sentai-vos aqui, enquanto eu vou ali rezar". Jesus convocou Pedro, João e Tiago para permanecerem com Ele.

Os três apóstolos logo notaram uma mudança no Mestre. Até o momento, Ele vinha ostentando uma atitude serena e positiva, pleno de força. Agora, entretanto, seu rosto transparecia preocupação e sofrimento interior. "A minha alma está triste a ponto de morrer", disse quase sussurrando. "Ficai ao meu lado e vigiai comigo". Foi a primeira vez que os apóstolos sentiram que o Mestre precisava de ajuda. Ele, que sempre ajudou, agora precisava de ajuda e buscou nos três amigos a sensação de segurança.

O Mestre ajoelhou-se e começou a orar. Pela proximidade, podiam ouvir um pouco da oração. Entretanto, enquanto o Mestre orava, os três discípulos adormeceram talvez vencidos pelo cansaço. Enquanto isso, a delegação do Sinédrio já estava a caminho para prendê-lo.

O que sentia ou o que pensava o Mestre naqueles instantes? Do que Ele se recordava do seu ministério público? Certamente, não nos é dado penetrar nesses mistérios, entretanto, naquele momento, parece-nos que, ao pedir ao Pai para afastar, se possível, o cálice do sofrimento amargo e doloroso, aquele olival testemunhava a luta entre a sua personalidade transitória, a sua consciência humana e o seu Espírito imortal para enfrentar aqueles momentos tormentosos da cruz. O Mestre pediu ajuda a seus três principais discípulos e não recebeu. Ele precisava atender a vontade do

Pai e exclamou: "Meu Pai, se é possível, que se afaste de mim esse cálice! Contudo, não seja como eu quero, mas como Tu queres". Lição importante, pois nas nossas vidas sempre teremos um momento "Getsêmani", um momento de testemunho, quando podemos pedir segundo os nossos interesses, mas deveremos aceitar sempre a vontade do Pai.

Olhando os discípulos a dormir, foi ter com eles e disse a Pedro: "Simão, não pudestes vigiar uma hora comigo? Vigiai e orai para não cairdes na tentação". Por mais duas vezes o Mestre foi orar e retornou, encontrando os discípulos dormindo. Abandonado naquele momento, recebeu a visita dos anjos do Céu, os quais vieram confortá-lo. Na nossa visão, os Espíritos aplicaram uma fluidificação específica para que o Mestre pudesse enfrentar e suportar a crucificação visto a referência dos evangelistas de que seu suor tornou-se como gotas de sangue que caíam no chão.

Resoluto, foi pela última vez até os discípulos que permaneciam dormindo e afirmou: "Dormi agora e descansai. Eis que se aproxima a hora, e o Filho do Homem será entregue. Levantai-vos: vamos! Eis que se aproxima aquele que vai entregar-me".

Naquele momento, chegou a delegação do Sinédrio com Judas à frente, iluminando o jardim com a luz dos archotes. Alguns estudiosos levantam a hipótese da necessidade da presença de Judas, devido à semelhança física do Mestre com Tiago menor. Judas foi ao encontro de Jesus e beijou-lhe a face, um sinal previamente acordado. O Mestre, levantando, disse-lhe: "Amigo, para que vieste?". Lição maravilhosa do Cristo, tratando por amigo aquele que o estava traindo.

Destemido, o Mestre foi ao encontro do grupo e perguntou-lhes:

— A quem procurais?

— Jesus de Nazaré — responderam-lhe.

— Eu sou ele — afirmou Jesus.

Os guardas romanos e judeus, ouvindo aquela voz com tanta firmeza, recuaram atemorizados diante da grandeza moral do Messias. Mas Jesus disse:

A parábola do lenho seco (Lucas, 23:27-32)

— Se me procurais, deixai os outros irem.

Então lançaram mão de Jesus e o prenderam. Pedro, com sua personalidade forte e impulsiva, desembainhou um punhal e acabou cortando a orelha de um servo do sumo sacerdote. Nesse momento, o Mestre dirigiu-se firmemente para Pedro, ordenando-lhe que interrompesse aquela ação.

Naquela confusão, os discípulos se dispersaram, após verificarem que o Mestre não realizaria nenhuma ação para se soltar. Talvez esperassem um milagre. Somente Pedro e João, refeitos do susto inicial, tiveram coragem de seguir o Mestre preso.

Antes de continuarmos, precisamos fazer um registro. Poucas passagens dos Evangelhos contêm tantas versões divergentes e contraditórias dos mesmos eventos quanto as que narram a prisão, o julgamento, a crucificação e a ressurreição de Jesus. Por sua importância e seu significado religioso, o processo histórico e jurídico ficou num plano secundário. Nada obstante, muitos estudiosos vêm pesquisando o processo nos aspectos jurídicos da época, tanto judeus quanto romanos. O que é indiscutível é que Jesus, no fim, foi executado à maneira romana.

O tenebroso grupo, com soldados e autoridades do templo, levou o Mestre amarrado para a casa de Anás, ex-sumo sacerdote que, embora deposto pelos romanos cerca de quinze anos antes, ainda mantinha intacto seu prestígio na comunidade. Anás foi o grande incentivador da luta contra Jesus. Deve também ter informado Pôncio Pilatos sobre a questão, pois junto aos guardas judeus havia soldados romanos.

Anás, ansioso, aguardava a chegada do prisioneiro. Todo o processo seria conduzido pelos saduceus, que eram implacáveis contra qualquer perigo que lhes desestabilizasse a invejável posição social. Devemos registrar que, apesar dos conflitos religiosos com o Mestre, a condenação partiu dos saduceus, a elite aristocrata dominante do povo judeu.

Anás interrogou o Mestre a respeito da sua doutrina e de seus discípulos, numa audiência preliminar. Jesus respondeu firmemente: "Eu tenho falado abertamente ao mundo: eu sempre ensinei na sinagoga e no templo, aonde acorrem os judeus e jamais falei às ocultas. Por que me interrogas?".

O destemor e a coragem do Mestre impressionavam. Um dos servos de Anás adiantou-se e deu-lhe uma bofetada, dizendo: "É assim que repondes ao sumo sacerdote?".

Jesus, embora afrontado pela agressão covarde, manteve-se calmo, não sintonizando com as forças negativas que o cercavam. Tranquilo, respondeu, ofertando a outra face: "Se falei mal, dá prova desse mal. Mas se falei bem, por que me bates?". Anás, sabedor que o julgamento formal deveria ser público e não na madrugada, resolveu interromper o interrogatório até a manhã, quando Caifás reuniria o Sinédrio. Da casa de Anás, Jesus foi conduzido para o palácio de Caifás, o atual sumo sacerdote.

No palácio, os sacerdotes procuravam um motivo para formalizar uma acusação. Algumas testemunhas foram forjadas, e o Mestre não respondeu às acusações. Irritado com o silêncio do prisioneiro, Caifás faz uma pergunta direta: "Eu te conjuro pelo Deus vivo que tu nos digas se tu és o Cristo, o Filho de Deus!". A esta pergunta, o Mestre não se furtou de responder: "Tu o disseste! E na verdade, vos digo: doravante, vereis o Filho do Homem sentado à direita do poder de Deus e vir sobre as nuvens do Céu". Foi uma declaração solene de sua identidade como Messias.

A resposta irritou ainda mais a Caifás, que resolveu encerrar a questão, exclamando: "Blasfemou! Para que precisamos de testemunhas? Ele é réu de morte!".

Enquanto o Mestre era agredido, injuriado e humilhado com golpes e cusparadas, Pedro vivia momentos de tensão. Havia tentado lutar para que o Mestre não fosse preso e fora terminantemente instado a não reagir. Seguira com João o grupo que efetuara a prisão e aguardou de fora da casa de Anás durante o primeiro interrogatório.

No palácio de Caifás, entretanto, havia a possibilidade de entrar. João era conhecido no palácio e entrou, provavelmente porque levava os peixes da companhia de pesca do seu pai, no lago de Genesaré, para o palácio. Pedro precisou da interferência de João para entrar e ainda foi questionado pelo porteiro se não era um discípulo de Jesus. Como queria entrar, naturalmente, Pedro negou.

No pátio interno, Pedro aguardava o que aconteceria com Jesus. Aproximando-se de uma fogueira improvisada pelos servos para se aquecerem, foi interrogado novamente sobre a sua condição de discípulo e negou a condição, caso contrário, seria expulso imediatamente.

Amanhecia no dia mais solene do calendário cristão. Jerusalém era banhada pela claridade dos primeiros raios do sol. O Conselho do Sinédrio, composto de vinte e três membros, reuniu-se, provavelmente no palácio de Caifás. O Mestre foi julgado pelos anciãos do povo e pelos grandes sacerdotes saduceus. E lhe disseram: "Se tu és o Cristo, dize-nos!". O Mestre respondeu: "Se eu vos disser, não acreditareis em mim. E se também vos interrogar, não respondereis ou me deixareis livre. Todavia, depois disso, estará o Filho do Homem sentado à direita do poder de Deus". Então todos disseram: "Então tu és o Filho de Deus?". Respondeu Jesus: "Vós o dizeis: eu sou!". Poucas vezes Jesus afirmara tão abertamente ser o Messias esperado.

Revoltados com Jesus, que os afrontava com destemor, decidiram levá-lo até Pôncio Pilatos, a autoridade romana que poderia decretar a sentença de morte, provavelmente no seu palácio e não na fortaleza Antônia. Atualmente, os pesquisadores interessados no acontecimento levantam dúvidas sobre tal necessidade. Enquanto isso, Judas, desesperado pelas consequências do seu erro, buscava no suicídio a falsa solução para seus problemas, os quais somente seriam ampliados, complicando ainda mais seu caminho evolutivo. As moedas de prata que havia ganhado só serviram para comprar um terreno para o seu sepulcro, que seria conhecido, posteriormente, como o campo de sangue.

No pátio, Pedro, insone, aguardava ansioso. Foi quando, então, um servo que havia participado da captura de Jesus e o reconhecera abordou-o. O apóstolo ficou tentando convencê-lo de que não estivera lá. Enquanto discutiam, o discípulo pescador viu Jesus passar preso pelo pórtico do andar superior em direção ao julgamento do Sinédrio. Seus olhares se cruzaram e Pedro recordou-se das palavras de Jesus, na ceia pascal, de que ele ia negá-lo por três vezes. O apóstolo sentiu sua alma dilacerar e, chorando, correu para fora do pátio. Pedro caiu em si.

Muito se tem comentado sobre as três negações de Pedro, com a conotação de covardia do grande apóstolo. Entretanto, a sequência das situações nos mostra o contrário. Pedro enfrentou os soldados do templo, seguiu destemidamente o Mestre e, para saber o que ocorria, teve que negar a Jesus, senão seria expulso do local. Por fim, lembramos que o Mestre ordenou-lhe que não fizesse nada. Contudo, a lição foi fundamental, pois Pedro precisava ter equilíbrio para manter a comunidade cristã nascente unida, agregando judeus e gentios. Ele passaria de ovelha para pastor.

O pretório ou palácio de Herodes, na região noroeste da Cidade Alta, era utilizado como tribunal do procurador romano e sua residência oficial em Jerusalém. Era decorado com a riqueza que se recomenda a um palácio real. Flávio Josefo, escritor judeu do século I, visitara pessoalmente o palácio antes da sua destruição e descreveu-o com admiração no livro *Guerra judaica*. A residência preferida dos procuradores romanos ficava na aprazível Cesarea Marítima, banhada pelo Mediterrâneo.

Naquela manhã, irritado por já estar envolvido com o processo de dois ladrões e de um preso político, agora era obrigado a ir ao encontro daqueles sacerdotes. Os visitantes se recusaram a entrar pela proibição dos ritos pascais de se entrar numa casa pagã. Pilatos, sem a menor boa vontade e demonstrando clara insatisfação, perguntou quais eram as acusações contra o nazareno.

Inicialmente, Pilatos entendeu que a questão se referia a uma heresia doutrinária e procurou não perder seu tempo com a acusação.

Rapidamente, Anás e Caifás afirmaram se tratar de um crime político, pois Jesus advogava o não pagamento do tributo a César e ostentava a condição de Messias, isto é, rei.

Não querendo criar uma desavença com a elite eclesiástica, Pôncio Pilatos subiu ao pretório e interrogou Jesus. João contou o diálogo mais impressionante que a humanidade conhece. Os dois polos se encontravam: o poder do mundo e o poder espiritual.

Jesus afirmou que, embora seu reino não fosse deste mundo, Ele nascera de fato para reinar e dar testemunho da verdade, e todo aquele que estivesse com a verdade ouviria a sua voz. Pilatos, irritado e zombeteiro, fez, então, a famosa pergunta: "O que é a verdade?".

O diálogo encerrou aí. O Mestre sabia que o conhecimento da verdade depende do adiantamento espiritual da criatura. A verdade para Pilatos estava nos valores materiais e, certamente, não entenderia um conceito baseado nos valores espirituais.

Sendo Jesus um galileu, Pilatos procurou se livrar dele, enviando-o para Herodes Antipas, que era o Tetrarca daquela região e estava em Jerusalém, no palácio dos asmoneus. Além disso, com essa deferência, esperava melhorar suas relações com Herodes, que não eram boas.

Herodes ficou lisonjeado com o gesto do rival romano e satisfeito com a ideia de ver, finalmente, aquele nazareno cuja fama o atemorizava, pois conhecia os relatos feitos pelo povo sobre o estranho profeta, que superara o próprio João Batista. O encontro decepcionou Herodes, pois o Mestre manteve-se em silêncio e não lhe mostrou nenhum sinal ou milagre. Perdendo o interesse, enviou Jesus de volta a Pilatos, sem antes, porém, fantasiá-lo de rei.

Convencido de que era por inveja que os hierarcas do clero queriam vingar-se daquele pregador, e não vendo fundamento para uma sentença de morte, convocou os grandes sacerdotes, os magistrados e o povo e disse-lhes:

> Vós me apresentastes este homem como agitador do povo. Eis que, examinando-o na vossa presença, não encontrei neste homem culpa nenhuma nas coisas de que o acusais. Nem mesmo Herodes, pois que tornou a enviá-lo a nós. Enfim, nada ele fez que mereça a morte. Portanto, o soltarei depois de castigá-lo.

Frequentemente acusado de abuso e arbitrariedades, naquele momento, Pilatos fora imparcial, baseado no direito imperial. Em sua opinião, a flagelação era uma punição e uma advertência adequadas para aquele homem, que transgredira a ordem pública com seus discursos.

Destacamos que Pôncio Pilatos já consultava algumas autoridades romanas para condução do espinhoso assunto. No romance *Há dois mil anos*, de autoria do Espírito Emmanuel, já mencionado, temos a notícia da grande participação do senador Publius Lentulus durante o processo.

Vendo seu plano desabar, os sacerdotes começaram a insuflar o povo com manifestações ruidosas. Ainda no tribunal, Pilatos recebeu um aviso definitivo. Sua mulher, Cláudia Prócula, mandou dizer-lhe: "Nada tens que ver com esse Justo, porque hoje sofri muito, em visão, por causa dele". Os romanos sempre deram importância aos sonhos, e a informação transmitida por sua mulher sobre o sonho que tivera para que não interferisse nos acontecimentos foi definitiva para Pilatos. Podemos entender por que, nesse caso, Pilatos foi pusilânime e vacilante. Todas as referências históricas sobre ele retratam-no como um homem de caráter inflexível, rude e obstinado.

Pilatos ainda tentou uma última cartada. Durante a festa, era comum a libertação de um encarcerado escolhido pelo povo. Devemos registrar que não há indícios, fora dos Evangelhos, da existência real do costume, romano ou judaico, de dar o indulto a um prisioneiro às vésperas da Páscoa, ou durante essa festa. Nada obstante, Pilatos tinha esse poder. Havia, na ocasião, um preso famoso, um rebelde muito conhecido na cidade, de nome Barrabás. Os acusadores de Jesus aproveitaram o momento e pediram-lhe que o libertasse, levando a multidão sempre volúvel a gritar, igualmente, por ele. No meio daquela agitação perturbadora, disse Pilatos: "A quem quereis que eu solte: Barrabás ou Jesus, que se chama Cristo?". Eles disseram: "Barrabás!". Disse-lhes Pilatos: "Então que farei de Jesus, chamado o Cristo?". Disseram todos: "Seja crucificado!".

A pergunta de Pilatos para o povo poderia ser estendida à comunidade cristã atual: o que estamos fazendo com Jesus? O que estamos fazendo com suas lições? A pergunta serve de base para uma reflexão interior, pois não basta fazer do Cristo o benfeitor que cura e protege. É importante transformá-lo em padrão permanente da vida, exemplo e modelo de cada dia.

Seguindo a ordem de Pilatos, o prisioneiro foi conduzido à sala dos guardas do pretório e entregue aos seus algozes. Na guarnição de Herodes, segundo Flávio Josefo, serviam gregos, samaritanos e sírios, que guardavam rancor pelos judeus. Aproveitaram a oportunidade para descarregar no prisioneiro seu ódio. Um deles jogou sobre os ombros do flagelado o seu manto escarlate e outro pôs-lhe na mão um caniço, para que ficasse parecendo um rei. Houve até um que improvisou uma coroa de espinhos. Jesus sofreu as sevícias em silêncio. Ao mesmo tempo, os soldados inclinavam-se diante dele e diziam: "Salve, majestade, rei dos judeus". Alguns cuspiam e outros batiam nele por diversão.

Pilatos decidiu interromper aquela situação, imaginando que a flagelação seria suficiente para saciar o povo. Levou Jesus flagelado e apresentou-o, afirmando mais uma vez que não vira culpa no Mestre. Merece registro que tal afirmativa seria utilizada pelos cristãos até o século IV, para defenderem-se das perseguições romanas. No mesmo período, Pilatos gozava de certa simpatia por parte das comunidades cristãs. Somente após Constantino, que instituiu a liberdade religiosa no ano 313 d.C., a sua imagem começou a ser questionada.

Jesus saiu com seu manto e sua coroa de espinhos, e Pilatos disse: "Eis aqui o homem!". Como um homem naquelas condições poderia ser o rei dos Judeus? Entretanto, os guardas e sacerdotes bradaram, dizendo: "Crucificai-o! Nós temos uma lei e, conforme essa lei, ele deve morrer, porque se fez Filho de Deus". Ao ouvir essas palavras, um terror supersticioso instalou-se no seu íntimo. Ele se recusava, estranhamente, a dar ouvidos à acusação. Entrou no pretório e dialogou novamente com Jesus: "Donde és tu?". Jesus, porém, manteve-se em silêncio, não lhe dando resposta. Pilatos, irritado, continuou: "Não me falas? Não sabes que tenho poder para dar-te a liberdade, como tenho poder para crucificar-te?". Jesus, então, respondeu: "Não terias poder nenhum sobre mim, se não te fosse dado do Alto. Por isso, quem me entregou a ti tem maior pecado".

As palavras de Jesus agradaram Pilatos, que, interiormente, sentia algo especial por aquele homem nazareno que era diferente de todos os que estiveram em situação semelhante. Voltou para fora do pretório disposto a defendê-lo, uma última vez.

Os acusadores, entretanto, surgiram com novo e poderoso argumento. O nazareno se fazia passar pelo Messias, isto é, o Ungido, título reservado aos reis. E acrescentavam com um tom nítido de ameaça: "Se soltas esse, não és amigo de César! Quem se faz rei vai contra César!".

Pilatos compreendeu a mensagem e percebeu que estava em jogo a sua própria carreira. O imperador Tibério cobrava com rigor a tranquilidade nas províncias, e Pilatos sabia que já haviam chegado reclamações dele em Roma. Estava a ponto de ceder, mas fez uma última e fraca tentativa. Mandou conduzir Jesus para um lugar do lado de fora, dentro do complexo do palácio, num pátio chamado Lithostroton (em grego, pavimento de pedra, ou Gabbathá, em hebraico). O pátio era espaçoso o suficiente para acomodar as multidões. Sobre o pavimento, existia uma plataforma que servia de tribunal para Pilatos. Era quase onze horas da manhã.

Pilatos, então, apresentou Jesus: "Eis o vosso rei!". O povo gritou: "Tira! Tira! Crucificai-o!". Disse-lhe Pilatos: "Hei de crucificar o vosso rei?". Responderam, então, os chefes dos sacerdotes: "Nós só temos um rei: César!".

A parábola do lenho seco (Lucas, 23:27-32)

Tamanha demonstração de subserviência e submissão leal a César não dava escolha para Pilatos. De qualquer maneira, para demonstrar publicamente que ele não pudera aplicar a lei romana e fora constrangido pelas circunstâncias, mandou trazer-lhe água numa bacia e, segundo um rito oriental, lavou as mãos, dizendo: "Eu não tenho culpa do sangue deste justo". O povo presente não se sensibilizou com o gesto de Pilatos. Alguns afirmaram: "Que recaia sobre nós e os nossos filhos o sangue desse aí".

O anúncio da graça concedida a Barrabás foi recebido com uma ovação, e Pilatos entregou-lhes Jesus para que o crucificassem. Tinha início a Paixão de Cristo, que em latim significa "sofrimento por um objetivo". De qualquer maneira, a escolha do prisioneiro político continua interessando os estudiosos, que procuram responder várias questões que permanecem em aberto.

Para o povo, o comportamento e o modo de vida de Jesus não correspondia aos de um Messias ou rei, como aguardavam. O Mestre era uma pedra de tropeço para os judeus, pois foi grande e humilde demais ao mesmo tempo.

Depois de açoitado, Jesus foi conduzido pelo portão dos jardins, localizado na esquina noroeste das muralhas da cidade. Saindo de Jerusalém, Jesus fez o percurso até o local onde seria executado. Foi de fato uma via dolorosa. Ainda hoje, quem for a Jerusalém poderá trilhar um caminho, que em latim se chama Via Dolorosa. Segundo a tradição, o povo teria seguido Jesus até o patíbulo.

O tempo passou e não temos certeza da veracidade histórica desse traçado. Entretanto, é certo que, por volta das nove horas da sexta-feira pascal, o 14 de Nisan, provavelmente no dia 7 de abril, um cortejo de pessoas acompanhava, lentamente, Jesus carregando a sua cruz pelas ruas estreitas de Jerusalém.

O Cordeiro de Deus seguia rodeado por soldados e por dois ladrões que também carregavam suas cruzes e partilhavam com o Mestre o caminho até a execução. Segundo a práxis romana das execuções, os condenados levavam a própria cruz. Muitos pesquisadores argumentam que Jesus levou apenas a trave, que seria encaixada na estaca fora da cidade, pois toda a cruz seria muito pesada para um homem já debilitado carregar.

Com o corpo dilacerado pela flagelação, o Mestre seguia, lentamente, sob o peso da cruz. Com as forças a lhe faltarem, Ele estava quase caindo ao chão. O centurião que comandava o pelotão, percebendo o que aconteceria, convocou um homem na multidão para ajudar Jesus. Simão era um judeu da diáspora, originário de Cirene, antiga colônia grega no norte da África (atual Trípoli), que estava retornando do campo para a cidade. Reza a tradição que seus dois filhos, Alexandre e Rufus, tornaram-se cristãos mais tarde e talvez tivessem conhecimento dos detalhes da crucificação, contados diretamente por seu pai.

Existe um simbolismo nesse acontecimento que devemos destacar: sempre que a criatura se aproxima do Cristo, a multidão coloca-lhe logo uma cruz, cobrando atitudes coerentes com o ensinamento cristão. São os seguidores do Cristo que devem dar o exemplo.

Nas vizinhanças das portas de Efraim, muitas pessoas se uniram ao pelotão. Ouviram-se mulheres chorarem e fazerem as lamentações fúnebres. Voltando-se para elas, Jesus afirmou a parábola do lenho seco.

A PARÁBOLA

Filhas de Jerusalém, não choreis por mim, mas chorai por vós mesmas e por vossos filhos. Porque eis que virão dias em que se dirá: Bem-aventuradas as estéreis e os ventres que não tiveram filhos, e os seios que não amamentaram! Nesse tempo começarão a dizer aos montes: Tombai sobre nós! E as colinas: Sepultai-nos. Porque, se no lenho verde tais coisas se fazem, o que não se fará no lenho seco?

REFLEXÃO

A mensagem do lenho seco é clara. Se o mundo crucificou alguém sem erros, simbolizado pelo lenho verde, o que não será cobrado ao lenho seco, isto é, uma pessoa com erros, como nós, endividados perante a Lei de Deus? Se Jesus é a videira eterna, cheia de seiva divina, Espírito aperfeiçoado e puro, e carregou sua cruz material, nós também temos de fazê-lo. A grande diferença é que a cruz do Mestre era material e foi organizada pelo Espírito da maldade e ingratidão, enquanto as nossas são cruzes espirituais, isto é, as cruzes do orgulho, da vaidade e do egoísmo. A de Jesus foi carregada por algumas centenas de metros, as nossas temos carregado através dos séculos.

Jesus também alertava, alegoricamente, aquelas mulheres sobre o sofrimento que as mães de todos os tempos teriam por si mesmas e por seus filhos, pelo afastamento aos valores espirituais. Aliás, é graças ao amor das mães, uma força divina insuperável, que muitos Espíritos se modificam. Assim, entendemos o simbolismo dos ventres estéreis e os seios que não amamentam.

Outra visão mais imediata seria o sofrimento que os habitantes de Jerusalém teriam quarenta anos depois, com a invasão dos romanos comandados por Tito, que destruíram a cidade sagrada e o grande templo.

Referências: Jo 16:25 a 33, Jo 17:1 a 26, Jo 18:1 a 24, Mt 26:37 a 48, Lc 22:43 a 44, Mt 26:50 a 54, Lc 22:51 a 53, Mc 14:50 a 52, Mt 26:59 a 68, Jo 18:15 a 19, Lc 22:66 a 71, Mt 27:3 a 30, Jo 18:28 a 38, Mc 15:3 a 5, Jo 19:4 a 15, Mt 27:24 a 26, Mt 27:31 e 32, Lc 23:23 a 32

A VITÓRIA SOBRE A MORTE

48

DOLOROSO FIM

Por volta das nove horas, o cortejo deixou o casario de Jerusalém e dirigiu-se para a mais alta colina dos arredores, o monte da Caveira, costeada pela estrada que levava à cidade e pouco distante das muralhas. A origem desse nome macabro devia-se, provavelmente, pela forma da rocha, que lembrava uma caveira ou crânio, nome que em aramaico é Gólgota.

A crucificação era umas das mortes mais ignominiosas, que conciliava a tortura física e a humilhação moral, sendo uma das práticas de terror do imperialismo romano. Os cidadãos romanos eram excluídos dessa morte horrível e infame. A crucificação era, geralmente, reservada aos bárbaros revoltosos e aos escravos, que subvertiam a lei e a ordem de Roma. Tal punição fora importada pelos romanos de Cartago na África e aplicada em todo o império. Em Roma, havia um lugar especial para crucificar os escravos: o Campus Esquilinus.

A comunidade cristã, nos quatro primeiros séculos, evitou representar a cruz, tal o impacto negativo. Quando representavam o Mestre, faziam-no com uma ovelha nas costas. Somente após Constantino é que a cruz começou a tornar-se um símbolo reverenciado como a marca dos cristãos. Devemos registrar que, apesar das inúmeras crucificações realizadas no passado, arqueólogos encontraram, acidentalmente, durante uma construção em Jerusalém, no ano de 1968, somente os restos de um homem crucificado no século I d.C.

Um grupo de mulheres assistia à crucificação e apenas um homem, o jovem João. Maria de Madalena, Joana de Cuza, Maria, mulher de Cléopas, Salomé e, finalmente, Maria, a mãe de Jesus. Podemos imaginar a dor de Maria? O que ela pensava naqueles instantes? Como era possível aquele pesadelo estar acontecendo com a encarnação do amor? Que delito cometeu o curador de enfermos? Quem poderia temer aquele que amou até os inimigos? Por que o matam? Talvez Maria tenha se lembrado da profecia de Simeão quando apresentou Jesus ao templo, de que uma espada transpassaria o seu coração.

As mulheres viram os soldados arrancarem-lhe a roupa, deixando-o apenas com um lençol atado à cintura, e o pregarem na cruz. O barulho horripilante dos martelos ao fincarem os cravos enormes nos pulsos e calcanhares causava pavor. Depois, os soldados ofereceram-lhe vinho misturado com mirra para entorpecê-lo. O Mestre recusou, testemunhando a sua coragem moral.

Ninguém tinha a mínima ideia da importância do que estava acontecendo. Chegavam até o extremo, diante da situação, de zombarem de Jesus, pois o verdadeiro Messias não morreria daquela maneira. Soldados, sacerdotes e os transeuntes escarneciam do Mestre crucificado, incentivados pelas hordas de Espíritos ignorantes. Dos dois ladrões ou salteadores insurgentes, um zombou do Mestre, e o outro, arrependido, pediu misericórdia e a recebeu.

A multidão, saciada nos seus instintos mais baixos, começou a se dispersar por volta do meio-dia, ensejando a oportunidade para que o pequeno grupo de mulheres se aproximasse da cruz, sem medo dos soldados. Vendo sua mãe aproximar-se, Jesus dirigiu-se a ela pela última vez, arfando: "Eis teu filho", virando o olhar para João. Depois falou ao jovem discípulo amado: "Eis tua mãe".

Muito se discute se Maria teve outros filhos, já que nos textos dos evangelistas existem referências a "irmãos" do Mestre. Essa passagem é um indício de que Jesus não tinha irmãos, e José, provavelmente, já estava desencarnado. Lembramos ainda que os primos, no Oriente, são chamados de irmãos.

A seguir, por volta das quinze horas, o tempo começou a virar, cobrindo Jerusalém com sombras. Era uma forma de luto divino pela humanidade. O profeta Amós, no século VIII a.C., afirmara: "Farei o sol se pôr ao meio-dia e escurecerei a Terra em plena luz do dia" (8:9). Nesse momento, Jesus falaria as suas famosas sete últimas frases, que, no entendimento dos estudiosos mais modernos, referem-se ao salmo 22, recitado pelo Mestre.

Em sua agonia final, Jesus exclamou: "Dai-me de beber". Um dos soldados, movidos pela compaixão, fez chegar até os lábios do Mestre um pano úmido com água e vinagre, bebida conhecida como posca, retirada do cantil que fazia parte dos utensílios levados pelos soldados romanos.

Tão logo seus lábios sentiram a umidade, o Mestre estremeceu, e em voz alta afirmou: "Está tudo consumado. Pai, em tuas mãos entrego o meu espírito". O Filho do Homem beberia o seu cálice até a última gota. Estas são as derradeiras palavras de Jesus e expressam a sua dimensão humana, pois todos nós, no instante final, faremos o mesmo pedido.

O grito final de Jesus não era de um moribundo, pois nele estavam gritando todos os filhos do calvário da história. Era um grito de indignação e, ao mesmo tempo, de esperança. No grito de Jesus, rejeitado e executado por buscar a felicidade de todos, está a verdade última da vida. No amor deste crucificado, está o próprio Deus, identificado com todos os que sofrem, gritando contra todas as injustiças, torturas e abusos de todos os tempos.

No cenário dantesco, o ar pesado prenunciava a tempestade eminente. Um centurião que comandava a guarda emocionou-se com a coragem indômita do Mestre e afirmou: "Verdadeiramente, este homem era um filho de Deus".

O apóstolo Paulo afirmaria na *Primeira carta aos coríntios*: "Porque a palavra da cruz é loucura para os que perecem, mas para nós, que somos salvos, é o poder de Deus". Realmente, para aqueles que já têm as claridades do Evangelho, nos supremos sacrifícios e renúncias, seguimos o Mestre, quanto Ele carregou a sua cruz e subiu para o Pai.

49

DEPOIS DA CRUCIFICAÇÃO

No Gólgota, sob o fundo tétrico do céu plúmbeo, dominavam as três cruzes que testemunhavam a ignorância humana. As pessoas se retiraram, deixando o local deserto com apenas algumas sentinelas a vigiar os crucificados.

Como estava para iniciar a Preparação, período de vigília que antecedia o sábado, em especial ao da Páscoa, os sacerdotes foram verificar se os crucificados estavam mortos, para enterrá-los segundo determinação da Torá. O único já morto era Jesus, portanto, pediram aos sentinelas que terminassem logo o serviço nos outros dois.

Nesse meio tempo, por volta das dezoito horas, José de Arimateia, rico e influente membro do Conselho, oriundo da cidade de Arimateia, na Judeia, certamente um simpatizante das ideias do Mestre, venceu o medo e foi até Pilatos pedir-lhe o corpo de Jesus para que Ele tivesse uma sepultura, no que foi atendido. Ajudado por Nicodemos, os dois notáveis, sem perda de tempo, depuseram o corpo de Jesus em uma padiola e o levaram a um túmulo num jardim próximo, de propriedade de José.

O corpo do Mestre foi envolvido num tecido perfumado e arrumado na cripta. Após as preces habituais, os dois homens foram para casa, enquanto o grupo aflito de mulheres que contava com Maria, mãe de Jesus, e Maria de Madalena assistia a tudo de longe. No sábado, os sacerdotes, temendo a promessa de Jesus de ressuscitar no terceiro dia, foram a Pilatos solicitar auxílio para que se montasse guarda no local, por uns dias, para evitar romarias. Será que não desapareceram com o corpo do Mestre, pois seria conveniente para eles?

E os discípulos? Provavelmente, não sabiam onde Jesus fora enterrado. Estavam dispersos, perplexos, temerosos e vivenciando os tormentos do remorso. O pior de tudo eram o desânimo e a desconfiança com a aparente derrota. Por que Deus havia abandonado Jesus? Ele não era o Filho de Deus? Por que morrera na cruz? Uma morte tão degradante! Além disso, havia uma preocupação adicional com o futuro da mensagem. O Mestre não deixara nada escrito, não criara uma escola e fora morto muito jovem. A sua única herança era aquele pequeno grupo que acabara de abandoná-lo no momento mais crítico.

Devemos registrar a importância da crucificação, pois sem ela não teríamos Cristianismo. Considerando a redenção humana uma guerra, a crucificação foi a batalha decisiva para a vitória final do bem, embora não fosse a última, a exemplo do desembarque aliado na Normandia que garantiu a vitória na Segunda Guerra Mundial.

O sábado, reservado ao descanso, criou o cenário ideal para os comentários gerais sobre o que havia acontecido. Ironia misturada à consciência culpada, criando o caldo da fofoca inconsequente que muitos sorviam com prazer.

No domingo, provavelmente numa manhã fria e enevoada, Maria Madalena, visitando o túmulo para completar o sepultamento de Jesus que fora feito às pressas, anunciaria a notícia mais feliz que a humanidade já recebeu: Jesus estava vivo!

O Mestre vencera a morte. Suas lições, baseadas na imortalidade da alma, estavam confirmadas. A notícia se espalhou como um rastilho de pólvora, trazendo a esperança de volta aos corações vacilantes.

Tal acontecimento seria fundamental para o Cristianismo nascente, e o privilégio desse anúncio coube à ex-pecadora de Magdala. Muitos questionam as razões pelas quais Jesus não se apresentou primeiro a Maria, sua mãe, ou para os discípulos mais próximos. A própria Maria Madalena deve ter enfrentado o descrédito por preconceito ou ciúme. A sabedoria do Espírito Emmanuel esclarece que, provavelmente, o Mestre apareceu primeiro para a ex-pecadora para confirmar que o seu Evangelho fora trazido para os doentes que desejam renovar-se. E, nesse sentido, ninguém lutara mais do que Maria. Nem mesmo Paulo de Tarso, pois, enquanto este era amante das virtudes, ela era amante dos vícios.

Ernest Renan, um grande historiador francês do século XIX, perguntou sobre o tema com grande propriedade: "Qual o sábio do mundo que trouxe mais alegria para a humanidade do que Maria de Madalena?". Bem sabemos a resposta.

Lembramos, ainda, que o Mestre não apareceu no templo para as autoridades com o objetivo de afrontá-las e vencê-las perante o povo. A sua proposta não era essa.

A ressurreição foi a luz da esperança que renovou o ânimo dos apóstolos, dando-lhes forças para anunciá-la, mesmo enfrentando as maiores dificuldades e até a morte por testemunhá-la. Paulo de Tarso chegaria a afirmar que: "Se o Cristo não ressuscitou, o nosso anúncio não tem sentido, a nossa fé é uma loucura". Muitos profetas e mestres legaram para a humanidade ensinamentos, ideias e doutrinas, entretanto, somente Jesus legou a ressurreição, a certeza da imortalidade da alma.

A ressurreição do Mestre também deu sentido à crucificação e levou os discípulos a entenderem-na à luz das profecias do Velho Testamento. Considerando os relatos das aparições de Jesus, somos levados a crer que o Mestre procurou mostrar para seus discípulos que os terríveis acontecimentos estavam em sintonia com as Escrituras, afastando, assim, o fantasma da dúvida que os atormentava naqueles momentos.

O melhor exemplo foi o que aconteceu com dois discípulos, que, no domingo, após a crucificação do Mestre, saíram de Jerusalém em direção a Emaús, que distava cerca de sessenta estádios (onze quilômetros). Um deles chamava-se Cleopas, provavelmente pai ou marido de Maria de

Cleopas, prima de Maria de Nazaré. Caminhavam amargurados e surpreendidos com os últimos acontecimentos.

Ao se aproximarem de Emaús, nas sombras que prenunciavam o anoitecer, um homem juntou-se a eles e começou a esclarecer que a dolorosa crucificação fora prevista nas Escrituras. O homem era Jesus, mas não foi reconhecido. Somente mais tarde, quando sentados à mesa da estalagem e Jesus partiu o pão como fazia, os "olhos se abriram" e identificaram, enlevados, o Celeste Amigo.

Quais passagens Jesus comentou, não sabemos. O que temos como certo é que os dois, animados, retornaram ao amanhecer a Jerusalém para anunciar o fato aos demais discípulos.

Outra esclarecedora passagem. A visão vai além dos sentidos físicos. Os olhos são a luz da alma.

Os discípulos ainda permaneceram em Jerusalém cerca de dez dias. No período, Jesus se apresentaria no Cenáculo em dois momentos extraordinários. No segundo, o incrédulo Tomé, que duvidara da ressurreição declarando que somente vendo as marcas dos cravos nas mãos de Jesus acreditaria, teve essa oportunidade concedida pelo Mestre, que lhe disse: "Porque me viste, acreditaste? Felizes aqueles que creem sem ver!". Que beleza de lição!

Após esses acontecimentos, os apóstolos voltaram para a Galileia. Aliás, o momento era perfeito, visto que a notícia da crucificação do Mestre os antecedera, gerando dúvidas nos seguidores de Jesus da região à qual ele dedicara mais tempo durante o seu ministério. Entretanto, com os discípulos renovados pela ressurreição, a comunidade acabou retomando o ritmo da sua vida comum. Pedro, entretanto, não se recuperara ainda. Sua consciência o amarrava, exacerbando um sentimento de culpa.

Uma noite, Pedro, os filhos de Zebedeu (Tiago e João), Tomé e Natanael foram pescar em seus barcos. Não tiveram sorte e, ao amanhecer, retornaram. Para surpresa de todos, encontraram o Mestre na praia, esperando por eles. Foi um momento de feliz confraternização. Após a refeição matinal, o Mestre se aproximou de Pedro e perguntou-lhe por três vezes se ele o amava. Era uma senha sobre o assunto que Jesus queria tratar. Pedro, contristado, respondeu por fim: "Senhor, Tu conheces tudo. Tu sabes que eu te amo". Era notória a mudança operada no apóstolo, pois, se fosse antes, Pedro reagiria logo na segunda pergunta. Satisfeito, o Mestre fez uma convocação para Pedro: "Conduz ao redil as minhas ovelhas".

Pedro ficou surpreso com a determinação. Apesar de se considerar uma ovelha deficiente, era chamado a ser um pastor. Um processo natural de amadurecimento.

Para que Pedro entendesse bem esse processo e que a responsabilidade depositada em suas mãos não era um privilégio, mas um convite a percorrer o caminho que leva à cruz, o Mestre logo acrescentou: "Em verdade, vos digo: quando eras mais jovem, por ti mesmo te cingias e andavas por onde querias. Porém, quando ficares velho, estenderás as mãos, e outro te há de cingir e conduzir-te para onde não queres".

Essa passagem foi fundamental para Pedro e, se foi para ele, igualmente o foi para o Cristianismo. A exemplo de Pedro, todos nós devemos vivenciar o processo de amadurecimento, considerando três fases. A primeira é a pessoa cair em si, quando faz o mergulho interior para avaliação de sua pobreza espiritual. A segunda é não olhar para trás e seguir em frente. A terceira é sair de si, fazendo o bem possível. A vida é assim: somos, ao mesmo tempo, pastor e ovelha. Pastor daqueles que estão atrás, e ovelhas daqueles que estão à frente.

Tendo-se voltado, Pedro viu atrás de si o discípulo amado e perguntou-lhe: "Senhor, que lhe acontecerá?". Jesus respondeu que não se preocupasse com João, no momento. Apenas deveria segui-lo. Na verdade, o Mestre falava de experiências diferentes. Pedro seria martirizado em Roma no ano 67, durante as perseguições encetadas por Nero. Quando tiveram início as prisões, os amigos de Pedro insistiram para que saísse de Roma.

Na via Ápia, teve uma visão de Jesus caminhando em sentido oposto, em direção à cidade e resolveu retornar. Lá, foi crucificado, segundo as tradições, de cabeça para baixo. João, o discípulo amado, morreria com idade avançada, testemunhando dia a dia a mensagem do Mestre.

A última aparição de Jesus na Galileia, a oitava num total de onze, foi registrada pelos evangelistas e pelo apóstolo Paulo na *Primeira carta aos coríntios*. Num final de tarde belo e acolhedor, movidos por uma força invisível e uma profunda saudade, cerca de quinhentas pessoas reuniram-se num monte perto de Cafarnaum. Na oportunidade, o Mestre, qual verdadeiro sol celestial, afirmou: "Todo o poder me foi dado no Céu e na Terra. Ide, portanto, fazei discípulos em todos os povos, ensinando-os a observar tudo quanto eu vos mandei fazer".

Como a humanidade seria feliz e quantas dores evitadas, caso tivesse observado os mandamentos de Jesus.

Referências: Mc 15:42 a 45, Lc 23:55 e 56, Mt 27:62 a 68

50

DA PÁSCOA AO PENTECOSTES

Com a morte de Jesus, teve início o Cristianismo. Desde o dia do anúncio da ressurreição, pela ex-pecadora de Magdala, o tempo passou e a mensagem cristã permaneceu triunfante, junto aos corações sinceros que dela se aproximaram em busca de felicidade e amparo.

Por outro lado, naquele mesmo período, as expressões mais vivas dos valores do mundo passaram e foram esquecidas em monumentos ou mausoléus, embora tenham trazido mudanças na ordem social. Reis, impérios, civilizações, generais, filósofos, cientistas, políticos e revoluções figuram apenas em monumentos de pedra ou em bibliotecas.

A mensagem cristã continua viva, apesar de todas as violências sofridas ao longo do tempo, até daqueles que ostentavam a condição de representantes do Cristo na Terra. Quantos vendavais a mensagem sofreu? Quantas agressões engendradas por seus próprios adeptos? Entretanto, sustentada pela figura imperecível de Jesus, a mensagem continua a mesma, envolvendo todos que a buscam com o mesmo aroma e perfume de outrora na Palestina.

Não foi por outra razão que Francisco de Assis foi eleito, em 2005, o homem do milênio pelos leitores internacionais da prestigiosa revista *Time*. Nesse período, ninguém como ele testemunhou o amor do Cristo.

No desenvolvimento da mensagem cristã, a ressurreição de Jesus foi fundamental. Perguntamos ao leitor amigo: como os primeiros cristãos conseguiram enfrentar a morte com destemor e fé? Somente com a certeza da vida imortal, que não cessa com a morte, isso foi possível. O sangue dos primeiros cristãos foi o catalisador da mensagem cristã. Em seu grande discurso na colina de Marte, em Atenas, Paulo considerou a ressurreição de Jesus como o maior incentivo à fé propiciado por Deus (At 17:31).

As pessoas sensíveis ficavam impressionadas com a postura e a atitude dos cristãos diante da morte, atraindo, assim, novos adeptos. Ao final do século III, já havia cerca de cinco milhões de cristãos vivendo no Império Romano. Em Roma, foram formados sete grupos ou comunidades. Entretanto, o marco inicial do longo caminho do Cristianismo aconteceu cinquenta dias após a crucificação. Seguindo a cronologia dos fatos, os discípulos permaneceram alguns dias mais em Jerusalém e, depois, retornaram para a Galileia, onde certamente comentaram com o povo os dolorosos acontecimentos que atingiram Jesus e a notícia alegre da ressurreição. Posteriormente, rumaram novamente para Jerusalém. Naquele período, o Mestre procurou manter o grupo animado e unido, se apresentando espiritualmente outras onze vezes, incluindo a primeira aparição, numa série de encontros emocionados e visões notáveis.

A festa de Pentecostes, que celebrava o fim da colheita dos cereais da primavera, era comemorada no final de maio, isto é, cerca de cinquenta dias depois da Páscoa. Até a dominação grega, era conhecida como Festa das Semanas, mas, a partir daí, ficou conhecida como Pentecostes, que em grego significa "cinquenta". Era uma festa marcada pela alegria, pois recordavam ainda o momento da chegada das tábuas da lei por Moisés, no monte Sinai.

Em meados de maio, os discípulos que se encontravam na Galileia, retornaram para Jerusalém, como comentamos. Estavam mais confiantes e entraram na cidade sem nenhum temor. Certa noite, reuniram-se novamente no Cenáculo, onde fora realizada a ceia pascal, ocasião em que o Mestre se apresentaria pela última vez, trazendo a seguinte orientação:

"Vocês serão minhas testemunhas. Ficai na cidade até receberdes a força que vem do Alto". De lá, seguiram para o Monte das Oliveiras rumo a Betânia. A caminho, o Mestre ascendeu rumo às esferas espirituais sublimes, após abençoar a todos.

Assim, ao iniciar a festa de Pentecostes, cerca de cento e vinte discípulos de Jesus reuniram-se no átrio dos gentios do Templo de Jerusalém para um acontecimento que eles não sabiam bem qual seria. Recordavam-se, intuitivamente, das palavras de Jesus no último encontro.

Vencendo o medo, foram em direção ao povo e começaram a falar de uma maneira como jamais haviam feito antes, em diversas línguas, atendendo aos ouvintes das diferentes regiões do mundo Mediterrâneo, de Roma a Babilônia, que acorreram para Jerusalém.

Não sabemos exatamente o que falaram, mas como falaram. Pela mediunidade de xenoglossia (falar em língua diferente), a mensagem da ressurreição foi anunciada, principalmente, para os judeus da diáspora, que representavam a maioria da comunidade. De repente, alguns asseclas ligados aos saduceus resolveram perturbar o momento divino, zombando do acontecimento, um fenômeno mediúnico, afirmando que eles haviam bebido vinho doce. Pedro, assumindo a nova condição de pastor, gritou por silêncio e, com o silêncio das manifestações zombeteiras, aproveitou para afirmar que o homem crucificado na Páscoa era o Cristo de Deus e, com Ele, cumpriram-se as promessas das Escrituras. Cerca de três mil ouvintes ficaram impressionados com o que testemunharam e ouviram num começo vigoroso da mensagem cristã. E, desde então, o Cristianismo não parou de ser anunciado e crescer.

Referência: Mt 26:1 a 4, Mc 16:1 a 8, Jo 20:3 a 18, Mt 28:9 a 15, Jo 20:24 a 29, Lc 24:13 a 43, Jo 21:1 a 23, At 1 e 2:1 a 36

51

ENCERRAMENTO

Segundo o Evangelho de João, no início do ministério público de Jesus, apenas dois homens o seguiram, como destacamos na nossa narrativa. Eram André, irmão de Pedro, e o próprio João. Hoje, são mais de 1,8 bilhão somente de criaturas encarnadas. A exemplo deles, nós também seguimos o Mestre na sua vida pública e chegamos ao fim da nossa jornada pelo Evangelho. Acompanhamos e comentamos grande parte dos principais acontecimentos e ensinamentos, destacando, em especial, as parábolas. Refletimos sobre as muitas lições, procurando destacar aspectos que julgamos mais oportunos. Porém, como manancial inesgotável de sabedoria, outras lições certamente foram percebidas pela sensibilidade do leitor.

Nada me alegraria mais que se essas reflexões sobre a vida de Jesus pudessem orientar os que estejam enfrentando as águas tormentosas do mundo moderno, evitando o naufrágio, tão comum. A reencarnação é uma viagem do Espírito no mundo material, um peregrino na visão de Santo Agostinho, onde terá que enfrentar um rio caudaloso e rápido. Para chegarmos à outra margem com segurança, precisamos ser como o barqueiro que rema contra a correnteza que, no caso, são os valores do mundo e, principalmente, os nossos problemas interiores.

No capítulo 36 do livro *Os Fioretti* (pequenas histórias), de São Francisco de Assis, escrito cerca de cento e sessenta e nove anos após a sua morte, encontramos um relato sobre uma experiência ocorrida com o zeloso frei

Leão, quando cuidava de Francisco, que estava muito doente. Cansado, frei Leão adormeceu e sonhou que vários frades menores tentavam atravessar um rio, mas nem todos conseguiam alcançar a margem oposta, pois carregavam pesos nas costas. O abatido "povorello" (pobrezinho) de Assis percebeu que frei Leão tivera uma visão e perguntou-lhe o que vira. Após ouvir a narrativa, Francisco ensinou que o grande rio é o mundo, e o peso nas costas é a sobrecarga daqueles que não seguem o Evangelho. "Meu jugo é suave, e meu fardo, leve", afirmou Jesus.

Assim, os que se encontram perdidos e sobrecarregados em algum ponto da travessia da vida também possam, por meio das lições estudadas, se acharem. E que, ao contato com elas, possamos buscar, num mergulho interior, as fontes puras da espiritualidade superior, tendo a certeza de que, no silêncio da oração, ouviremos: "Eu estou convosco todos os dias, até a consumação do mundo".

Por fim, um testemunho pessoal. Ao iniciarmos o trabalho, nos sentimos emocionalmente como Paulo de Tarso em face dos enormes desafios demandados pela igreja de Corinto, embora, evidentemente, em dimensão infinitamente menor e apenas considerando as fraquezas: "Frágil, tímido e todo a tremer".

Entretanto, com a indispensável ajuda do Alto, estou convencido das palavras do filósofo e teólogo suíço do século XVIII, Johann Kaspar Lavater, um entusiasta do magnetismo animal e médium psicógrafo, cujas mensagens transmitidas após seu desencarne foram analisadas por Allan Kardec na *Revista Espírita* de 1868. No leito de morte, escreveu num pequeno pedaço de papel: "Terríveis e inumeráveis são as dúvidas do cristão que crê, mas a incomensurabilidade de Cristo vence a todas".

INFORMAÇÕES GEOGRÁFICAS E HISTÓRICAS ADICIONAIS

(Baseadas nas informações do livro
Evangelho de Jesus, de Paulo Pazzaglini)

A Palestina é o coração do Oriente Médio e do chamado Crescente Fértil, onde, na Antiguidade, surgiu uma série de civilizações interconectadas umas às outras. Essa região, em forma de uma meia lua, circundando o deserto da Arábia, começava no Egito, passava pela Palestina e alcançava o Golfo Pérsico pela Mesopotâmia. Nela surgiram as civilizações que influenciaram o pensamento religioso ocidental.

O território palestino é banhado, o ocidente, pelo Mar Mediterrâneo. A costa, com cerca de duzentos quilômetros, vai de Gaza, no sul, até Tiro, no norte. O rio Jordão percorre toda a extensão territorial e, depois de atravessar o lago de Genesaré, ou Mar da Galileia, desce cento e dez quilômetros até a sua foz no Mar Morto, que não tem escoamento e perde muita água por evaporação. Por isso sua água é salgada e sem peixes.

De região predominantemente montanhosa e com altitudes que podem chegar a mil metros, é cortada pelo vale do rio Jordão, que está abaixo do nível do mar. O lago de Genesaré está a duzentos e doze metros abaixo do nível do Mediterrâneo, e a região costeira é quase plana.

O clima da região é, basicamente, subtropical, por isso tem duas estações preponderantes: o inverno, que começa em novembro, e o verão, que tem início em maio.

No tempo de Jesus, a Palestina estava dividida em províncias: a oeste do Jordão (Cisjordânia), encontram-se a Judeia, a Samaria e a Galileia. A leste, (Transjordânia) a Pereia e a Decápolis.

Principais cidades que aparecem na narrativa dos Evangelhos: na Judeia, Jerusalém, Belém, Ain-Karin, Emaús, Éfrem, Jericó e Betânia. Na Samaria, Samaria e Sicar. Na Galileia, Nazaré, Caná, Magdala, Cafarnaum, Tiberíades e Séforis (as duas últimas eram as sedes administrativas da Galileia).

Jerusalém é uma cidade antiquíssima e foi conquistada pelo rei Davi por volta de 1000 a.C. No decorrer dos séculos, estendeu-se para oeste e norte. Foi destruída e reconstruída várias vezes. Destacamos que seria destruída pelo general romano Tito no ano 70 d.C., que depois se tornou imperador romano.

No tempo de Jesus, existiam várias seitas judaicas, entretanto duas correntes ou dois partidos político-religiosos eram dominantes: os fariseus e os saduceus. A função dos sacerdotes mudou após o exílio, incorporando um caráter político. Os fariseus admitiam a lei escrita dada por Deus a Moisés, mas também a lei oral transmitida de geração em geração, a qual continha diversas prescrições exteriores. Os escribas ou doutores da lei, leigos eruditos na lei e nas tradições, adotavam esses princípios farisaicos.

Os saduceus, ao contrário, não acreditavam na tradição oral, como também na imortalidade da alma e na reencarnação. Constituíam, na verdade, um partido político composto por aristocratas e sacerdotes. Eram os mais tradicionais, descendentes de um sacerdote chamado Sadoc, que serviu ao tempo de Davi e Salomão.

Os essênios constituíam uma seita ascética judaica que teve existência de 150 a.C. até o ano 70 d.C. Eram rigoristas e devem ter influenciado João Batista.

Havia, ainda, um partido nacionalista cujos integrantes eram denominados de zelotas (alguém com excesso de zelo), que lutavam contra a dominação romana, representada por uma pesada carga de impostos e injustiça social no campo. O sacerdócio judaico, aos quais podiam pertencer somente os descendentes da tribo de Levi, culminava com o sumo sacerdote, que era ajudado pelos sacerdotes e levitas. Os sacerdotes que prestavam serviço no templo eram divididos em vinte e quatro classes ou grupos, revezando-se no serviço litúrgico. Os levitas eram encarregados das tarefas mais humildes do templo.

Convém ressaltar que o Templo de Jerusalém era o único local autorizado a realizar sacrifícios a Deus. Os samaritanos, por razões históricas e religiosas, faziam os sacrifícios no monte Garizim.

Depois do sumo sacerdote, a suprema autoridade do judaísmo era representada pelo Sinédrio. Essa assembleia era composta pelo sumo sacerdote em função e setenta e um membros divididos em três grupos, a saber:

- Os príncipes dos sacerdotes, ou seja, os sumo sacerdotes não mais em função e os chefes das famílias sacerdotais;
- Os anciãos do povo, leigos pertencentes à aristocracia;
- Os escribas ou doutores da lei.

Em toda a cidade ou vila de certa importância, a vida religiosa dos judeus estava centrada na sinagoga.

O calendário das festividades judaicas era composto de sete festas:

- A Páscoa, que lembrava a saída do povo judeu do Egito e era comemorada no final de março.
- A Festa do Pentecostes (cerca de sete semanas depois), durante a qual se ofereciam as primícias do pão feito com trigo da nova colheita. Nessa festa, também chamada de Festa das Semanas, comemorava-se a promulgação da lei no monte Sinai.
- A terceira festa era a dos Tabernáculos ou Cabanas, realizada no final de setembro. Recordava o êxodo, quando o povo vivia em cabanas

no deserto. Durante esse período, os habitantes de Jerusalém improvisavam tendas, rememorando a vida dos antepassados.
- A quarta festividade era a da Dedicação, realizada no final de novembro e marcava a rededicação do templo a Deus. Foi instituída por Judas Macabeu, em 164, após tomar o templo dominado pelos gregos.
- Outras festividades do calendário: a Festa Penitencial da Expiação, realizada em setembro/outubro, no único dia em que o sumo sacerdote entrava na sala do santo dos santos. Além dessas, comemorava-se a Festa das Trombas e a Festa das Sortes.

As horas que decorriam entre o nascer do sol e o poente eram doze, mas de duração variável, conforme a estação. Geralmente, fazia-se alusão às horas principais: primeira (6 horas), terceira (9 horas) e nona (15 horas). A noite era dividida em quatro vigílias de três horas cada uma.

O ano era formado de doze meses lunares, mas a cada dois ou três anos, intercalava-se um décimo terceiro mês para restabelecer o ajuste com a sucessão das estações. O nome dos meses era de origem babilônica, destacando-se o Nisan, correspondente a março e abril. Na sequência, teríamos: Ijair, Siwan, Tanmuz, Ab, Elul, Tishri, Markheshwan, Kislew, Tebeth, Shebat, Adar e We-Adar.

REFERÊNCIAS

BAILEY, Kenneth. *As parábolas de Lucas*. São Paulo: Vida Nova, 1989.

BAUDLER, Georg. *A figura de Jesus nas parábolas*: a obra narrativa da vida de Jesus – um acesso a fé. São Paulo, 1991.

BORCHERT, Otto. *O Jesus histórico*. São Paulo: Vida Nova, 1990.

BRASILEIRO, Emídio S. F. *O livro dos evangelhos*. Catanduva: Boa Nova, 2006.

CEBULJ, Christian; DOBEK, Frauke; REDNICK, Ursula. *Guia visual da história da bíblia*. Rio de Janeiro: Nova Fronteira, 2000.

CROSSAN, John Dominic. *Jesus:* uma biografia revolucionária. Rio de Janeiro: Imago, 1995.

DATTLER, Frederico. *Sinopse dos quatro evangelhos*. São Paulo: Paulus, 1986.

DRANE, Johh. *Jesus:* sua vida, seu evangelho para o homem de hoje. São Paulo: Paulinas, 1982.

FLUSSER, David. *Jesus*. São Paulo: Perspectiva, 1998.

FRANCO, Divado Pereira. Pelo Espírito Amélia Rodrigues. *Primícias do reino*. Salvador: LEAL, 1987.

FREYNE, Sean. *A Galileia, Jesus e os evangelhos*. São Paulo: Loyola, 1996.

GIBSON, Shimon. *Os últimos dias de Jesus*. São Paulo: Landscape, 2009.

GIRARD, Robert C.; RICHARDS, Larry. *A vida de Jesus:* guia fácil para entender a vida de Jesus. São Paulo: Thomas Nelson, 2013.

GNIKA, Joachim. *Jesus de Nazaré:* mensagem e história. Petrópolis: Vozes, 2000.

JEREMIAS, Joachim. *As parábolas de Jesus*. São Paulo: Paulus, 1970.

JOHNSON, Paul. *História do cristianismo*. Rio de Janeiro: Imago, 2001.

KARDEC, Allan. *O evangelho segundo o espiritismo*. Trad. Evandro Noleto Bezerra. 2. ed. Brasília, FEB, 2015.

MESSORI, Vittorio. *Hipóteses sobre Jesus*. São Paulo: Paulinas, 1978.

MIEN, Aleksandr. *Jesus Mestre de Nazaré*. São Paulo: Cidade Nova, 1998.

BORG, Marcus; John Dominic Crossan. *A última semana de Jesus:* um relato detalhado dos dias finais de Jesus. Rio de Janeiro: Nova Fronteira, 2006.

PAGLIARIN, Juanribe. *Jesus:* a vida completa. São Paulo: Bless Press, 2006.

_____. *O evangelho reunido*. São Paulo: Landscape, 2005.

PAGOLA, José Antonio. *Jesus:* aproximação histórica. Petrópolis: Vozes, 2011.

PASTORINO, Carlos Tôrres. *Sabedoria do evangelho*. Rio de Janeiro: Sabedoria, 1967. v. 1 a 8.

PAZZAGLINI, Paulo. *O evangelho de Jesus*. São Paulo: Paulinas, 1970.

PRONZATO, Alexandre. *Evangelhos que incomodam*. São Paulo: Paulinas, 1973.

ROHDEN, Huberto. *Sabedoria das parábolas*. São Paulo: Martin Claret, 1991.

ROPS, Daniel. *O povo bíblico*. Porto: Tavares Martins, 1943.

STEIN, Robert N. *A pessoa do Cristo*. São Paulo: Vida, 1996.

VERMES, Geza. *Jesus e o mundo do judaísmo*. São Paulo: Loyola, 1996.

WALKER, Peter. *Pelos caminhos de Jesus*. São Paulo: Rosari, 2006.

WINTER, Paul. *Sobre o processo de Jesus*. Rio de Janeiro: Imago, 1974.

XAVIER. Francisco Cândido. *Boa Nova*. Pelo Espírito Humberto de Campos. 37. ed. Brasília: FEB, 2016.

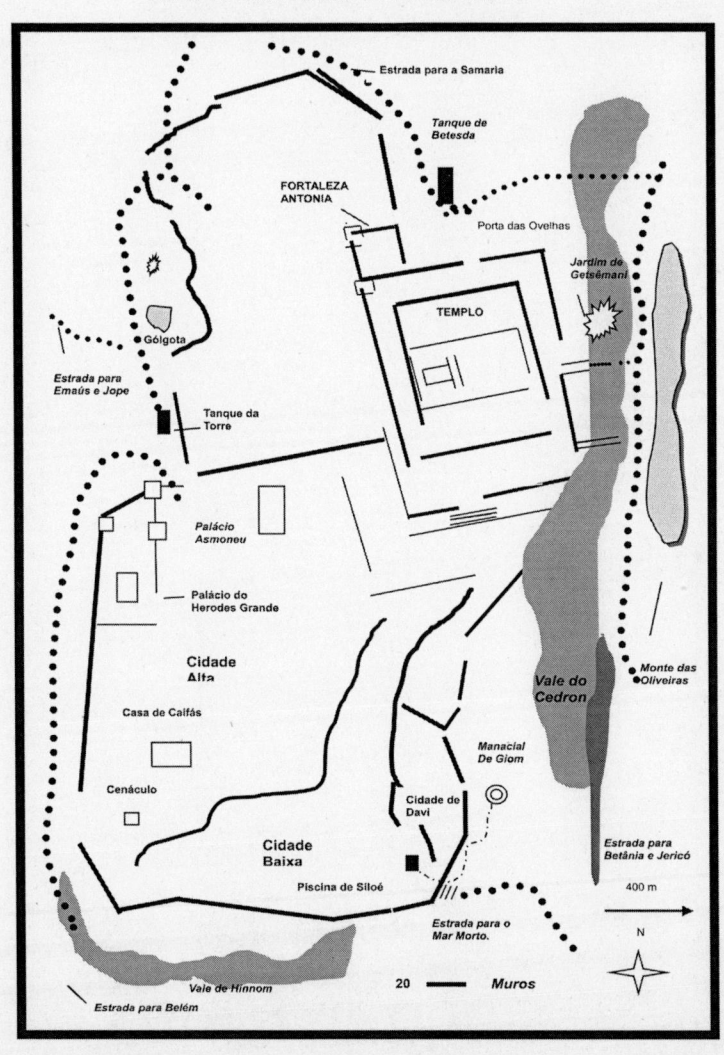

JERUSALÉM NA ÉPOCA DE JESUS

JERUSALÉM NA ÉPOCA DE JESUS

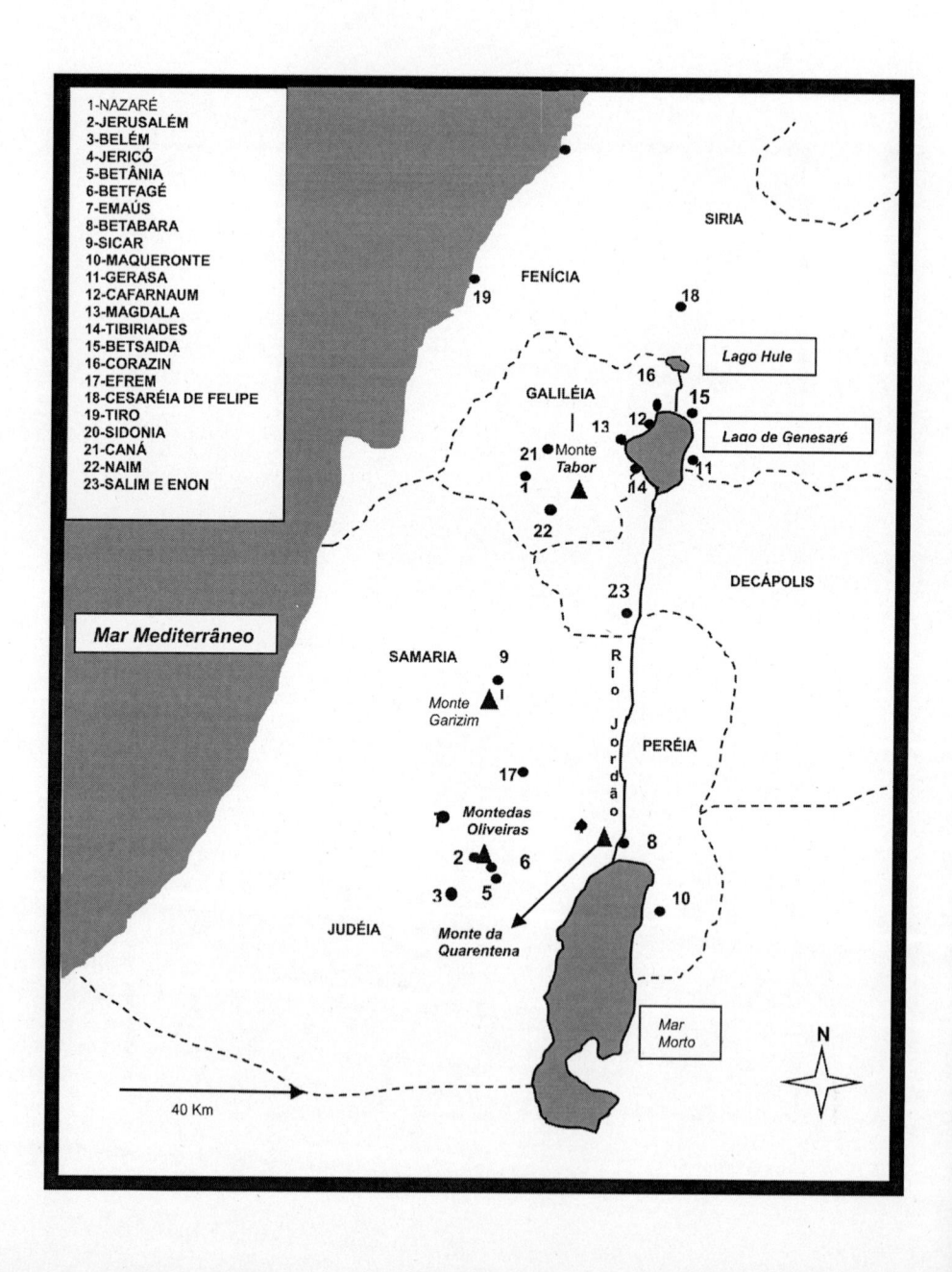

PALESTINA NA ÉPOCA DE JESUS

PALESTINA NA ÉPOCA DE JESUS

1-NAZARÉ
2-JERUSALÉM
3-BELÉM
4-JERICÓ
5-BETÂNIA
6-BETFAGÉ
7-EMAÚS
8-BETABARA
9-SICAR
10-MAQUERONTE
11-GERASA
12-CAFARNAUM
13-MAGDALA
14-TIBIRIADES
15-BETSAIDA
16-CORAZIN
17-EFREM
18-CESARÉIA DE FELIPE
19-TIRO
20-SIDONIA
21-CANÁ
22-NAIM
23-SALIM E ENON

ÍNDICE GERAL

Abraão
  circuncisão e – 74
  Deus e – 49
  fidelidade e – 49
Alegoria
  diferença entre * e parábola – 27
Alma
  crença na imortalidade da * e Humanidade – 231
Anás
  luta contra Jesus e – 333
Antigo Testamento
  Nazaré, cidade, e – 25
  promessa do reino e – 40
Antipas, Herodes
  Jesus e – 337
Arrependimento
  perdão e – 53
  remorso e – 242
Auto de fé de Barcelona
  Allan Kardec e – 95
Barrabás
  graça concedida e – 341
Belzebu, chefe dos demônios
  Jesus e – 113
Bem
  prevalência do * comum sobre o interesse individual – 55
Boa-Nova
  curas e – 90
Boa Nova,
  Francisco Cândido Xavier e – 70
  Humberto de Campos e – 70
  infância de Jesus e – 70
Buda
  concepção e – 65
Calendário das festividades judaicas
  festas e – 365
Caminho da luz, A,
  Emmanuel, Espírito, e – 43
  Francisco Cândido Xavier e – 43
Campos, Humberto de
  Boa Nova, e – 70
Ceia pascal
  lições e – 29
Celeste Amigo *ver* Jesus
Cenáculo
  apresentação de Jesus e – 354
Céu
  manifestação da grandeza divina e – 331
Cidades incrédulas, discurso
  Jesus e – 170
Ciência
  religião e – 234
Confiança
  importância e – 54
  Jesus e – 53
Consciência
  verdadeiro juiz e – 230
Consolador
  Doutrina Espírita e – 321

Cordeiro de Deus *ver* Jesus
Cristianismo
    início e – 357
    Mônica, mãe de Santo Agostinho, e – 180
    pilares do * nascente – 90
    sentença e – 48
Crucificação
    importância e – 352
    Joana de Cuza e – 348
    João e – 348
    Maria de Madalena e – 348
    Maria, mãe de Jesus, e – 348
    Maria, mulher de Cléopas, e – 348
    monte da Caveira e – 347
    Salomé e – 348
Cura(s)
    afastamento de um Espírito obsessor e – 90
    atenção das multidões curiosas e necessitadas e – 97
    convocação dos primeiros discípulos e – 89
    Jesus e a * da filha de Jairo – 150
    Jesus e a * da filha de uma mulher pagã – 159
    Jesus e a * da mulher hemorroíssa – 150
    Jesus e a * da sogra de Pedro – 90
    Jesus e a * de um cego – 161
    Jesus e a * de um cego de nascença – 185
    Jesus e a * de um homem hidrópico – 208
    Jesus e a * de um obsidiado mudo em Magdala – 113
    Jesus e a * de um paralítico – 154
    Jesus e a * de um possesso mudo em Nazaré – 151
    Jesus e a * de uma mulher encurvada – 207
    Jesus e a * do filho de um oficial – 88
    Jesus e a * do filho obsidiado desde a infância – 162
    Jesus e a * do homem com a mão ressequida – 93
    Jesus e a * do servo do centurião – 107
    Jesus e a * dos dez leprosos – 238
    Jesus e a * dos Espíritos – 98
    Jesus e as * no Domingo de Ramos – 262
    objetivo da * diante do povo – 90
    realização de * no sábado – 93
Daniel, profeta
    interpretação de sonhos e – 47
Deus
    Abraão e – 49
    história de – 49
    intimidade de Jesus com – 39
    misericórdia e – 49, 51, 52
    Moisés e – 49
    perdão e – 52
Discipulato
    condições para conquista do – 136
Divino Amigo *ver* Jesus
Doutrina Espírita *ver também* Espiritismo
    Allan Kardec e – 28
    Consolador e – 321
    cura do corpo material e – 98
    diabo e – 81
    escolha de provas na Terra e – 163
    expiação, provação e – 185
    Jesus e – 321
    Lei de Causa e Efeito e – 167
    Lei do Progresso e – 122
    mente e – 264
    mundo de regeneração e – 286
    parábola do juízo, pilar da – 307
    processo mental da prece e – 54
    redenção humana e – 55
    riqueza e – 191, 226
    saltos evolutivos e – 129, 212
    sede do pensamento e – 234
    sentido das parábolas e – 28
    transmigração para outro planeta primitivo e – 55
    verdade e – 201
Édito de Milão
    liberdade religiosa para o Império Romano e – 320

Elias
João Batista e – 61, 75, 76, 162
monte Carmelo e – 76

Emaús, cidade
Jesus e discípulos na estrada de – 353

Emmanuel, Espírito
aparecimento de Jesus e – 353
Caminho da luz, A, e – 43
Há dois mil anos, e – 18, 338
Paulo e Estêvão, e – 26, 95

Escândalo
significado da palavra – 163

Escatologia
significado da palavra – 42

Espinosa, Baruch de
hermenêutica e – 16

Espírita
exortação do Espírito de Verdade e – 205
situação do * no Mundo Espiritual – 123
verdadeiro – 294

Espiritismo *ver também* Doutrina Espírita
Consolador Prometido e – 322

Espírito
bagagem espiritual e – 303
planeta de regeneração e – 55
Reino de Deus e condição interior do – 55
sexo do * e Jesus – 278
Zacarias e anúncio do – 60

Espírito de Verdade
espírita e exortação do – 205
Evangelho segundo o espiritismo, O, e – 29
Jesus e – 321
Livro dos espíritos, O, e – 316

Essênio
seita ascética judaica e – 364

Evangelho
divergências, contradições e – 333
estudo do * e igrejas primitivas – 34
interpretação e – 17
José e – 71
ornamentações das parábolas e – 34
significado do fogo e – 323

Evangelho de Jesus
Paulo Pazzaglini e – 18

Evangelho segundo o espiritismo, O
Allan Kardec e – 29, 179
Espírito de Verdade e – 29

Evangelho Sinótico – 32, nota

Expiação
considerações sobre – 138

Fabiano de Cristo
Portageiro da Caridade e – 199

Fábula
considerações sobre – 32

Fé
conceito e – 233
Jesus e – 54

Filho do Altíssimo *ver* Jesus

Filho do Homem *ver* Jesus

Fogo
significado do * no Evangelho – 323

Francisco de Assis, São
Fioretti, Os, e – 361
homem do milênio e – 357

Gandhi, Mahatma
Sermão do Monte e – 37

Há dois mil anos
Emmanuel, Espírito, e – 18, 338
Francisco Cândido Xavier e – 18, 338
Publius Lentulus, senador, e – 338

Hermenêutica
Baruch de Espinosa e – 16

Herodes
considerações sobre – 65-68
Israel e – 59

Hipóteses sobre Jesus
Vittorio Messori e – 24

Hugo de São Vítor, teólogo
parábola do bom samaritano e – 27

Igreja
Sacramento da Eucaristia e – 313

Isaías, profeta
êxtases e – 46
Jesus e – 126
João, precursor, e – 75
juízo e – 55

Iscariotes, Judas
negócio com o chefe dos sacerdotes e – 260

Israel
Herodes e – 59
Reino de Deus e – 41

Izabel
João, filho, e – 60
Zacarias, esposo, e – 59

Jejum
significado da palavra – 241

Jeremias, Joachim
Parábolas de Jesus, As, e – 180

Jerusalém
destruição, reconstrução e – 364
Festa dos Tabernáculos e – 183
invasão do romanos e – 343
Jesus e – 183, 189
passagem da mulher adúltera e – 184
piscina de Siloé e – 187
sacerdotes fariseus e – 184

Jesus
alegria e – 327
anúncio do nascimento e – 61, 64, 65
apresentação de * no Cenáculo – 354
árvore genealógica e – 40
austeridade e – 281
auxiliares diretos e – 99, 152, 171
batismo e – 45, 79
Belzebu, chefe dos demônios, e – 113
bem-aventuranças e – 100
Betânia, cidade, e – 177, 247, 253
Boa Nova, e infância de – 70
Cafarnaum e – 88, 91, 100, 107, 119, 126, 163
Caná, vila, e – 82, 88
características do verdadeiro cristão e – 103
ceia pascal e – 311
cidades incrédulas, discurso, e – 170
código da compaixão e – 244
começo da história de – 64
comércio em Jerusalém e – 84
confiança e – 53
consolador emocional de todas as religiões cristãs e – 322
conversa com os doutores da lei e – 70
convite desafio e – 171
crucificação e – 169
curas e – 89, 90, 91, 97, 107, 113, 151, 154, 159, 161, 162, 185, 207, 208, 238, 262
desaparecimento do corpo e – 352
dispersão durante e após a crucificação e – 328
divindade e – 320
encontro com Zaqueu e – 255
ensinamentos de * e tradições da Lei Mosaica – 103
escada ascensional e – 101
Espírito da Verdade e – 321
estudiosos e * histórico – 25
Evangelho de Marcos e – 26
fábulas e – 32
fé e – 54
Galileia e – 88, 119, 154, 159
herança e – 352
herança familiar e – 192
impostos e – 92
infância e – 69, 70
início do ministério público e – 361
interesse por – 23
intimidade de * com Deus – 39
irmãos e – 71
Isaías e – 126
jejum e – 241
Jerusalém e – 183, 189
João Batista, o precursor, e – 73, 79, 86, 94, 108
Jonas e – 160
José de Arimateia e – 351
Judas e – 153, 313, 332
juízo e – 47

lago de Genesaré e – 88
lei das vidas sucessivas e – 86
leprosos e – 238
Levi, cobrador de impostos, e – 91
Magdala, aldeia, e – 109, 113
magnetismo especial e – 33
misericórdia de Deus e – 51, 52
Monte das Oliveiras e – 285
multiplicação dos pães e – 152
Nazaré, cidade, e – 25, 71, 79
Nicodemos e – 84
objetivo da missão e – 49
ódio do mundo e – 326
oração e – 54
palavras e – 16
Parábola da figueira brotando e – 283
Parábola da figueira estéril e – 203
Parábola da mulher que dá à luz e – 325
Parábola da pérola e – 144
Parábola da rede e – 144
Parábola da torre e a do rei que pondera e – 211
Parábola da verdadeira pureza e – 155
Parábola da vinha e – 319
Parábola da viúva insistente e – 237
Parábola das dez virgens e – 297
Parábola das minas e – 253
Parábola das moradas e – 309
parábola de * e magnetismo especial – 26
Parábola do amigo inoportuno e – 177
Parábola do banquete nupcial e – 273
Parábola do bom pastor e – 183
Parábola do bom samaritano e – 169
Parábola do devedor cruel e – 159
Parábola do dono da casa e – 290
Parábola do fariseu e do publicano e – 243
Parábola do feitor desonesto e – 223
Parábola do fermento e – 140
Parábola do filho pródigo e – 219
Parábola do grão de mostarda e – 140
Parábola do joio e do trigo e – 131
Parábola do juízo e – 305
Parábola do ladrão noturno e – 289
Parábola do lenho seco e – 329

Parábola do pobre Lázaro e do rico avarento e – 227
Parábola do remendo novo em pano velho – 79
Parábola do rico estulto e – 189
Parábola do semeador e – 119
Parábola do servo consciencioso e – 199
Parábola do servo fiel e – 293
Parábola do servo inútil e – 233
Parábola do tesouro e – 144
Parábola dos convidados à Ceia e – 207
Parábola dos dois devedores e – 107
Parábola dos dois filhos enviados para o trabalho e – 259
Parábola dos dois fundamentos e – 97, 104
Parábola dos operários e – 247
Parábola dos profetas e – 277
Parábola dos talentos e – 301
Parábola dos vinhateiros homicidas e – 269
parábola e – 15, 95
Parábolas da lâmpada e do camponês paciente e – 125
Parábolas da ovelha perdida e da dracma
 perdida e – 215
Parábolas da verdadeira pureza e dos cegos que
 guiam cegos e – 149
Parábolas do ladrão noturno e do dono da casa e – 289
Parábolas do Reino de deus e – 139, 143
Parábolas do reino dividido e do demônio
 expulso e – 113
passagem da figueira e – 262, 263
Pedagogo da Humanidade e – 31
perdão e – 53, 164
personalidade e – 71
Pôncio Pilatos e – 337
prece do Pai-Nosso e – 178
preceito sabático e – 93, 207
preconceitos religiosos contra a mulher e – 87

preparativos para a ceia e – 311
Primeira carta de Paulo aos coríntios e – 26, 349
prisão e – 333
prova inequívoca da reencarnação e – 162
Reino de Deus e – 39
ressurreição e – 353
riqueza e – 191, 199
salvação e – 44
segunda vinda e – 240
sentença e – 48
sexo dos Espíritos e – 278
sistema novo de ideias e – 320
tentação e – 80
transfiguração e – 161
transição planetária e – 285
última aparição na Galileia e – 356
valores do mundo e os espirituais e – 185
vida de * e Jean-Jacques Rousseau – 25
vigilância e – 199

João Batista, o precursor
André e – 81
anúncio do nascimento e – 60
batismo e – 74, 79
Elias e – 61, 75, 76, 162
Isaías e – 75
Jesus e – 73, 79, 86, 108
martírio e – 152
prisão e – 86, 108
Reino de Deus e – 227

João Evangelista
Apocalipse e – 41

José
Evangelho e – 71
falecimento e – 71

José de Arimateia
sepultamento do corpo de Jesus e – 351

Josefo, Flávio
Antiguidades judaicas, e – 24
História das guerras judaicas, A, e – 24
Jesus e – 24

Judas
beijo de * em Jesus – 332
plano sinistro e – 309, 310, 313
suicídio e – 335

Jugo
considerações sobre – 171

Juízo
conceito e – 48
Isaías, profeta, e – 55
Jesus e – 47, 323
judeus e – 46
separação vibracional e – 55

Kardec, Allan
Auto de fé de Barcelona e – 95
Doutrina Espírita e – 28
Evangelho segundo o espiritismo, O, e – 29, 179
Livro dos espíritos, O, e – 123, 267, 291, 316

Lavater, Johann Kaspar, filósofo
magnetismo animal e – 362

Lázaro
ressurreição e – 253, 259, 261

Livro dos espíritos, O
Allan Kardec e – 123, 267, 291, 316
Espírito de Verdade e – 316

Livro dos Mortos
desencarnação e – 51

Magos
simbolismo e – 66

Maria, mãe de Jesus
concepção virginal e – 64
elevação espiritual e – 62
tradições da igreja primitiva e – 61

Maria de Magdala
Jesus e – 109, 111

Mediunidade
efeitos físicos de cura e – 98

Messias *ver* Jesus

Messori, Vittorio
Hipóteses sobre Jesus, e – 24

Mestre
descrição do termo – 33

Mestre *ver* Jesus
Misericórdia
    Deus e – 49, 51
Moisés
    Deus e – 49
    monoteísmo e – 52
Monoteísmo
    Akenaton, faraó egípcio, e – 52
    Moisés e – 52
Nazaré, cidade
    Antigo Testamento e – 25
    Jesus e – 25, 71
Nicodemos, doutor da lei
    Jesus e – 84
Novo Testamento
    bibliografia e – 24
    Magnificat, poema, e – 62
    pesquisadores e – 16
Oração *ver também* Prece
    Jesus e a * sacerdotal – 329
Palestina
    coração do Oriente Médio e – 363
Parábola
    abordagem espírita e * de Jesus – 17
    conceito e – 32
    considerações sobre – 35
    diferença entre * e alegoria – 27
    magnetismo especial e * de Jesus – 26
    reino interior e – 39
    técnica de ensino e – 33
    teólogos, eruditos e exegetas e – 16
    Verdade e – 15
Parábola da dracma perdida
    Jesus e – 216
Parábola da figueira brotando
    Jesus e – 283
Parábola da figueira estéril
    Jesus e – 203
Parábola da lâmpada
    Jesus e – 127
Parábola da mulher que dá à luz
    Jesus e – 325
Parábola da ovelha perdida
    Jesus e – 216
Parábola da pérola
    Jesus e – 144
Parábola da rede
    Jesus e – 144
Parábola da torre e a do rei que pondera
    Jesus e – 211
Parábola da verdadeira pureza
    Jesus e – 155
Parábola da vinha
    Jesus e – 319
Parábola da viúva insistente
    Jesus e – 237
Parábola das dez virgens
    Jesus e – 297
Parábola das minas
    Jesus e – 253
Parábola das moradas
    Jesus e – 309
Parábola do amigo inoportuno
    eficácia da prece e – 179
    Jesus e – 177
Parábola do banquete nupcial
    Jesus e – 273
Parábola do bom pastor
    Jesus e – 183
Parábola do bom samaritano
    Jesus e – 169
Parábola do camponês paciente
    Jesus e – 128
Parábola do demônio expulso
    Jesus e – 116
Parábola do devedor cruel
    Jesus e – 159
Parábola do dono da casa
    Jesus e – 290
Parábola do fariseu e do publicano
    Jesus e – 243

Parábola do feitor desonesto
    Jesus e – 223
Parábola do fermento
    Jesus e – 140
Parábola do filho pródigo
    Jesus e – 219
Parábola do grão de mostarda
    Jesus e – 140
Parábola do joio e do trigo
    Jesus e – 131
Parábola do juízo
    Jesus e – 305
        pilar da Doutrina Espírita e – 307
Parábola do ladrão noturno
    Jesus e – 289
Parábola do lenho seco
    Jesus e – 329
Parábola do pobre Lázaro e do rico avarento
    Jesus e – 227
Parábola do reino dividido
    Jesus e – 114
Parábola do remendo novo em pano velho
    Jesus e – 79
Parábola do rico estulto
    Jesus e – 189
        simetria dos valores espirituais e materiais e – 193
Parábola do semeador
    Jesus e – 119
Parábola do servo consciencioso
    Jesus e – 199
Parábola do servo fiel
    Jesus e – 293
Parábola do servo inútil
    Jesus e – 233
Parábola do tesouro
    Jesus e – 144
Parábola dos cegos que guiam cegos
    Jesus e – 157
Parábola dos convidados à Ceia
    Jesus e – 207
Parábola dos dois devedores
    Jesus e – 107
Parábola dos dois filhos enviados para o trabalho
    arrependimento e – 266
    Jesus e – 259
Parábola dos dois fundamentos
    Jesus e – 97, 104
Parábola dos operários
    Jesus e – 247
Parábola dos profetas
    Jesus e – 277
Parábola dos talentos
    Jesus e – 301
Parábola dos vinhateiros homicidas
    Jesus e – 269
Parábolas da lâmpada e do camponês paciente
    Jesus e – 125
Parábolas da ovelha perdida e da dracma perdida
    Jesus e – 215
    símbolo do sal e – 215
Parábolas da verdadeira pureza e dos cegos que
    guiam cegos
    Jesus e – 149
Parábolas de Jesus, As
    Joachim Jeremias e – 180
Parábolas do ladrão noturno e do dono da casa
    Jesus e – 289
Parábolas do Reino de Deus
    Jesus e – 139, 143

Parábolas do reino dividido e do demônio expulso
   Jesus e – 113
Pastorino, Carlos
   seguidores de Jesus e – 171
Paulo de Tarso
   agradecimento pelas provações e – 238
   ressurreição de Jesus e – 358
Paulo e Estêvão
   Emmanuel, Espírito, e – 26, 95
   Francisco Cândido Xavier e – 26, 95
Pedagogia
   considerações sobre – 31
Pazzaglini, Paulo
   Evangelho de Jesus, e – 18, 363
Pedro
   apresentação de Jesus e – 354
   negação e – 314, 336
   sentimento de culpa e – 354
Pensamento
   ciência e sede do – 234
Pentecostes
   considerações sobre – 358
Perdão
   arrependimento e – 53
   considerações sobre – 167
   Jesus e – 53, 164
   Psicologia e – 167
Perispírito
   bagagem espiritual e – 86
   considerações sobre – 98
Perseverança
   conceito e – 180
Pilatos, Pôncio
   Jesus e – 337-341
Pluto
   deus da riqueza e – 190
Prece *ver também* Oração
   conceito e – 179
   confiança no Pai e estado de – 180, 291
   Jesus e * do Pai-Nosso – 178
   Mãe Celeste e – 62
   postura interior e – 245
   processo mental da * e Doutrina Espírita – 54
Primeira carta de Paulo aos coríntios
   última aparição de Jesus e – 356
   Jesus e – 26, 349
Princípio espiritual
   simbolismo e – 85
Princípio inteligente
   reino hominal e – 255
Princípio material
   simbolismo e – 85
Profeta do Altíssimo *ver* Jesus
Provação
   considerações sobre – 138
Psicossoma *ver* Perispírito
Rabi
   descrição do termo – 33
Redenção humana
   Doutrina Espírita e – 55
   reino de Deus e – 55
   visão panorâmica espírita e – 54
Reencarnação
   considerações sobre – 361
   esquecimento e – 85
   herança genética e – 85
   prova inequívoca da * e Jesus – 162
Reimarus, Hermann Samuel, filósofo
   verdade do Evangelho e – 24
Reino de Deus
   chegada do * e fariseus – 239
   conceito do * para os israelitas – 209
   condição interior do Espírito e – 55
   considerações sobre – 37
   esquecimento das prioridades e – 178
   implantação do * na Terra – 42
   Israel e – 41
   Jesus e – 39, 227
   João Batista e – 227
   pregação do * e Jesus – 119

  profecias apocalípticas e – 41
  renúncia ao personalismo e – 213
Religião
  aspecto moral e – 39
  ciência e – 234
  exclusões injustificáveis e – 163
  salvação e – 43
Remorso
  arrependimento e – 242
Riqueza
  Jesus e – 191, 226
Roma
  fundação e – 24
Rousseau, Jean-Jacques, filósofo
  história da vida de Jesus e – 25
Sacrifício
  significado do * na antiguidade – 53
Saduceu
  imortalidade da alma, reencarnação e – 364
Sala das Duas Verdades
  egípcios e – 230, nota
Salvação
  conceito e – 48
  Jesus e – 44, 215
  povo judeu e – 211
  religião e – 43
Salvador *ver* Jesus
Samaria
  Judeus e – 87
Samuel
  aliança com Deus e – 50
Sentença
  Cristianismo e – 48
  Jesus e – 48
Sermão do Monte
  Mahatma Gandhi e – 37
Sodoma, cidade
  destruição e – 170
Talento
  significado da palavra – 166

Templo de Jerusalém
  constituição e – 60
Teresa de Calcutá
  servo útil e – 235
Tomé
  apresentação de Jesus e – 354
  ver para crer e – 319
Tradição da Lei Mosaica
  ensinamentos de Jesus e – 103
Tribunal da Inquisição
  heresias e – 320
Verdade
  parábola e – 15
  teólogos, eruditos e exegetas e – 16
Xavier, Francisco Cândido
  Boa Nova, e – 70
  Caminho da luz, A, e – 43
  Há dois mil anos, e – 18, 338
  Paulo e Estêvão, e – 26, 95
  servo útil e – 235
Xenoglossia
  significado da palavra – 359
Zacarias
  anúncio do Espírito e – 60
  Izabel, esposa, e – 59
  João, filho, e – 60
Zaqueu
  encontro de * com Jesus – 255
Zoroastro
  concepção e – 65

O LIVRO ESPÍRITA

Cada livro edificante é porta libertadora.

O livro espírita, entretanto, emancipa a alma nos fundamentos da vida.

O livro científico livra da incultura; o livro espírita livra da crueldade, para que os louros intelectuais não se desregrem na delinquência.

O livro filosófico livra do preconceito; o livro espírita livra da divagação delirante, a fim de que a elucidação não se converta em palavras inúteis.

O livro piedoso livra do desespero; o livro espírita livra da superstição, para que a fé não se abastarde em fanatismo.

O livro jurídico livra da injustiça; o livro espírita livra da parcialidade, a fim de que o direito não se faça instrumento da opressão.

O livro técnico livra da insipiência; o livro espírita livra da vaidade, para que a especialização não seja manejada em prejuízo dos outros.

O livro de agricultura livra do primitivismo; o livro espírita livra da ambição desvairada, a fim de que o trabalho da gleba não se envileça.

O livro de regras sociais livra da rudeza de trato; o livro espírita livra da irresponsabilidade que, muitas vezes, transfigura o lar em atormentado reduto de sofrimento.

O livro de consolo livra da aflição; o livro espírita livra do êxtase inerte, para que o reconforto não se acomode em preguiça.

O livro de informações livra do atraso; o livro espírita livra do tempo perdido, a fim de que a hora vazia não nos arraste à queda em dívidas escabrosas.

Amparemos o livro respeitável, que é luz de hoje; no entanto, auxiliemos e divulguemos, quanto nos seja possível, o livro espírita, que é luz de hoje, amanhã e sempre.

O livro nobre livra da ignorância, mas o livro espírita livra da ignorância e livra do mal.

Emmanuel[*]

O EVANGELHO NO LAR

Quando o ensinamento do Mestre vibra entre quatro paredes de um templo doméstico, os pequeninos sacrifícios tecem a felicidade comum.*

Quando entendemos a importância do estudo do Evangelho de Jesus, como diretriz ao aprimoramento moral, compreendemos que o primeiro local para esse estudo e vivência de seus ensinos é o próprio lar.

É no reduto doméstico, assim como fazia Jesus, no lar que o acolhia, a casa de Pedro, que as primeiras lições do Evangelho devem ser lidas, sentidas e vivenciadas.

O espírita compreende que sua missão no mundo principia no reduto doméstico, em sua casa, por meio do estudo do Evangelho de Jesus no Lar.

Então, como fazer?

Converse com todos que residem com você sobre a importância desse estudo, para que, em família, possam compreender melhor os ensinamentos cristãos, a partir de um momento de união fraterna, que se desenvolverá de maneira harmônica e respeitosa. Explique que as reflexões conjuntas acerca do Evangelho permitirão manter o ambiente da casa espiritualmente saneado, por meio de sentimentos e pensamentos elevados, favorecendo a presença e a influência de Mensageiros do Bem; explique, também, que esse momento facilitará, em sua residência, a recepção do amparo espiritual, já que auxilia na manutenção de elevado padrão vibratório no ambiente e em cada um que ali vive.

Convide sua família, quem mora com você, para participar. Se mora sozinho, defina para você esse momento precioso de estudo e reflexões. Lembre-se de que, espiritualmente, sempre estamos acompanhados.

Escolha, na semana, um dia e horário em que todos possam estar presentes.

O tempo médio para a realização do Evangelho no Lar costuma ser de trinta minutos.

As crianças são bem-vindas e, se houver visitantes em casa, eles também podem ser convidados a participar. Se não forem espíritas, apenas explique a eles a finalidade e importância daquele momento.

O seguinte roteiro pode ser utilizado como sugestão:

Preparação: leitura de mensagem breve, sem comentários;

Início: prece simples e espontânea;

Leitura: *O evangelho segundo o espiritismo* (um ou dois itens, por estudo, desde o prefácio);

Comentários: breves, com a participação dos presentes, evidenciando o ensino moral aplicado às situações do dia a dia;

Vibrações: pela fraternidade, paz e pelo equilíbrio entre os povos; pelos governantes; pela vivência do Evangelho de Jesus em todos os lares; pelo próprio lar...

Pedidos: por amigos, parentes, pessoas que estão necessitando de ajuda...

Encerramento: prece simples, sincera, agradecendo a Deus, a Jesus, aos amigos espirituais.

As seguintes obras podem ser utilizadas nesse momento tão especial:

O evangelho segundo o espiritismo, como obra básica;

Caminho, verdade e vida; Pão nosso; Vinha de luz; Fonte viva; Agenda cristã.

Esse momento no lar não se trata de reunião mediúnica e, portanto, qualquer ideia advinda pela via da intuição deve permanecer como comentário geral, a ser dito de maneira simples, no momento oportuno.

No estudo do Evangelho de Jesus no Lar, a fé e a perseverança são diretrizes ao aprimoramento moral de todos os envolvidos.

FEB editora
Livro espírita para um novo mundo
www.febeditora.com.br
@febeditoraoficial
@febeditora

Conselho Editorial:
Carlos Roberto Campetti
Cirne Ferreira de Araújo
Evandro Noleto Bezerra
Geraldo Campetti Sobrinho – Coord. Editorial
Jorge Godinho Barreto Nery – Presidente
Maria de Lourdes Pereira de Oliveira
Miriam Lúcia Herrera Masotti Dusi

Produção Editorial:
Elizabete de Jesus Moreira

Revisão:
Anna Cristina de Araújo Rodrigues

Capa:
Thiago Pereira Campos

Projeto Gráfico e Diagramação:
Rones José Silvano de Lima – www.bookebooks.com.br

Foto de Capa:
http://www.depositphotos.com – carlosphotos

Normalização Técnica:
Biblioteca de Obras Raras e Documentos Patrimoniais do Livro

Esta edição foi impressa no sistema de Impressão pequenas tiragens, em formato fechado de 155x230 mm e com mancha de 120x185 mm. Os papéis utilizados foram o Off white 80 g/m² para o miolo e o Cartão 250 g/m² para a capa. O texto principal foi composto em fonte Effra Light 11/17,6 e os títulos em Futura LtCn BT 24/28,8. Impresso no Brasil. *Presita en Brazilo.*